渋沢栄一自伝

雨夜譚・青淵回顧録（抄）

渋沢栄一

角川文庫
22354

目次

渋沢栄一（1840－1931）

雨《あま》夜《よ》譚《がたり》

＊『渋沢栄一伝記資料　別巻第五　講演・談話（一）』（渋沢青淵記念財団竜門社、一九六八年）に収録された「雨夜譚」を底本とし、内容的なまとまりごとに新たな小見出しを付した。

＊巻之五の末尾に収められている「財政改革に関する奏議」の草稿は割愛した。

＊読みやすさを考慮して新字・新仮名づかい表記とし、代名詞・副詞・接続詞などの一部の漢字語は平仮名に改めた。

＊送り仮名や句読点を整理し適宜改行を加えたほか、会話文は「」で区切った。

＊（　）は原典の注記、［　］は編集部による注記を示している。

＊「尾高惇忠」「生家」「最初の妻・渋沢千代」「渋沢喜作」「黒川嘉兵衛」「フランス滞在中」「大蔵省時代」の写真は、渋沢史料館の許諾を得て同館「常設展示図録」（二〇〇〇年）より掲載した。

はしがき

みじかしと悟れば一瞬にもたらず、ながしと観ずれば千秋にもあまるは、げに人の一生にぞありける。

されどそのみじかしといいながしと思うも、必ずしも来経ゆく年月の数によるにはあらず、その身に遭遇する事草の多少によりて、この観念に長短の差別を生ずるものぞかし。

そもそもおのが生涯をいわんに、むかし故郷にありしころは、犂《すき》とり簣《あじか》にないて、霖雨《りんう》には小麦の蝶《ちょう》に化せんを懼《おそ》れ、旱《ひで》りにはまた苗代水の足らざるをかこちけるが、世のみだれゆくさまをなげきて、負気なくも国家の憂いをおのが憂いとせしより住みなれし草の庵《いおり》を立ち出《い》で、西の都に赴きしに、ゆくりなくも一橋《ひとつばし》の公《きみ》にめされて、三とせの春秋を過ごしぬ。

この公、大樹の職を継ぎ給いし後、その実弟なる徳川民部《とくがわみんぶ》公子《こうし》［徳川昭武《あきたけ》］の泰西留学に扈従《こしょう》せよとの命蒙《こうむ》り慶応《けいおう》の三とせという年の正月、お国を首途《かどで》せり。

かくてイギリス・フランス・オランダ・イタリア・ベルギーなどの国々を歴遊し、

その年の冬よりフランスにて留学し給いしが折しもお国の政変により、その志も遂げ得ず、空《むな》しく帰国せしは、明治元年［一八六八］の冬なりき。

飛鳥《あすか》川、淵瀬《ふちせ》かわれる世となりければ、おのずからむかししのばれて、公の幽居し給う駿河《するが》の国なる静岡の里に移り、よそながらもその傍にて残生を送らんとほりせしも、あくる二年の冬ばかりに、やんごとなき仰せをとうけ給わりて、あずまのみやこにまい登り、四とせがほど職事にあずかりぬ。

さるに官辺の勤仕は、もとよりおのが本意にあらざれば、同じ六年の夏、せちに請い奉りてその職をいなみ、今の身とはなりぬ。

かくてのち二十年あまりの年月を経れども、維新前後の五、七年こそ、いとながかりし心地せられしが、おのが境界は、世の変遷につれて推しうつれるさま、故郷にて飼いたりし蚕の、卵種より孵化《ふか》して、四たび眠食をかさね、また変化して、もとの卵種になれるがごとし。これ偶然のこととはいえ、おのが志のあるところをみるに足れり。

おのれ別に人にすぐれし才芸あるにあらねど、ただこの年月、一つの真ごころをもて、よろずの事にあたりつれば、かの一信敵万軍の古諺《こげん》のごとく、何事につけても、さのみ難きを覚えず、何わざをとりても、さばかり破れはとらざりき。

そのなし得たる跡につきても、めでたきふしこそなけれ、心に恥じ身に疾《やま》しき事とては秋毫《しゅうごう》の末もあらず。

今はた三十年あまりの、いろいろの事どもを想いめぐらせば、ゆめうつつのわきだになけれど、身に実歴せしものは、まのあたりのごとくおもわれて、忘れんとするも忘れがてなれば、さいつころより、うからやからの請いのまにまに、すぎこしむかしがたりを雨夜の徒然《つれづれ》にうちいでしを、傍にて筆記せしものありてその水茎の跡いつしか数かさなれるをみれば、われながら千秋を経し観あり、ついにこれを雨夜譚《あまよがたり》と名づけて、ひとつの冊子とはなしぬ。

されどこはただ半生の経歴を略述せしまでにして、もとより世のため人のためにとてなししわざにはあらず、おのがなからん後うからやからの人々これを読みて、我が仏とうとしと思いなば、かねての望みは足りぬべくなん。

ゆづりおくこのまごゝろのひとつをばなからむのちのかたみともみよ

明治二十七年［一八九四］十二月

青淵《せいえん》老人しるす

巻之一

身の上話のはじまり

今晩はかねて約束してありましたとおり、自分が今日まで経過してきた一身上の履歴をお話し致します。

しかし自分は、もう四十七年半ばかりの星霜を経ているから、その間には、世の中もいろいろなる変遷があり、その変遷につれて、自分の一身上もいろいろさまざまに変化していることであるから、これを細かに談話すると、ずいぶん長くもなり、そのうちにははなはだ面白くなくて、欠《あくび》や伸の種子《たね》ともなり、眠気の媒《なかだち》となることもありましょうが、つまりこの話は、聴衆一同のために、事によって奮発心を興すとか、または忍耐の念を強くするとか、または勇敢の気象を生ずるとか、または勤粛の意念を守るとかいうように、責めては一個の効能を与えたいという婆心から、この席を開いたのだから、談話の長いのは厭《いと》わず、またいたずらに耳に聞き流すのみでなく、よくよく心の底に聞き留めてもらいたいものであります。

さて一身上の履歴を話すについて、これを丁寧にする時には、どうしてもまずずっと元の成立から話さんければならぬ。その成立はどうかといえば、第一父母の様子からして、概略に話をせんければならぬ。

いったい、父は自分の生まれた家に生まれた人でなくて、母が家付きの血統を受けた人であった。すなわち父は自分の家へ婿養子に来た人で、その実家というのは、同じ村の渋沢宗助《しぶさわそうすけ》という家で、宗休《そうきゅう》居士といった人の三男でありました。

それから父の性質はといえば、かの『孟子』に書いてあるところの、北宮黝《ほくきゅうゆう》のように、褐寛博にも受けず、また万乗の君にも受けぬという、方正厳直で、一歩も人に仮すことの嫌な持ち前で、いかなる些《さ》細《さい》の事でも、四角四面に物事をする風でありました。また平生多く書物を読んだ人ではなかったが、四書や五経くらいの事は、充分に読めて、かたわら詩を作り俳諧《はいかい》をするという風流気もあり、また、方正厳直の気質に似ず、人に対してはもっとも慈善の徳に富んでいて、人の世話をすることなどはいかにも深切であった。

そうしてその平素から自ら奉ずるところはいたって倹約質素で、ただ一意家業に勉励するというすこぶる堅固な人でありました。

自分が書物を読み始めたのは、たしか六歳の時と覚えています。最初は父に句読を授けられて、『大学』から『中庸』を読み、ちょうど『論語』の二まで習ったが、それから七、八歳の時、今は盛岡《もりおか》にいる尾高《おだか》惇忠《じゅんちゅう》に習うことになった。

尾高の家は、自分の宅から七、八町隔った手計《てばか》村というところであったが、この尾高という人は、幼少の時から善く書物を読んで、そのうえ天稟《てんぴん》物覚えのよい性質で、田舎では立派な先生といわれるほどの人物であった。ことに自分の家とは縁者のことでもあるから、父は自分を呼んで、

「向後、読書の修行はおれが教ゆるよりは、手計村へいって尾高に習う方がよい」

尾高惇忠

といいつけられたから、その後は毎朝、尾高の宅へ通学して、一時《いっとき》〔現在の二時間〕半かないし二時ほどずつ読んで帰ってきました。

しかしその読み方は、今日学校で学ぶように丁寧に復読して暗誦《あんしょう》の出来るようなことはせずに、ただいろいろの書物すなわち『小学』・『蒙求』・四書・五経・『文選』・『左伝』・『漢書』・『十八史略』・『元明史略』・『日本史』・『日本外

史』・『日本政記』、そのほか子類も二、三種読んだと覚えているが、全体、尾高の句読を授ける方法というのは、一家の新案で、一字一句を初学のうちに暗記させるよりは、むしろあまたの書物を通読させて、自然と働きをつけ、ここはかくいう意味、ここはこういう義理と、自身に考えが生ずるに任せるという風でありましたから、ただ読むことを専門にして、四、五年を経過しましたが、ようやく十一、二歳のころから、いくらか書物が面白くなってきました。

それも経史子類などの、堅い書物が面白く会得が出来たという訳ではなく、ただ自分に面白いと思った、『通俗三国志』とか、『里見八犬伝』とか、または『俊寛島物語』というような、稗官《はいかん》野乗の類《たぐい》が至って好きであったのであります。

そこでこの事を尾高に話してみたら、尾高のいうには、

「それは最もよい、読書に働きをつけるには読みやすいものから入るが一番よい、どうせ四書・五経を丁寧に読んで腹にいれても、真に我が物になって、働きの生ずるのは、だんだん年を取って世の中の事物に応ずるうえにあるのだから、今のところではかえって三国志でも八犬伝でも、なんでも面白いと思ったものを、心をとめて読みさえすれば、いつか働きがついて、外史も読めるようになり、十八史略も史記も漢書もおいおい面白くなるから、せいぜい多く読むがよい」

というので、なおさら好んで軍書・小説の類を読みましたが、そのごくすきな証拠に

は、ちょうど十二歳の正月、年始の廻礼《かいれい》に、本を読みながら歩行《ある》いて、ふと、溝の中へ落ちて、春着の衣裳《いしょう》をたいそう汚して、大きに母親に叱られたことを覚えています。

家業の農業と商売

それから十四、五の歳までは、読書・撃剣・習字等の稽古《けいこ》で日を送りましたが、前に申すとおり父は家業についてははなはだ厳重であったから、

「十四、五歳にもなったら、農業商売に心を入れんければならぬ、いつまでも子供のつもりでは困るから、向後《こうご》は幾分の時間を家業に充てて、従事するがよい、もちろん、書物を読んだといって、儒者になる所存でもあるまい、さすれば一通り文義の会得が出来さえすれば、それでよい、もっともまだ十分に出来たでもあるまいが、おいおいに心を用いて油断さえなくば、始終学び得られぬということもない訳だから、もう今までのように昼夜読書三昧《ざんまい》では困る、農業にも、商売にも、心を用いなければ、一家の益にはたたぬ」

といわれました。

さてその農業というのは、麦を作ったり、藍《あい》を作ったり、または養蚕の業をするので、商売というのは、自分の家で作った藍はもちろん、他人の作ったものまでも買い入れて、それを藍玉に製造して、信州《しんしゅう》［信濃《しなの》国］や上州《じょうしゅう》［上野《こうずけ》国］秩父《ちちぶ》郡辺の紺屋《こうや》に

送って、おいおいに勘定を取る、俗にいう掛売商売と唱えるものであります。

自分が十四の歳、すなわち嘉永《かえい》六丑《うし》年［一八五三］には、関東はよほどの旱魃《かんばつ》で、一番藍は誠に不作であったが、幸いに二番藍はすこぶるよく出来たから、父のいわれるには、

「今年の二番藍は上作だによって、かなりたくさんに買い入れたいが、おれは信州上州の紺屋廻《めぐ》りに出掛けるから買い出しに行くことは出来ぬが、どうか買いたいものだ、お祖父《じい》さんは（父の養父、自分の祖父、敬林居士という人）もう年を取って、あまり家事の世話は出来ぬけれども、今年の藍を買うことだけは、なにとぞあなた留守中に心配して下さい、また栄次郎（自分の幼名）も、子供ながら、前途商売の修行に、お祖父さんの供をして、その駆け引きを見習うがよい」

と細々留守中の事どもを示しておいて、旅立たれました。

そこで自分の思うには、自分とても藍の善悪の分からぬことはない、よし、一番父上の留守中に買ってみせようという考えをしていたが、そのうちに藍葉買い入れの期節になったから、初日には祖父に随行して、矢島《やじま》という村へ行って一、二軒買い付けました。

その時、自分の心では、父は世間で藍の鑑定家だといって、褒められるほどの人であるから、これに随行するのは恥ずかしくないが、もはや老耄《ろうもう》したといわれるお祖父

さんに随行して、藍を買い歩行くのは、人が笑うであろうという妙な考えを起こして、どうか自分一人で買い入れてみたいと思ったから、

「お祖父さん、私は横瀬《よこぜ》村の方へゆきたいと思います」

と言ったところが、祖父は自分のいうことを怪しんで、

「おまえ一人で往《い》っても仕方があるまい」

と言われたから、

「左様さ、一人では仕方がないが、どうか廻ってみて帰りたい」

といって、それからいくらかの金子を祖父から受け取って、それを胴巻に入れて、着物の八ツ口のところから腹に結び、祖父に別れて横瀬村から新野《しんの》村にいって、藍を買いに来たと吹聴《ふいちょう》したけれども、そのころ、自分はまだ鳶口髷《とびぐちまげ》の子供だから、自《おのず》から人が軽侮して信用しなかった。しかし自分はこれまで、幾度も父に随行して、藍の買い入れ方を見ていたから、これは肥料がすくないとか、これは肥料が〆粕《しめかす》でないとか、あるいは乾燥《ほし》が悪いからいけないとか、茎の切り方がわるいとか、下葉が枯《あが》っているとか、まるで医者の病を診察するようなことを謂《い》うのを聞き覚えていて、口真似くらいはなんでもないゆえ、いちいち弁じたところが、人々が大きに驚いて、妙な子供が来たといって、かえって珍しがって相手になったから、ついに新野村ばかりで、都合二十一軒の藍をことごとく買ってしまった。それを買うときには、

「おまえの藍は肥料がわるい、本当の〆粕がつかってないからいけない」

などというと、

「なるほど左様でございます、どうしてそれが分かりますか」

といって、村の人にたいそう褒められた。その翌日は、横瀬村に宮戸《みやど》村、またその翌々日は、大塚島《おおつかしま》村や内ケ《うちが》島《しま》村の辺りをしきりに買って歩行くのを見て、祖父が

「おれも一所にゆかなければならぬ」

というから、

「なにあなたが行かんでもよろしい」

といって、大概その年の藍は一人で買い集めたが、ほどなく父も旅行先から帰ってこられて、自分の買い入れておいた藍をみて、大きにその手際を誉められたことがありました。

元来、父は農業と藍の商売とはいたって大切であるといって、熱心に勉励しておられたから、自分も十六、七歳のころから、共にその事に力を入れて、一方の助けをするようになりました。

方正厳格な父の思い出

また、父がごく厳正な気質だという証拠は、自分が十五の歳に、同姓の保右衛門と

いう叔父《おじ》にあたる人と、共に江戸《えど》に出て（初めて江戸へ出たのは十四の年の三月と覚えているがその時には父に随行した）書籍箱と硯箱《すずりばこ》とを買って戻った。これはそのころ家にある硯箱は、あまり粗造の品だによって、江戸へ出るを幸いに、一個新調しようということを父に請求したら、

「よろしい、買ってこい」

と許可しられたから、江戸へ来て、小伝馬《こでんま》町の建具屋のあるところで、桐の二つ続きの本箱と同じく桐の硯箱とを、双方でよくは記憶していないが代金一両二分ばかりで買い取った。

　さて帰宅の後に、これこれの二品を買ったという話をしておいたが、その後、間もなく荷物が到着した。さあ来てみると、これまで使用していたのは、杉の板で打ち付けたのが真黒になって、ちょうど今日、自分の宅の台所で用いている炭取のような物だから、較べてみると、いやしくも桐細工の新しいのとは、大いに相違して華美にみえる。

　そこで父は大いに驚き、かつ立腹の様子で、

「こういう風では、どうも其方《そのほう》は、この家を無事安穏に保ってゆくということは出来ない、おれは不孝の子を持った」

といって、歎息《たんそく》しられました。ただし打ったり敲《たた》いたりするような手荒いことはなか

ったが、三日も四日も、心の中で自分を見限ったというような口気で教訓されたことを覚えています。

何故にこれほどの小事をかくまで厳重に譴責《けんせき》しられたのであるかとよくよく考えてみるに、父の心中では、かように自分の意に任せて事を取り扱うようでは、つまりどんな事をするかもしれぬという掛念《けねん》が強い。もとよりその金を惜しまれた訳ではないが、すでに古書[『韓非子』より「喩老」の巻]にも、

紂王象箸《ちゅうおうぞうちょ》を為《つく》る。箕子《きし》歎きて曰《いわ》く、彼、象箸を為る、必ず盛るに土簋《どき》を以てせずして、玉杯を為らしむ。玉杯象箸、必ず藜藿《れいかく》を羹《あつもの》にし、短褐を衣《き》、而《しこう》して茆茨《ぼうし》の下に舎《やど》らざらん。すなわち錦衣九重、高台広室、これに称《かな》わんに、以て天下に求むれども足らず。[贅沢な欲求が際限なくふくらむことを戒める故事]

というてあるとおり、奢侈《しゃし》の漸というものは、もとより貴賤《きせん》上下の差別はないもので、一物の微といえども、その分限に応じてよくこれを初念の発動するところに慎まんければ、ついには取りかえしのならぬことになるのは昔からいくらも例のある話で、今、自分がかように美麗な硯箱や書籍箱を買うほどだから、したがって居宅も書斎も気に入らぬというように、万事に増長して、つまり百姓の家を堅固に保つことが出来ないという、かの微を閉じ漸を防ぐという意味をもって、かように厳しく謂われたものと思われました。

父の方正厳格であったことはこの一事でも分かっております。しかしこの譴責を受けた時は自分の心中では、あまり厳正にすぎて、慈愛の薄いように思われましたが、それは自分の心得違いでありました。

修験者との問答

自分には姉が一人あるが、その姉が病気のために、両親はもちろん、自分も大いに心配も困難もしました。

ある時、親戚《しんせき》の人から、この病気は家に祟《たた》りのあるためだから、祈禱《きとう》をするがよいという勧誘をいれて、父が姉を連れて、転地保養かたがた、上野《こうずけ》の室田《むろた》というところへ行かれたことがある。この室田というは有名の大滝があるところであります。

さてその留守中に、家にあるという祟りをはらうために遠加美《とおかみ》講［神職の井上正鉄《まさかね》がはじめた白川神道系の神道］というものを招いで、ご祈禱するということで、両三人の修験者が来て、その用意にかかったが、中坐《ちゅうざ》と唱える者が必要なので、その役には、近いころ、家に雇い入れた飯焚《めしたき》女を立てることになった。

そうして室内には注連《しめ》を張り、御幣などを立てて、おごそかに飾り付けをし、中坐の女は目を隠し御幣を持って端坐《たんざ》している。

その前で修験者はいろいろの呪文《じゅもん》を唱え、列坐《れつざ》の講中信者などは、大勢して異口同調に、遠加美という経文体のものを高声に唱えると、中坐の女、始めのほどは眠っているようであったが、いつか知らずに持っている御幣を振り立てるのを見て、修験者は直ちに中坐の日隠しを取ってその前に平身低頭して、

「いずれの神様がご臨降であるか、お告げをこうむりたい」

などといって、それから

「当家の病人について、何らの祟りがありますか、何とぞお知らせ下さい」

と願った。すると中坐の飯焚女めが、いかにも真面目になって、

「この家には金神と井戸の神が祟る、またこの家には無縁仏があって、それが祟りをするのだ」

とさも横柄に言い放った。それを聞いた人々のうちでも、別して初めに祈禱を勧誘した宗助の母親は、得たり顔になって、

「それ御覧、神様のお告げはたしかなものだ、なるほど老人の話に、いつのころか、この家から伊勢《いせ》参宮に出立して、それきり帰宅せぬ人がある、定めし途中で、病死したのであろうということを聞いていたが、いまお告げの無縁仏の祟りというのは、果してこの話の人に相違あるまい、どうも神様は明らかなものだ、じつにありがたい」

そうしてこの祟りを清めるには、どうしたらよかろうというところから、また中坐に伺ってみると、それは祠《ほこら》を建立して祀《まつ》りをするがよいといった。

全体、自分は最初から、

「かような事はせぬがよい」

と言ったけれども、弱年者のいうことだから、採用しられなかったが、いよいよ祈禱をするについては、何か疑わしきところもあったらばと思って始終注目していたが、いま無縁仏というについて、

「その無縁仏の出たときは、およそ何年ほど前のことでありましょうか、祠を建てるにも、碑を建てるにも、その時が知れんければ困ります」

といったら、修験者はまた中坐に伺った。すると中坐は
「およそ五、六十年以前である」

というから、また押し返して、

「五、六十年以前ならば何という年号のころでありますか」

と尋ねたら、中坐は
「天保《てんぽう》三年［一八三二］のころである」

といった。ところが天保三年というと今から二十三年前のことであるから、そこで自分は修験者に向かって、

「ただいまお聞きのとおり、無縁仏の有無が明らかに知れるくらいの神様が、年号を知られぬという訳はないはずのことだ、こういう間違いがあるようでは、まるで信仰

もできるものじゃない、果して霊妙に通ずる神様なら年号ぐらいは立派にお分かりにならねばならぬ、しかるにこの見やすき年号すらも誤るほどでは、しょせん取るに足らぬものであろう」

と詰問を放ったところが、宗助の母親は、横合いから、

「左様なことをいうと神罰があたる」

という一言をもって自分の言葉をさえぎりましたけれども、明白な道理で、誰にもよく分かった話だから、自然と満座《まんざ》の人々も興をさまして、修験者の顔を見つめた。修験者も間が悪くなったとみえて、

「これは何でも野狐が来たのであろう」

と言い抜けた。野狐のいうことなら、なおさら祠を建てるの、祀りをするのということは不用だというので、つまり何事もせずに止めることになったから、その修験者などは、自分の顔を見て、さてさて悪い少年だ、と言わんばかりの顔つきでにらみました。

代官と徳川政治へのわだかまり

自分が十六、七歳のころよりして、前にも話したとおり、しきりに家業に勉強したから、家道もおいおいと繁昌《はんじょう》になってきました。

生家（武蔵国榛沢郡血洗島村）

ことに父は常に家業を大切に、丹精を尽くされたから、村のうちでは相応の財産家といわれるほどになって、第一は宗助が物持ちで、その次は市郎《いちろ》右衛門《えもん》だと近郷近在の評判であった。商業の外に少しは質も取り、金も貸すという業体も取り扱いました。

全体、この血洗島村《ちあらいじま》［現・埼玉県深谷《ふかや》市］の領主は、安部《あんべ》摂津《せっつ》守という小さな諸侯で、村方から一里ばかりも隔った、岡部《おかべ》という村にその陣屋があったが、この領主から御用達《ごようたし》ということを命ぜられていました。もとより小大名のことだから、たいした金を借りる事はないが、ただ一時、お姫様が御嫁入だとか、若殿様が御乗り出しだとか、または先祖の御法会だとかいう事があると、武州《ぶしゅう》［武蔵《むさし》国］の領分では二千両、参州《さんしゅう》［三河《みかわ》国］の領分では五百両という振合に、御用金を命ぜられるので、血洗島村で、宗助が千両、市郎右衛門が五百両、何某がいくらという割合に、めいめいへ言いつけられることであったが、自分が十六、七歳の時までに、たびたび調達した金が二千両あまりになっていた。

　そこで自分が十七歳の時であったと覚えているが、この用金を自分の村方へ千両であったか千五百両であったか、言いつけられて、宗助は千両を引き受け、自分の家でも五百両引き受けなければならぬ訳であった。

　その時、父は自身で代官所へ行くことが差し支えるから、自分が父の名代となって、近村で用金を言いつけられた連中二人と、自分と、都合三人連れ立って岡部の陣屋へ出頭した。

　その時の代官は若森とかいう人であった。その人に面会して、父の名代として御用伺いのために罷《まか》り出たといったところが、同行の二人はいずれも一家の当主であるから、御用金を承知いたしましたといって、調達を引き受けた。

　しかるに自分は、ただ御用の趣を聞いてこいと父から云《い》いつけられたまでだから、

「御用金の高は畏《かしこ》まりましたが、一応父に申し聞けて、さらにお受けに罷り出ます」

といった。するとこの代官なかなか如才ない人で、そのうえ人を軽蔑《けいべつ》するような風の人だから、嘲弄《ちょうろう》半分に、

「貴様は幾歳《いくつ》になるか」

「へい私は十七歳でござります」

「十七にもなっているなら、もう女郎でも買うであろう、して見れば、三百両や五百両はなんでもないこと、ことに御用を達せば、おいおい身柄もよくなり、世間に対して名目にもなることだ、父に申し聞けるなどと、そんなわからぬことはない、其方の身代で五百両くらいはなんでもないはずだ、一旦《いったん》帰ってまた来るというような、緩慢《てぬる》な事は承知せぬ、万一、父が不承知だというなら、なんとでもこちらから分疏《いいわけ》をするから、ただちに承知したという挨拶《あいさつ》をしろ」

と切迫に強いられた。なれども、

「自分は、父からただ御用を伺ってこいと申しつけられたばかりだから、はなはだ恐れ入る義であるが、今ここでただちにお請けをすることは出来ませぬ、委細承って帰ったうえ、その趣を父に申し聞けて、お請けを致すということならば、さらに出て申し上げましょう」

「いやそんな訳の分からぬことはない、貴様はつまらぬ男だ」

とひどく代官に、叱られたり嘲弄されたりしたけれども、自分は

「ぜひともそう願います」

といって、岡部の陣屋を出たが、帰ってくる途中で、とくと考えてみると、その時に

はじめて幕府の政事が善くないという感じが起こりました。

　何故かというに、人はその財産をめいめい自身で守るべきはもちろんのこと、また人の世に交際するうえには、智愚賢不肖によりて、尊卑の差別も生ずべきはずである。ゆえに賢者は人に尊敬せられ、不肖者は卑下せらるるのは必然のことで、いやしくもやや智能を有する限りは、誰にも会得の出来る極めて睹《み》やすい道理である。しかるに今岡部の領主は、当然の年貢を取りながら返済もせぬ金員を、用金とかなんとか名をつけて取り立てて、そのうえ、人を軽蔑嘲弄して、貸したものでも取り返すように、命示するという道理は、そもそもどこから生じたものであろうか、察するに彼の代官は、言語といい動作といい、決して知識のある人とは思われぬ。

　かような人物が人を軽蔑するというのは、いったいすべて官を世々するという、徳川政治から左様なったので、もはや弊政の極度に陥ったのである、と思ったについて、深く考えてみると、自分もこの先今日のように百姓をしていると、彼らのような、いわばまず虫螻蛄《むしけら》同様の、智恵分別もないものに軽蔑せられねばならぬ、さてさて残念千万なことである。

　これはなんでも百姓は罷《や》めたい、あまりといえば馬鹿馬鹿しい話だ、ということが心に浮かんだのは、すなわちこの代官所から帰りがけに、自問自答した話で、今でもよく覚えております。

去りながらそれはただ心にその兆しを発しただけの事で、家に帰って、

「お代官がわがままをいって叱りましたから、かようかように申しました」

と父に話すと、父のいわれるは、

「それがすなわち泣く児と地頭で仕方がないから、受けて来るがよろしい」

とのことだから、翌日、金を持っていったように覚えているが、それから後は、事に触れ物に応じて、ますますその念慮が胸中にわだかまってきました。

黒船の来航

そのうちに世の中がおいおい騒々しくなってきて、すでに嘉永六癸《みずのと》丑の年［一八五三］には亜米利加《アメリカ》のペルリ［ペリー］という水師提督が、四艘《そう》の軍艦を率いて、伊《い》豆《ず》の下田《しもだ》に来て、和親通商の条約を取り結ぼうということを、幕府へ要求しました。さあ幕府の混雑というものは、大変な事で、その時老中の筆頭であった阿部伊勢守などは、自分でも分別に余ったものとみえて、そのころは慎隠居になっていた水戸《みと》の烈公《れっこう》［徳川斉昭《なりあき》］を、無理に頼んで相談相手に引き出すという騒ぎ、すると京都はもちろん、諸藩においても、あるいは和議がよいとか攘夷《じょうい》がよいとかいって、時事を談論するものがたちまち多くなって、ちょうど今日世間でやかましい民権論のように、そこでもここでも集まって、いや伊勢守の処置がわるい、ペルリへはどう返答するで

あろう、なにとうてい戦争になるだろう、いや幕府が弱いから、戦争をすることは出来まい、しかし戦争がいやなら彼の要求に随って開港をせんければならぬ、もしその開港通商をするという日には、京都は、どうであろう、天子様は必ず勅許は遊ばさるまい、などということをしきりに唱えるようになってきました。

幕府衰退のきざし

それで前にも申すとおり、百姓というものは、じつに馬鹿馬鹿しいという意念が、この物騒な時勢に促されて、だんだん増長してきたところから、ついに平生誦読《しょうどく》した『日本外史』、または『十八史略』などで、漢《かん》の高祖［劉邦《りゅうほう》］は下沛から興って四百余州の帝王となり、太閤秀吉《たいこうひでよし》は尾州《びしゅう》［尾張《おわり》国］の百姓で、徳川家康《いえやす》は三河の小大名から出たのだ、などということを考え合わせ、また太田錦城《おおたきんじょう》が『梧窓漫筆』という書に論じたとおり、千古の英雄豪傑も皆自分の友達のような念慮が生ずるようになってきた。

しかしそれは十七の歳から十八、十九、二十ころまで両三年間のなりゆきであったが、何ぶんにも父は常に家業の方のみを督励して、書物ばかり読んでいては家業のためにならぬと謂われるので、ふだんは家業一途《いちず》に出精して、藍の商売については年に四度ずつはたいてい自分が引き受けて、信州・上州・秩父の三箇所を巡廻《じゅんかい》するのでなかなか多忙に日を送りました。

さてこう自分に引き受けてみれば、商売上の小さい仕事ではあるけれども、またおのずから商略ということもあってなかなか面白いものだから、かの農・商は馬鹿馬鹿しいという意念も全く消滅はせぬけれど、業務に対する慾望《よくぼう》で、すなわち家業を都合よくやりたいとか、または最良の藍を製造して、阿州《あしゅう》［阿《あ》波《わ》国］の名産に負けないようにしてみたい、などという志望が起こって、ある年、近村から多人数の藍を買い集めて、その藍を作った人々を招待して、あたかも相撲の番附のようなものを拵《こしら》えて、藍の良否に応じて席順を定め、一番よい藍を作った人を一番上席に据えて、多人数を饗応《きょうおう》したが、「来年は今いっそうよい藍を作るように注意しよう」などといって率先して同業者を奨励したこともあった。

最初の妻・渋沢（尾高）千代

　かように一時は家業にも勉強したけれども、その後おいおいと世間が騒がしくなって、

「攘夷についての叡慮《えいりょ》は確乎《かっこ》としてお動きのない趣である、また水戸の烈公も攘夷論を主張されるし、長州《ちょうしゅう》［長門《ながと》国］も薩摩《さつま》も同論である。しかるに幕府では因循［古い習慣や方法にとらわれ

て改めないこと」の処置のみ多いから、そのうちには衝突または破裂を見るに相違ない」

などといって時事を談論する書生連、すなわち今日も現存している薩摩の中井弘《なかいひろし》だの、また先年死去せしと聞く長州の多賀屋勇《たがやいさむ》だの、それから山崎《やまざき》の戦争に討死した宇都宮《うつのみや》の広田《ひろた》精一《せいいち》・戸田《とだ》六郎《ろくろう》などという人々がおいおい文学の修業とかなんとかいって出てくるから、詩を作ったり文を論じたりしながら、時世を談ずるようになって、人々の話を聞くたびごとに、幕府の政事が衰頽《すいたい》したという感じを強くするようになってきました。

二十二歳、江戸への遊学

自分が読書の指南を受けた尾高惇忠の弟に、長七郎《ちょうしちろう》という人があって、自分よりは二つ年長で、大兵のうえに腕力もあり、かつまた撃剣においては非凡の妙を得た人であったから、撃剣家にするというので、その以前から江戸へ出ていたが、これも折々江戸から友人の書生を連れてきて、しきりに慷慨《こうがい》憂世「世を憂い、怒りなげくこと」の談論をするという有り様であった。さなきだに下心のあることだから、自分もついに二十二の年に、内心ではこのまま田舎に百姓をしていることは成し得られぬ、という覚悟をしました。

そのころ、長七郎が下谷《したや》練塀小路《ねりべいこうじ》の海保《かいほ》という儒者の塾にいて、そうして剣術遣いのところへ通っていたから、それを便りに、

「どうか自分も江戸へ出たい」

といった。ところがその時には父がよほどやかましく小言をいって、

「今この商売を打ち捨てて、書物を読むために家の事を粗略にしては困る、そういう量見ではまだ安神が出来ぬ」

という意味で、大いに教誡《きょうかい》しられたけれども、

「自分においては、永く江戸にいるつもりはない、ただ春先農業の閑暇に少しは本も読みたいという考えである」

といって、強いて請求して、とうとう父の許しを受けたから、二た月あまりも江戸に出て、海保章之助という儒者の塾に這入《はい》っておった。その真意はとうてい百姓をしている時節でないという考えで、すなわち十七歳の時に発した念慮が増長した訳で、それについては、世にはだんだん名ある人もあることだから、広く当世の志士に交遊して議論も聞きたく、または実際に当世の模様も見たいという志がますます熱くなってきたのである。

こういうと思慮もよほど周密のように聞こえるが、その実は山気がおいおい高ぶってきたというのでありましょう。

　さて海保の塾へ入学してから両三日を経て、『孟子』の講釈をやらせられた時には、大勢の書生に笑われて、赤面して両腋《りょうわき》から汗を出したこともあり、またその後にも塾則を破って先生に叱られたこともあったが、もとより自分の念慮はあえて書物を十分に読もうまた剣術を上達しようという目的でない、ただ天下の有志に交際して、才能・芸術のあるものを己の味方に引き入れようという考えで、早く云ってみれば、かの由井正雪《ゆいしょうせつ》が謀反を起こす時によく似ていた。そのうちに世の中はますます騒々しくなってきていろいろの出来事もあったが、それは近世歴史などに書いてあるからそれを読んでみれば委《くわ》しく分かる事だによって今ここでいちいちこれを話しませぬ。かくてその歳の五月ごろまで海保の塾にいてしきりに書生連に交際したが、またお玉《たま》が池の千葉《ちば》という撃剣家の塾に這入って、剣客の懇意を求めていた。その訳は、今申すとおり、読書・撃剣などを修行する人のうちには、自然とよい人物があるものだから、抜群の人々を撰《えら》んでついに己の友達にして、そうして何か事ある時に、その用に充てるために今日から用意しておかんければならぬという考えであった。

　元来思慮というものは一方に密なると一方は疎になるもので、すでに憂国の志士を気取って大事を自任した以上は、万事の思想が自然とその点に集まってくるから、一方の農業と商売とは十分に丹精しないようになる。

さあそうなると厳正な父だから黙ってはいない。たびたび叱られました。

しかし自分ももう二十二、三にもなり、幾分か世の中の事にも馴《な》れて、ことに漢学書生などと交際して、国事の議論もするという有り様であったから、父も不機嫌ながら、さすがに小児を叱るように、馬鹿な真似をするな、などとはいわぬけれども、心の中を察してみると、なんとなく心配をしられる様子であった。

もっとも親が子を思うのはすこぶる深切なもので、心配のうちにも、書生などの遊歴してきた時に、自分がそれと負けず劣らずに時勢を談論すると、おれの児は人に対して恥ずかしからぬものだ、と嬉《うれ》しそうな様子も見えたが、そうかといって近頃の挙動ではいつ家を飛び出していかなる難儀を仕出かすかもしれぬということも、大いに心配されたように思われた。

じつに今日から回想してみても、自分が二十二歳の春、江戸へ遊学したころから、二十四の冬、京都に旅行するまでの間において、父の痛心苦慮というものは真に思いやられるほどで、さてさて自分は不孝の子であった、といまさら後悔に堪えませぬ。

坂下門外の変

自分が二十三の歳であったが、正月十五日に老中安藤対馬《あんどうつしま》守の登城先を河野《こうの》顕三《けんぞう》などが、坂下門外《さかしたもんがい》に待ち受けて斬りかけた。

その事に連累して大橋訥庵《おおはしとつあん》が捕縛になって、尾高長七郎もまた嫌疑を受けたが、長七郎はその時田舎に来ていたから、田舎までも逮捕の沙汰《さた》があるということを自分が聞き込んだけれども、長七郎はかえってそれを知らずに、江戸へ出るといって、すでに出立したということだから、自分は一方ならぬ心配をして、その夜の十時ころから宅を駆け出して、四里ほど隔てている熊谷《くまがや》宿まで追っかけて漸《ようや》く長七郎を引き留めて、さて貴契は知らぬ様子だが、坂下連中はその場に出もせぬ児島恭助［強介］までも縛られたほどだから、この田舎ですらじつは危険千万に思う矢先である、しかるに嫌疑を蒙っている貴契の身として、この場合に江戸へ出るというはあまり無謀な話で、自ら死地に就くも同様だによって、ここから方向を換えて、一刻も早く信州路から京都を志してしばらく嫌疑を避けるのが上分別であろう、と忠告して、すぐに京都の方へ落としてやったが、それというも、一つには京都の形勢はいかであるかかたがたその様子も聞きたいという考えもあったのである。

その仔細《しさい》というものは、そのころ京都では学習院《がくしゅういん》というものが立って今の三条《さんじょう》内大臣が総裁で諸藩から御寄人《よりうど》というものが出来て、盛んに国事を論じている趣だから、もとより逢ったことも見たこともないけれど、京都は攘夷論の根本で、諸藩の有志家も集合していろいろ議論もある様子だから、今その実況を知るのは必要である、それゆえ、幕府の嫌疑を避けながら、長七郎に京都行きを勧めてやったのでありました。

攘夷思想への共鳴、暴挙の企て

二十四歳の春、すなわち文久《ぶんきゅう》三亥《い》年［一八六三］に自分はまた江戸へ出て、海保の塾と千葉の塾とに這入って塾生をした。この時は来たり帰ったりして足かけ四月ばかりの間であったが、そのうちにだんだん思考して、ついに一つの暴挙を企てようということを工夫した。

それはいかなる訳かというに、朝廷からは始終かわらずに攘夷鎖港の勅諚《ちょくじょう》があるにもかかわらず、幕府においてはいつまでも因循していて、今に朝旨を遵奉せぬというのは、すなわち

戎狄《じゅうてき》是《こ》れ膺《う》ち荊徐《けいじょ》是れ懲《こ》らす［外敵を討ちこらしめる（『詩経』）］

という格言に背いて、征夷《せいい》将軍の職分を蔑如《べつじょ》するものである。かくの如き姿では、目前洋夷《ようい》のために我が神州《しんしゅう》を軽侮されるしだいで、万々一にもこの後もし城下の盟《ちかい》をするように通商条約でも許したならば、それこそ我が国体を汚辱するものといわねばならぬ始末である。たとえ和親をするにもせよ、まず一度は戦って相対の力を比較した後でなければ和親というものではない。

なに彼に堅艦巨砲があっても、我にはいわゆる大和《やまと》魂をもって鍛錬した日本刀の鋭利があるから、手当たりしだいに斬って斬って斬りまくろう、という向不見《むこうみず》の野蛮な

考えであって、今から見ると、まことに笑うべき話にすぎぬけれども、その時は攘夷一途に思い込んだ頭脳だから、いわゆるこの幕府では攘夷などは出来ぬ、そのうえもはや徳川の政府は滅亡するに相違ない、何故だというに、世官世職の積弊がすでに満ち政府を腐敗させて、つまるところ、智愚賢不肖おのおのその地位を顚倒《てんとう》してしまった。

　士気の沮《そ》喪《そう》、人心の解体した現今の有り様でも明らかに分かることである。ゆえにこの際天下の耳目を驚かすような大騒動を起こして、幕政の腐敗を洗濯したうえでなければ到底国力を挽回《ばんかい》することは出来ない。

　我々は農民とはいいながらいやしくも日本の国民である以上は、我が本分の務めでないから、といって傍観してはいられない、とても十分の事はなし得られまいが、一番、目覚ましく血祭になって世に騒動をひき起こす階梯《かいてい》になろう、と考えたので、これが前にも申した、暴挙の要旨でありました。

　さりながら二人や三人で外国人の中へ斬り込んだところが、それでは生麦《なまむぎ》一件「生麦事件」くらいの事で、また償金で済むから、とても志を得ることは出来ぬ、なんでも幕府の保ち得られぬというような一大異変を起こすにはどうしたらよかろうかということを、いろいろ考えて相談をした。それも多勢の相談ではない、尾高惇忠・渋沢喜《き》作《さく》の両人と自分と、都合三人で密議を凝らしたのであったが、ついに一案を立てました。

高崎城と横浜への襲撃計画

その密議の一案というのは、すなわち一挙に横浜《よこはま》を焼き撃ちして、外国人と見たら、片っ端から斬殺《ざんさつ》してしまうという戦略であった。

しかし横浜襲撃の前にまず高崎《たかさき》の城を乗っ取って兵備を整えたうえで、高崎から兵を繰り出して鎌倉《かまくら》街道を通って横浜へ出れば通行も容易である。江戸を経過する時は、いかに懦弱《だじゃく》だといっても諸大名などもいてかれこれ面倒であるから鎌倉街道によるという軍法で、ずいぶん乱暴千万な話に相違ないが、これがもし果してその時に実行したことなら、自分らの首は二十三、四年前に飛んでしまったであろう。しかしその時はごく真面目で、いわゆる満腔《まんこう》の精神を籠《こ》めて諸事を謀議しました。

いわばこの手《て》筈《はず》はかくすべし、かの方法はかようにありたし、また兵器とても、鉄砲は用意し得られぬから、槍《やり》と刀とを用いることにしよう。その他の用具に至るまで、春以来秘密に買い調えたが、つまり万一を僥倖《ぎょうこう》する仕事だから、どうせ甘くは出来まいが、出来ぬところが一死もって止むという決心で、刀などもここで買いあそこで買いして、尾高が五、六十腰、自分が四、五十腰、その外着込みといって鍛え皮を鎖で亀甲《きっこう》形に編み付けた剣術の稽古着のようなものから提灯《ちょうちん》、その外必用の物の具までも相応に用意して買い集めた。その金は藍の商売をした勘定の中から父に隠して支払ったが、およそ百五、六十両くらいであったと思います。それからめいめい竹槍を持って高張提灯を押し立てるという趣向だから、まるで昔の野武士のような扮装《いでたち》であったろうと考えます。

さてこの徒党中のおもだった人々は、尾高両人に、喜作と自分との外に千葉の塾で懇意になった真田《さなだ》範之助《はんのすけ》、佐藤《さとう》継助《つぎすけ》、竹内《たけうち》練太郎《れんたろう》、横川《よこかわ》勇太郎《ゆうたろう》、海保の塾生で中村三《なかむらさん》平《ぺい》などで、その他は親戚郎党の中からかれこれ集めて、以上六十九人ばかりあったかと記憶しています。この人々は極秘密にいろいろの準備をして、にわかに起こって不意に高崎に夜打ちを仕掛けてその城を乗り取ろうという軍略であった。

そこでこの事を発するには焼打ちが第一だから、なんでも火早い時節がよかろうというので、かの諸葛孔明《しょかつこうめい》が風を祈るような心持ちで、まず冬という考えをつけて、その歳すなわち文久三年の十一月二十三日と決定した。

けだしこの二十三日は冬至に相当して一陽来復というすこぶるめでたい吉日であるから、おのずからかの

陽気《ようき》発する処《ところ》金石《きんせき》皆透る、精神一たび到らば何事か成らざらん［精神を集中して行えば、どんなことにも打ち勝つことができる（『朱子語録』）］

という意味を含蓄して、取り極《き》めたのである。

勘当を願い、父との別れ

この事を決定したのは八月ごろであったが、さてだんだんとその時日の迫ってくるにつけて、よそながら父に決心のほどを知らせたいと思って、その年の九月十三日は後の月見といって田舎では観月の祝いをする例があるから、その夜、尾高惇忠と渋沢喜作の両人を自分の宅に招いで、父も同席で世間話をするうちにそれとなく自分の一身を自由にすることの相談を始めた。

全体自分の企望するところは、父からこの身を勘当してもらうという覚悟であったが、さればといって子が親に向かって突然勘当して下さいともいわれぬものだから、まず世の中の起き伏しから話の緒《いとぐち》を開いて、

「この天下はついに乱れるに違いない、天下が乱れる日には農民だからといって安居してはおられぬ、ゆえに今日からその方向を定めて乱世に処する覚悟をせんければならぬ」

といい出したところが、父はその話をさえぎって、

「それは其方の説が分限を越えていわば非望を企てるということになる、根が農民に生まれたのだからどこまでもその本分を守って農民に安んじたがよい、しかし幕府の非政を論じたり閣老なり諸侯なりの失職を謗議《ぼうぎ》したりして、善悪忠邪らを見分けるほ

どの知恵を聞くのはもとより自己の一見識として何も妨げはないけれども、身分上については左様な不相応の望みを起こさんでもよろしい、時世を論ずるのは妨げはせぬけれども、身分の位置を転ずることは量見違いだから、どこまでも制止せんければならぬ」

と謂われたから、自分は押し返して、

「なるほど、父上の仰《おっ》しゃるところは一応ごもっともだけれども、日ごろ、大人《あなた》が世のなりゆく様をお歎《なげ》きなさるのも私と同情で、あるいはいっそう深いほどにも伺っているではござりませぬか、いったい今日武門の政事がかくまで陵夷《りょうい》してしだいに腐敗する有り様になった以上は、もはやこの日本はいかなるか分かりませぬ、もし日本の国が陸沈するような場合になったとみても、己は農民だから微《すこ》しも関係せぬといって傍観しておられましょうか、何事も知らぬならばそれまでのこと、いやしくも知った以上は、国民の本分として安心は出来ぬことであろうと思われます。

もはやこの時勢になった以上は、百姓町人または武家の差別はない。血洗島村の渋沢家一軒の存亡に頓着《とんじゃく》なさる事はなかろう、いわんや私が一身の進退上についてはなおさらの事のように存じます。ただいま仰せの分限を守るということは誠に当然至極の事でござりますが、さりながら人世の事は常に処すると変に処するとの間において、自から差別を生じて同一に論定することは出来ますまい、いや『論語』にはこういうことがある、『孟子』にはああいうことがある」

などといって、その問答はなかなか長いことでついに夜が明けてしまった。

もちろん自分はあえて議論がましくむやみに父に反対して高声に討論した訳ではなく、ただ諄々《じゅんじゅん》と論じているうちに夜が明けた。すると父は思いきりのよい人で、夜が明けてからもう何もいわない、

「よろしい、其方はおれの子じゃないから勝手にするがよい、だんだんの議論で時勢もよく分かったから、そういうことを知ったうえからはそれがその身を亡ぼす種子になるかあるいはまた名を揚げる下地になるか、そこはおれは知らぬ。よしや時勢が十分に知れても、知らぬつもりでおれは麦を作って農民で世を送る。たとえ政府が無理であろうとも役人が無法なことをしようとも、それには構わずに服従する所存である。

しかるに其方はそれが出来ないというなら、仕方がないから、今日からその身を自由にすることを許して遣わす。それについてはもはや種類の違う人間だから、相談相手にはならぬ。このうえは父子各《おのおの》その好むところに従って事をする方がむしろ潔いというものだ」

といわれて、ようやく十四日の朝になって、一身の自由を許されました。

この時に自分は父に向かって、

「これまでは家業も勉強して藍の商売も拡張したけれども、すでに国事に一身を委《ゆだ》ね

るという以上は、父母に対してはこのうえもない不孝のしだいでありますが、とうていこの家の相続は出来ませぬから、速やかに自分を勘当して、跡は養子でもお定め下さい」

と申しましたら父のいわれるには、

「今突然勘当といっても世間でも怪しむから、ともかくも家を出るがよい。いよいよ出た後に勘当したということにしよう。また養子の事はその後でも遅くはないと思う。

向後其方がいかようの事をして死んだからといって、別に罪科を犯した事さえなければ、この家に迷惑を生ずるはずもあるまい。万一嫌疑で縛られても、家に対しては何事もあるまいから、今にわかに勘当届を出すには及ばぬ。

しかしこのうえはもう決して其方の挙動にはかれこれと是非は言わぬから、この末の行為によくよく注意して、あくまでも道理を踏み違えずに一片の誠意を貫いて仁人義士といわれることが出来たなら、その死生と幸不幸とにかかわらず、おれはこれを満足に思う」

と教誡されたことは、今でもなお耳の底にあるように思われて、話をするのもなかなか落涙の種子である。そこでまた父のいわれるには、

「これから江戸に出て全体何をする考えである」

としきりに尋ねられたが、自分は意中の機密だけは決して話さない。

何故というにもしこの機密を微しでも話したならば、それこそ父は力を極めてこれを厳禁されるに相違ないから、ただいろいろの話にまぎらして、隠然と暇乞《いとまごい》をするようなしだいで、まずようやく親の許しを受けてこれでもう心配はない、いよいよ十一月に事を挙げるにはその前の準備もあり、人数も集めんければならぬから九月十四日に江戸へ出て、およそ一と月ばかり逗留《とうりゅう》していて十月の末に田舎へ帰ってきた。

尾高長七郎との激論で断念

ところがおいおい事を発する期日が近寄るからここかしこの土蔵の隅に匿《かく》してある槍、刀、その他着込みの類もすわ勢揃いという時に差し支えなくそれを出すつもり、なおその外にもいろいろの手筈もあるから、同志のうちで役割を設けて、誰と誰とはどこへ向かい、誰と誰とは何事を負担するということを定め、また地勢を十分に見ておかねばならぬから、これは自分が見にいく都合であった。

もっとも九月十四日に江戸へ出る時に、この事を発するにはまず京都の様子を明らかに承知するが必要だというので、京都滞在中の長七郎のところに飛脚をやってかつ「ほぼこういう計画に定めたから要用の人物なら何人でも連れて関東へ帰ってこい」という委しい手紙を持たせてやった。

その頃はかような秘密の手紙は、通常の飛脚屋へは出せない、ことに至急の事だから武沢市五郎というものをその使いに充てた。

十月の二十五、六日ごろになって尾高長七郎が京都から帰ってきた。そこでこれまでの成り行きを詳細に話して、向後事を挙げる手続き上の事も相談してかたがた京都の形勢を尋ねてみたところが、長七郎の考えはまるで反対で、いろいろに異論があった。

今日からみるとそのとき長七郎の意見が適当であって、自分らの決心はすこぶる無謀であった。じつに長七郎が自分ら大勢の命を救ってくれたといってもよい、というものは外でもない十月二十九日の夜、いよいよその事の挙止を決するために手計村の惇忠の家の二階で、惇忠、長七郎はもちろん自分と喜作と中村三平と五人集合して評議を始めたが、長七郎のいうには、

「暴挙の一案は大間違いである、今日七十人や百人の烏合《うごう》兵では何することも出来ない。よしや計画どおりに高崎の城が取れたにせよ、横浜へ兵を出すことは思いも寄らぬことである。ただちに幕府や近傍諸藩の兵に討滅されることは明亮《めいりょう》である。じつに乱暴千万な考えというものだ。つまりただ百姓一揆《いっき》同様に見做《みな》されてしまうであろう。

実際横浜まで押し出して居留の外国人を攘斥《じょうせき》しようとするには、十分訓練した兵でなければ出来る訳のものじゃない。

なるほど諸藩の兵も幕府の兵も弱いには相違ないが、ともかくも人数が多いから容

易に打ち破ることは出来ない。現に十津川《とつかわ》浪士のような者で、藤本《ふじもと》であれ、松本《まつもと》であれ、相応に思慮才覚もある人だけれども、わずかに五条《ごじょう》の代官位を破ったまでで、ただちに植村《うえむら》藩に拒《ふせ》ぎ止められてしまった。その人数も百人あまりあって、しかも中山《なかやま》侍従という有名の公家《くげ》が盟主になって、藤本鉄石《てっせき》と松本鋭太郎［奎堂《けいどう》］とが死力を尽くしたけれども、天子の関東御親征という論がにわかに変じて、三条公始め七卿《しちきょう》が長州へ落ちるということになるとたちまち散り散りばらばらになって、藤本と松本とは討死してしまったという有り様ではないか。してみれば、高々よくいったところが十津川浪士くらいの事であろう。

ただしそれでも幾分か天下の士気を鼓舞することは出来得るであろうが、その効能はじつに些細なものだ。その些細な効能のために数十人のものが打ち揃って死んでしまうのは残念ではないか。じつに残念だからあくまでも不同意である」

という。自分はこれに反対して、

「なるほど十津川暴挙に比較してみれば今の想像も適当であろうが、しかし今にわかに我々がそれだけの力を持つ工夫は決してない。

さればといってその力の増すことを謀ったうえでという時には、いつといって大事を挙げる日はあるまい。ついには知らず知らず人後に落ちてこの壮挙を決行することの出来ぬようになるのは必然であろう。すでに我々同志のものは、陳勝呉広《ちんしょうごこう》［物事の先駆けとなる人」をもって自ら任じて天下の志士に率先することを期したのではないか。

今我々が事を起こしたならば、たとえ一敗地に塗《まみ》れたところが、天下の同志者がこれを見て四方から奮起してついに幕府の天下を潰《つぶ》すであろうから、つまり我々はその血祭になるのだ。秦《しん》の敗れて漢の高祖が天下を平らげた時にも、この血祭はずいぶん多くあった。今日幕府を亡ぼす端緒を開くためにその血祭となることなら、われわれの本分は足る訳である。

もしもまだといっているうちに不孝にして幕府の嫌疑を蒙って、縲紲《るいせつ》「罪人として捕われること」の辱めを受けたうえで、いたずらに獄中の鬼となるまいものでもない。とても死ぬと定めた以上は事の成敗などは天に任せておいて、ここでかれこれ論ずるには及ばぬから、唯一死をもって事を挙げる所存である」

とすこぶる切迫した論をしたところが、長七郎は

「いやそんな事をいっても、今この計画したような乱暴なことをして、万一流賊一揆と見做されてことごとく縛首の刑戮《けいりく》に逢うようなことがあっては残念だからどこまでも力を極めて留める」

という。自分は

「決してやめぬ、必ず決行する」

という。

この時も徹夜して論じた末に、長七郎は自分を殺しても挙行するというし、自分は長七郎を刺しても挙行するというので、ついに両人して殺すなら殺せ、刺し違えて死ぬというまでに血眼になって論じたけれども、長七郎はあくまで承知せずにこの企てを止めるから、そこで自分も退いて熟々《つらつら》考えてみたところが、なるほど長七郎のいうところはもっともである、軽々しく一揆を起こしてもとてもよい出来栄えを見ることは見込みのないのだから、ただ死をもってするといったところが百姓一揆同様に見做されて、この連中のおもだった者が幕府の獄吏に辱められて、空しく刑場の露と消えることになると、ただはじめの目的に届かぬばかりでなく世間においては児戯に類した挙動だなどと評判されまいものでもない。

そうなる日にはつまり我々に続きて起こる志士もなく、いわば犬死になるかもしれぬ。なるほど長七郎の説が道理である。これは一番緻密《ちみつ》に謀慮せんければならぬと気がついたから、いよいよやめることにしようと感悟した。

故郷を出る

さてやめるとすれば速やかに人も離散させんければならぬからそれぞれに手当などもやって解散したが、自分らの身の上もなんとか工夫をせんければならぬ、というものは、そのころ、幕府に八州《はっしゅう》取締りというちょうど今いう探偵吏のようなものがあって、それが少しでも変な風評を聞くとただちに探索をしてたちまち召し捕ることになっていた。

すでに大橋訥庵を縛した時にも、その連累のものを田舎まで手配りをして探偵をした。自分達もすでに捕縛されようとした危険の場合もあったが、およそ事を発しようという際には気が勝っていて、八州の五人や七人は片っ端から斬殺してしまうという勢いだから、ちっとも畏《おそ》れなかったが、その企てを止めることになるとすこぶる危険に思われたから、自分と喜作とはこれから京都へ行くことに定めて、近隣や親類へは伊勢参宮かたがた京都見物に往くと吹聴して故郷を出立したのは十一月の八日であった。それから江戸に四、五日いて、十一月の十四日に江戸を出立しました。

これが自分の血洗島村の家を出るまでの一段落で、取りも直さず農民から浪士とか書生とかいうような身分に変じたしだいであります。

なおこの末に一橋家に仕える前に千辛万苦した話もあり、また奉仕して後にもいささか一橋家の政事に関係した話などもあるが、それは浪人になってからの一関節であるから、他日の話として、今夜はまずこのくらいで擱《お》きましょう。

巻之二

四度の変身

先晩に引き続いてまた自身の履歴話を致します。自分の身の上は、あたかも蚕《かいこ》が最初卵種から孵化して四度の眠食《みんしょく》をかさね、それから繭《まゆ》になって蛾《が》になり、再び卵種になる有り様で、二十四、五年間に、ちょうど四回ばかり変化しています。すなわち前回は卵種から虫に孵化するまでの話で、これから先は蚕児が生長して繭となり蛾となり、だんだん変化してつまりはまた元の卵種になるまでの事を話すので、今晩のところは第二関節の時代を話す訳になります。

前回に話したのは農民に生まれ耕作を事とする身分でありながら、あえて幕府の暴政を憤っていかにも今日の有り様では幕府は維持が出来ぬ、よしまた出来るとしたところがこのままには棄てておかれない、農民風情の身柄ではあるが、この一身を犠牲に供しても暴政変革の端緒を開いて、真正公明な政事の行われる世にせんければ、日本の国は潰れるに相違ない、現在の危殆《きたい》な時勢に際していながら、自分の本職でないから政事などに口を啓《ひら》かんでもよろしいと申してはおられぬ場合だから、いかにも精神を砕いて世を済《すく》うことに骨を折らんければならぬ。

さてその精神を砕いて世を済うという手続きは、どうしたらばよかろうか、迂遠《うえん》な道をゆくとすればまず賢明の君に仕官して言も聴かれ謀も用いられ、かつ老中とか若年寄とかいう職分になって天下の政にあずかるのが順当の道であるが、それはとても企て及ばぬ。ことにその時分の徳川政治というものは、いわゆる世官世職といって、家柄が定まっているからいくら器量があろうが才識があろうが新規にその地位に出る事は出来ぬ。

その他の役々も皆それぞれにこの階級順序があって、農民などがどのように才智があって勉励したからといって、とうてい天下はおろか、一国一郡の政事にも与《あず》かり得られるような制度ではなかった。

それだから今の世の中に功名を顕《あらわ》そうとするには、とても順道は取れぬから逆道をゆかんければならぬ。それを一口に申すと、変乱を謀るので、国に大騒動を始めるより外はない。大騒動を起こしたら、その騒動によって幕府が斃《たお》れて国家が混乱する、国家が混乱すれば忠臣も顕れ、英雄も出てこれを治める。して見れば国家を混乱するのは国家を治定する階梯となる訳だから、我々は奮ってその混乱を促して、そのためならば一身を犠牲にしても厭わぬという考えであった。

さて国家を混乱する手続きはというと、すなわち一揆を起こして、まずその手始めに一つの大名を討ち潰してその兵力を藉《か》り、機会に乗じて横浜を焼討にしたら、必ず外国人がそのままにしておかぬから兵力をもって日本を討つ、そうすればとうてい幕府では支えることが出来ぬであろう、すでに兵端の開けた以上はどこからか真の英雄が顕れて、徳川の幕府はついに顚覆《てんぷく》する、顚覆した後はこれに代わって国政を執る者が出来る順序に移るであろうという考えであった。

身を隠し京都を目指す

そうしていよいよ事を挙げるのは、前夜お話したとおり自分が二十四の年で文久の三年［一八六三］十一月の末と定めたところが、十月の二十九日に尾高長七郎が京都から帰ってきて、大和五条の暴挙を見た有り様を説いてこの事を止めろといって諫《いさ》めたのを、自分は大いに反対したが、再三再四討論の末なお退いて静思熟慮してみれば、なるほどこの事は暴激に失するという事を見出《みいだ》した。

じつに長七郎のいうとおり、志はもっともだがその志を天下に表白することも出来ず、また万分の一を尽くすことも出来ずに単に流賊一揆と見做されて幕吏に擒《とら》われて鼎鑊《ていかく》の刑［罪人を煮殺す刑罰］を受けるということも好ましくない、して見ればこの計画は止めるより外に仕方がない。

渋沢喜作

いよいよ止めるとした以上は、一身の処し方はどうしたらばよかろう。元々この身を国家の犠牲に供するつもりで一旦家を出た以上は、安閑としている事は心にすまぬ訳である。また故郷にいては将来志を伸ばす端緒も得られない。また一つには右の挙動はその時分の探偵吏、すなわち八州取締が窺《うかが》い知ってすでに手を廻しているということを少々聞き知っておった。ことに事を発しようという際にはめいめい慎みが深いから、あまり人の耳目にも触れぬが、すでにその事を止めると知らず知らず話が漏れてたちまち露顕するということは、ずいぶん古今の歴史上にも例の多いことだから、我々が安閑としてこの地にいるのは極めて危ないことである。

このうえはしばらく身を隠して旅行でもするより外に仕方がない。それにしても旅行の目的はどこがよかろうか、さまざま相談もしたが、結局京都は輦轂《れんこく》の下［皇居のある地］で諸藩も大いに目をつけて少し志のあるものは皆京都に輻湊《ふくそう》する時節であるから、京都へ行くのが上策であろうというので、同姓の喜作と共に京都に出立することに決定しました。これはたしか十一月の二日、三日のころと記憶しています。

その時、尾高惇忠は自分より十歳ほど年長で、かつ父はすでになくなってその身が一家の戸主であるから、家政万端の責任があるによって、自分らと共に家出する訳にはゆかぬから、いろいろ将来の事までも相談して、跡の始末も託しました。また長七郎は元来撃剣家で、このころ京都から帰宅したばかりだから、すぐに京都へ引き返すのも面白くなかろうというので、これはここに留《とど》まって、撃剣の指南をしながらそのうちに時機をみてゆるゆる京都へ来るがよかろうと話し合いをして、自分と喜作とは十一月の八日に故郷を立って十三日まで江戸に逗留してそれぞれの準備をしたが、いよいよ十四日に江戸を発足して、その日は東海道程ケ谷《とうかいどうほどがや》宿に一泊したように覚えています。

平岡円四郎の助けを得て京都へ

そこでこの京都行きの手続はどうしたかというに、そのころ一橋家の用人に平岡円《ひらおかえん》四《し》郎《ろう》という人があって、幕吏のうちではずいぶん気象のある人で書生談などがいたって好きであったから、自分と喜作とはその前からたびたび訪問してよほど懇意になっていました。

ある時、平岡のいうには、

「足下［貴殿］らは農民の家に生まれたということであるが、だんだん説を聞いて談じ合ってみるといたって面白い心がけで、じつに国家のために力を尽くすという精神がみえるが、残念な事には身分が農民では仕方がない、幸いに一橋家には仕官の途《みち》もあろうと思うし、また拙者も心配してやろうからすぐに仕官してはどうだ」という勧めがあったことがある。

その時に自分らの考えは前に申した一つの目論見《もくろみ》があったから、それには一橋の家来と名を借りておったならば、刀剣を帯して歩行くにもまたは槍を持つにも着込みを用意するにも多人数を集めるにも、すべて人の怪しみを招くことが少ない、農民風情では帯刀も憚《はばか》らねばならぬ制度の下にいる時だから、これは好機会だと思って右の平岡に別して懇親していた。

それらの縁故からして、京都へゆく時にも平岡の家来ということにしようと思ったが、この時に平岡はすでに一橋公［慶喜《よしのぶ》］の御供で九月に京都へいって留守であったから、その留守宅を尋ねて細君にその事情を述べて、京都へゆくために当家の御家来のつもりにして先触れを出すからこの事を許可して下さいといったところが、細君のいうには、かねて円四郎の申し付けには、おれが留守に両人が来て家来にしてもらいたいといったら許してもよいということであったから、その義ならば差し支えない、承知したといわれたから、両人は平岡円四郎の家来という名目で歩行きました。

なにぶん素浪人では道中で嫌疑される虞《おそれ》があったが、いやしくも一橋の家来といえば容易に捕縛される掛念がないというのでその予防をしたのであります。

さてその道中も何事なしに京都へ到着したのは十一月の二十五日と覚えている。もちろん道中は格別いそがなかったが、しかし別に遊山見物のために往く訳でないから、ただ通常の道を歩行いていった。京都へ着したならば天下の英雄豪傑といわれる人が大勢集っていて、しきりに天下の大勢に注目しているから、なんぞよい機会が見出さるるであろうという思惑であったけれども、着するとすぐに彼の平岡円四郎を尋ね、またその他一橋の家来で二、三人の知人を尋ねた。

もとより京都へいったのは一橋家へ仕官する望みではなく、ただただ京都の形勢を察しようという目的であるから、しきりに天下の有志家に交わりを求めていたが、ここに一つのお話があります。

京の志士たちとの出会い

さきほど申したとおり、すでに暴発をしようという考えからして、止むことを得ず藍の商いに取り扱った金のうちで、あるいは刀を買ったり、着込みを作ったり、その他いろいろの事に使用したから、この事を後に父に打ち明けて、どうか許容して下さいといった。

その金高はおよそ百五、六十両ばかりであった。

しかし一身の遊興に金銀を費やすということはこれまで一切なかったから、父もこの事を許諾して、

「それは止むことを得ないから家の経費と見做《みな》す」

といわれました。それでまた京都へ立とうという時に、

「再び家へ帰るか帰らぬか知れぬから、もし困ることがあってはならぬ、金がいるならいくらでも持ってゆけ、また向こうへいった後も、この身代は其方の身代だから不道理の事に使わぬ以上は決して惜しみはせぬから、入用があったら必ずそういってよこせ、送ってやる」

と父が惜し気もなく親切にいってくれられた。しかし自分は

「金はいらぬけれども、道中少しもなしでは困ります、金の入用なほどにこの身体が保つか、もしくはこの家の金を当てにせずと活計が立つようになるか、いずれにしても自分の身体は短いうちに始末が附かなければなりませぬから、ただ当坐《とうざ》の入費に百両だけの金を下さい」

といったら、

「よろしい持ってゆけ」

ということで百両もらったことを覚えている。

ところがもう明日にも死のうというような考えだから、その以前とはまるで反対で、江戸に遊んでいる間にはあるいは芳原《よしわら》［吉原］へいった事もあり、その他、無駄な事にも使って、たちまち二十四、五両の金がなくなってしまった。

それからその残金を持って京都へ来てからは、頼復次郎《らいまたじろう》［頼支峰《らいしほう》］を尋ねるとか、または宮原《みやはら》の塾を尋ねるとか、あるいはどこに何藩の周旋方がいるから尋ねるとか、どこに名高い慷慨家がいるから訪問しようとかいって、互いに相往来していたから、自から入費も掛かりがちで、京都へ来て一月あまりはそんな事で至極面白く遊んでいた。

しかし、眼目とする幕政を覆そうという一条については、その端緒にだも出会《でくわ》することは出来ない。ただあちこちを歩行いてみてもただ通常の評判を聞くのみで、あるいは叡慮はあくまでも攘夷をご主張なさるが、幕府が擁蔽《ようへい》し奉るから御趣意が明白に分からぬとか、または薩摩と長州とはとうてい親睦《しんぼく》することは出来ぬとか、あるいは界町御門《さかいまちごもん》の固めを長州が止められて今では会津《あいづ》が守護職となって勢力を得ているから有志家の頭はあがらぬ、などという評判ばかりで、これぞという機会を見つけることが出来ずにいました。

それゆえその歳の冬押し詰まってから、ただこうやって遊んでいてもつまらぬから今のうちにどこかへ旅行でもしようかということを喜作と申し合わせてまず伊勢参宮がよかろうといって同道で出立した。

その時分には尊王家が伊勢の神廟《しんびょう》を拝するのは国民の義務というほどであったから、それで伊勢神廟を拝して、ついでに奈良・大阪あたりの名所古跡も見てくるはずで十二月の中旬に京都を出掛けた。寒い時分でもあり、今日のように汽車や人力車のある道中でもなかったからはなはだ不便利であったが、しかし向こう見ずの強い気象を持っている時分であったからずいぶん面白く伊勢参宮をして、再び京都へ帰ってきて正月も無事で済んだ。京都にいるうちはしきりに平岡円四郎を尋問して一橋公の朝廷を奉戴《ほうたい》せらるる有り様から諸藩に対する交際の振合、また、攘夷鎖港の問題は幕府が朝旨を奉じてなし遂げる決意であるか、などということを聞き合わせることに汲々《きゅうきゅう》としていたうちに、不測一つの珍事が生じてきました。

さてその珍事というのは、二月初旬の事であったが、尾高長七郎の手紙が江戸から届いた一件であります。今その一件を話する前に自分ら両人がそのころの境涯を微しばかり述べておかんければならぬことがあります。

それはほかの事ではない、先ごろ京都へ来てから後に始終滞留していたところは三《さん》条小橋《じょうこばし》脇の茶屋久四郎の家で、すなわち茶久という上等の旅籠《はたご》屋でありました。最初は上等の旅籠で泊まったけれども、伊勢参宮をするについてそれまでの旅籠代をまず一回勘定してみると、めっきり懐中がさびしくなった。

そこで自分は喜作に相談して、この姿ではお互いに一身の斃れるまで生活の維持が出来そうもないから、ここで一つ旅宿に掛け合って今少し安価で止宿の出来るようにせざなるまいといって、やがて主人を呼んで、食事はなんでもよいからちっと安く泊る工夫はないかといったら、とうとう、食事は朝晩二度と定めて昼飯は食わぬはずで、一日一人の旅籠代を四百文に負けようということになった。

この四百文は今からみるとやすいけれども、その時分にはこれでも上等のお客であった。普通の旅籠は概して二百五十文くらいのところへ四百文だから決してまだ窮迫の場合とはいわれぬのだが、しかしかように永滞留するつもりなら最初から下宿屋に投ずれば便利であったものを、なにぶん新前の書生だからその辺の勘定などはとんと心づきがなかったのであります。

かつての同志たちの捕縛

さて江戸から到着した手紙は何事であろうと取る手も遅く思われたが、いわゆる一読愕然《がくぜん》、げに思いも寄らぬ大変でありました。

その仔細というは、長七郎が中村三平と福田滋助の両人を連れて江戸へ出る途中において、何か事の間違いから捕縛せられてついに入牢《じゅろう》したという一件で、その獄中から出した書状であるから、これを見た両人は互いに顔を見合わせたばかりで、しばらくは一言もなかった。

じつはその遭難の前に両人から長七郎へ書状を送って、京都は有志の人も多いから貴兄も京都へ来てともどもに尽力するがよい、かねて見込んだとおり幕府は攘夷鎖港の談判のために潰れるに違いない、我々が国家のために力を尽くすのはこの秋《とき》であるから、それには京都へ来ている方がよかろうという趣意を申してやったが、長七郎はその手紙を懐中しながら縛られた、ということが来状の中に書いてある。

そこでその晩に両人はなおまた来状を再三再四繰り返して読んでみたが、杖《つえ》とも柱とも頼む大切の尾高、また死生存亡を共にしようと誓った中村、福田、いずれも伝馬《てんま》町《ちょう》の牢獄に繋《つな》がれて生命も覚束ない、こうなることであったなら、むしろ当初の計画どおり十一月に事を挙げた方がかえって縲紲の辱めを見ることはなかったであろうなどと、愚痴と悲憤とで両人ともに詞《ことば》もなく、手紙を見ては扼腕《やくわん》切歯するばかりで、狭い量見ならば腹でも切るより外に仕方がないというまでに分別が迫った。

すると同姓の喜作は発言して、

「明日すぐに出立して江戸へ帰ろう、長七郎の一行をいささかの間違いから縛るなどとは不埒《ふらち》千万な幕吏である」

といって威張ったが、自分はこれを熟考して、

「ともかくも八百万石を領している幕府だから、不埒だといって一人や二人威張って

も仕方がない、よしまた今から両人が江戸へ下ったところが、万一誤って長七郎と同じく縛られでもしたならば、もはや誰一人不埒だといってくれるものもないから、そんな事は出来ない。さてどうしたらよかろう」と思案に余って、こういう工夫はと一人がいえば、いやそれは危険《あぶな》いという。

それよりはこうしようとまた一人が立案すれば、いやそれはいけぬというのでなかなか相談が纏《まと》まらぬ。果ては長七郎を救うよりも、前にいう書状の関係から両人の身も明日にも捕縛の掛念があるから、いっそ長州の多賀屋勇でも頼っていこうか、あの男はかつて江戸でもまた自分の故郷へ遊歴してきた時にも一、二回の面識もあるから都合がよかろう。いや長州といっても多賀屋はどこにいるかもしれぬ。

その生死すら分明でない人を便りにはるばる長州へ出奔したからといって、容易に国境の内へ入れることとさえ覚束ない。怪しい奴だ、幕府の廻しものだから首を切れ、というかもしれない。して見ればこれも上策とはいわれぬ。さていかにしたらよかろうと進退じつに谷《きわ》まった。

いまこの席で話すと一つの笑い話だけれども、その時の苦心というものは身にしみてなかなか高崎の城を乗っ取ろうといった時の威勢とは雲泥の相違でありました。

その訳は全体暴挙などというものは、過激な事柄であるが、つまり事が成就せんで失敗したところが死ぬまでのことである、そのころは死ぬことを一つの楽しみとして、芝居でも見るのと似たもののように考えていたが、今度の事はそれと違って、十分頼みに思っていた親友知己が縛られて現在獄中に呻吟《しんぎん》している、その間違いの原因は何事であるか詳《つまび》らかに分からぬけれども、我々から送った手紙が一旦幕吏の手に入ったという日には、なおその悪《にく》みを深くする道理にて、我々においても端的連累嫌疑を免れることは出来ない場合だから、じつに胸中は双方の心配で埋められて、その晩はとうとう思案に一夜を明かしました。

仕官をめぐる問答

翌朝になってみると、平岡のところから手紙が来た。ちょっと相談したい事があるからすぐに来てくれということが書いてある。

「何事の相談か知れぬがまず行ってこよう」

といって両人して平岡のところへ出掛けていった。行ってみると、平岡は平生とかわってことさらに別席に通して、

「少し足下らに話してみたい事があって呼んだのだが、これまで江戸で何か計画した事があるなら包まずに語れ」

という。卒爾《そつじ》の尋ねだから、両人は

「いや何も別に計画した事はござらぬ」

といったら、平岡はさらに口を開いて

「けれどもなんぞ仔細があるであろう、外の事でもないが、足下らの事について幕府から一橋へ懸合が来た、僕も足下らとは別段に懇意の間であり足下らの気質も十分知っているから、必ず悪くは計らわぬ、何事も包まずに話をしてくれ」

といいました。元この平岡は幕吏中の志士で、我々が頼みに思っていた人であるから、この人ならば別に包み隠すには及ばぬと思って、両人さらに語を続けて、

「左様仰れば私ども少し心に当たることがあります。私どもの親友中で両三人の者が何か罪科を犯して、幕府の手に捕らわれて獄に繋がれたという手紙を昨夜得ました」

（平）「それはどういうすじの友達であるか」

（両人）「その友達と申すのは我々と志を共にして、攘夷鎖港の主義を抱持している男で、その中の一人は撃剣の師匠を致す者で栄次郎の妻の兄に当たる男であります」

（平）「しかしそれだけではあるまい、何か外に仔細があるではないか」

（両人）「いや別に何もございませぬが、その男のところへ両人から手紙を送った事がございます。その手紙を懐中していて縛られたと申してきましたから、ただいま仰せの幕府から一橋家へ照合ということは多分それらに関係した事と考えます」

（平）「その手紙にはどんな事が書いてあったか」

（両人）「その手紙にはすこぶる幕府の嫌疑になるような事も書いたように覚えてい

ます。元来私どもは幕府が政を失っているから、ただいまの幕政で天下を支配する間は到底日本国が行き立つ見認《みと》めはないというところから、早くこれを顚覆《てんぷく》せんければ御国の衰微を増長させるに違いないという持論でありますから、その持論の意味を書いて送りました。これは幕府に対しては最も禁物の手紙であろうと心得ます」

（平）「それではそんな事であろう、しかし慷慨家などいうものは一身上の挙動がずいぶん荒々しいものだが、足下らはまさかに人を殺して人の財物を取ったことなどはあるまいが、もしあったならあったと謂ってくれ、あることをないと思っていては困るから」

と、いかにも淡泊の尋ねだから、

（両人）「いやそれは決してござりませぬ。なるほど殺そうと思ったことはたびたびござりました、されどもあいにくとまだ殺す機会に出会いませぬ、もっとも怨《うら》みについて人を殺すとかまたは物を取るために人を殺そうと思ったことなどは毛頭ござりませぬ、ただ義のために殺そうとか、あるいは彼は奸物《かんぶつ》だ、捨て置けぬなどという考えは致したこともありますが、それもまだ手を下したことはありませぬ」

（平）「しからば慥《たし》かになかろうか」

（両人）「決してござりませぬ」

（平）「それならそれでよろしい」

一橋家への出仕の勧め

　この問答が済んでから平岡はさらに言を発して、

「それでその事の仔細は明白に分かったが、足下らはこれからどうするつもりだ」

というから、両人は

「どうするといってじつは思案に尽きております。元来貴君を頼みに御家来分になって京都まで来は来ましたが、もとより一橋家に仕官の望みがあって来たのではありませぬ、一書生の軀《み》をもって天下の事を憂慮するというのもおこがましいが、かく故郷を離れて心からの浪々をするのも、何か国家に尽くす機会があったなら、ただいまにも一命を捨てることはいささか厭いませぬが、なにぶんこれぞという目的もないところへ、不幸にも志を合わせて死生を共にしようと約束した者が江戸で捕縛され、いまさら郷里へ帰ることも出来ず、ほとんど進退に窮しました」

(平)「なるほどそうであろう、察し入る。ついてはこの際足下らは志を変じ節を屈して、一橋の家来になってはどうだ。

ずいぶんこの一橋という家は諸藩と違っていわゆる御賄料で暮らしを立てている、いわば御寄人同様な御身柄で、おもだった役人とても皆幕府からの附人で、かくいう拙者も小身ながら幕府の人、近ごろ一橋家へ附けられたような訳であるから、人を抱えるの、浪士を雇うということはずいぶんむつかしい話だけれども、もし足下らが当家へ仕官しようと思うならば、平生の志が面白いから拙者は十分に心配してみようと思うがどうだ、もちろん差し向きよい位地を望んでもそれは決して出来ぬ。

いずれ当分は下士軽輩で辛抱する考えでいなければならぬ。足下らが今日いたずらに国家のためだといって一命を抛《なげう》ったところが、真に国家のためになる訳でもあるまい。足下らもかねて聞いているであろうが、この一橋の君公というは、いわゆる有為の君であるから、たとえ幕府が悪いといっても一橋はまたおのずから少し差別もあることだから、この前途有為の君公に仕えるのなら草履取りをしてもいささか志を慰むるところがあろうじゃないか。節を屈して仕うる気があるなら拙者あくまで尽力して周旋しよう」

(両人)「だんだんご親切のお諭し、じつに感佩《かんぱい》の至りであります。お見かけどおり素《す》寒貧《かんぴん》の一書生ではありますが、いやしくも出処進退に関係のある事で、ただいま軽率にご返答もしかねますから、なおとくと相談のうえで否応《いやおう》のお請けを致すことに願います」

といってその日は分かれて帰宿しました。

両人は宿に帰ってすぐに相談を始めた。喜作がまず発言して、

(喜)「これまで幕府を潰すということを目的に奔走しながら、今日になってその丈

流の一橋に仕官するということになれば、とうとう活路が尽きて糊《こ》口《こう》の工夫を設けたと謂われるであろう。また人の知る知らぬはしばらく措いて我が心に愧《は》ずる訳ではないか」

(栄)「なるほどそのとおりに違いない。だがもう一歩を進めて考えてみると、外によい工夫もない、首を縊《くく》って死んだところが妙でもない、我々は高山彦九郎《たかやまひこくろう》や蒲生君《がもうくん》平《ぺい》のように気節のみ高くて現在に功能のない行為で一身を終わるのは感心が出来ない。なるほど潔いという褒辞は下るであろうけれども、世の中に対して少しも利益がない、たとえ志ある人だといわれても、世のために効がなくばなんにもならぬ。

まごまごしていれば縛られて獄屋に繋がれる虞もあり、第一すぐに生活に困る、いよいよ生活に困ればついに大行は細瑾《さいきん》を顧みずという理窟《りくつ》をつけて人に寄食したりまたは人の物を奪うような悪徒になるより外に仕方がない。

じつはこの際よい便宜があるなら薩摩か長州へ行くが上分別だけれども、差し当たり一身を託すほどの親友知己もないことだからこれも仕方がない。たとえ今日卑屈と謂われても糊口のために節を枉《ま》げたと謂われてもそれから先は自身の行為をもって赤心を表白するという意念を堅めておいて、まずこの焦眉《しょうび》の場合だ、試みに一橋家へ奉公と出掛けてみようじゃないか」

(喜)「いやなんでも江戸へ帰る。帰って獄に下った人々を引き出さんければならぬ」

（栄）「たとえ引き出そうと思っても、我々がいっておいそれと出せるくらいなら、幕吏も始めから牢に入れやしない。その友人を救い出すうえについても、今ここで我々が一橋家へ仕えたら、目下の寒酸浪人と違って、軽士賤吏《せんり》ながらも表面上においては一橋家の士という立派な身分が出来る。

そうなれば幕府の嫌疑もおのずから消滅してその辺からしてあるいは救い出す方便が生ずるかもしれぬ。この際になってあえて一身の安楽を謀る次第ではないが、今日目前の急に処するには、一橋家へ仕官の一案はずいぶん一挙両得の上策であろうと思われる」

（喜）「如何《いか》さま左様いえばそういう道理もある。しからば節を屈して一橋に仕えることにしよう」

仕官の決意

さて仕官論もようやく決議したから、両人はさらに相談して、

「痩《や》せ我慢が強いようだけれども、いまさら食うことが出来ませぬ、居所がありませぬから御召抱えを願いますというのは残念だから、一と理窟をつけて志願しようじゃないか」

「それはよかろう、それでは明日はこういう話にしよう」

と相談して、翌朝また両人で平岡のところへ往って、さていうには、

「昨日だんだんのご教示につきまして、両人ともとくと相談を致しましたが、御沙汰どおり私どもは窮途に彷徨《ほうこう》していますもの、しかるに今般仕官の周旋をしてやろうという御沙汰は、じつに存じも寄らぬ御好意であります。

しかしながら我々両人は、農民風情から成り立った人間でありますが一個の志士をもって自ら任じています。それゆえ、義によって捨てる命なら鴻毛《こうもう》よりも軽い、事あるの日には水火の中も厭わぬという気節を磨励していながら、この窮阨《きゅうやく》の極点に陥ったからと申して初志を翻して食禄《しょくろく》を希《こいねが》うということははなはだ好みませぬ。

　さりながらもし一橋公において当世に志あるものを召し抱えて、そうしてもし一朝天下に事のあった時にはその志士を任用して、御現在の禁裏守衛総督の職掌を御尽くしなされたいという御思《おぼ》し召しのある訳ならば、我々はたとえ鎗《やり》持でも草履取でも、その役目の高下は毫《ごう》も厭いませぬ。

　もしまたこれに反対の御趣意なら、恐れながらいかよう立派な官職に任ぜられましても、甘んじて御奉公は出来ませぬ。果して前段の御趣意であるならば、私ども両人においてもいささか愚説もありますからそれを建言致したうえで御召抱えということにして戴《いただ》きたいものであります」

といったところが、平岡は、

「それは至極面白い、なんなりとも見込書を出すがよい」
といわれたから、あらかじめ懐中していた意見書を平岡に渡しました。今はその草稿も散逸したが、見込みの要領というは、つまり国家有事の時に方《あた》り、御三卿の御身をもって京都の守衛総督に任ぜられ給いしはじつに古今未曾有《みぞう》の御盛事ながら、申さば非常の時勢がこの非常の御任命を生み出しし次第なれば、この御大任を全うせらるるにはまた非常の御英断なくては相成らざること、そうしてその英断を希望するの第一着は人才登用の道を開いて天下の人物を幕下に網羅し、おのおのその才に任ずるを急務とする、云々《うんぬん》の大意であったように記憶しています。

平岡はその書付を一読して、
「よろしい、しからばこれをご覧に入れるように致そう」
といったから、両人はまた平岡に向かって、
「さてもう一つお願いがあります、いよいよ前陳の趣意で御召抱えになることなら、これまでの先例にあるかないか知れませぬが一度君公に拝謁を仰せ付けられまして、たとえ丁寧な御意がなくとも一言直《じか》に申し上げて、後に御召抱えを願いたい」
といったら、
(平)「否、それは例がないからむつかしい」
(両人)「例の有無を仰るなら農民を直に御召抱えになる例もありますまい」

（平）「否そんなに理窟をいったとて左様は往かぬ」

（両人）「それが往かぬと仰る日には私どもはこのままにて死ぬとも生きるともこの御奉公は御免を蒙るより外に仕方がありませぬ」

（平）「どうも困った強情をいったものだ、まずともかくも評議をしてみよう」

慶喜との謁見

　この問答がすんで一日二日たつと、平岡の話に、

「どうか拝謁の工夫がついたようだ、しかし見ず知らずの者に拝謁を許す訳にはゆかぬから、一度遠見なりとも彼が何某《なにがし》でござると御見掛けになるような工夫をせんければならぬ。ところが元々家来でないからよい都合がないが、両三日中に松ケ崎《まつがさき》へ御乗切りがあるから、その途中へ出ていて御見掛けになる工夫をするがよい。けれどもそれには乗馬だから、駆けんければならぬ」

ということであった。これには自分も大いに困却した。

なぜというに、自分の身体はそのころから肥満しており、ことに脊《せ》も低いから、駆けあるくことは極めて難義であった。されどもその当日は一橋公の御馬が見えるとすぐに下加茂《しもがも》辺から山鼻《やまばな》まで行程十町あまりのところを一生懸命でひたばしりに駆けて御供をしたことでありました。

一橋慶喜

その後一両日たって内御目見《ないおめみえ》を仰せ付けられたから、その時には前の建言の趣意をもって無遠慮にお話し申し上げた。その趣意は、

「君公には賢明なる水戸烈公の御子にましまして、ことに御三卿の貴い御身をもってこの京都守衛総督という要職に御就任遊ばされたうえは、恐れながらいかにも深遠の御思し召しがあらせられての事と存じます。今日は幕府の命脈もすでに滅絶したと申し上げてもよい有り様であります。

ゆえに今なまじいに幕府の潰れるのを御弥縫《びほう》なされようと思召すときは、一橋の御家もまたもろともに潰れますから、真に御宗家を存せんと思召すならば、遠く離れて助けるより外に計策はないと考えます。

それゆえ君公には天下の志士を徐々に幕下に御集め遊ばすことに御注意が願わしゅう存じます。およそ政府の紀綱が弛《ゆる》んであまねく号令も行われぬというような天下多事の時にあたっては、天下を治めようとする人もあり、また天下を乱そうとする人もありましょうが、その天下を乱す人こそはすなわち他日天下を治める人でありますから、よくよく天下を乱すほどの力量ある人物をことごとく御館《やかた》に集めたならば、他に乱すものがなくなって治めるものが出ます。いわゆる英雄が天下を掌《たなごころ》に回《めぐ》らすというはここであろうと考えます。これらの辺に御深慮がなくばこの要職に御任じ遊ばす甲斐《かい》もないことと存じます。

しかしながら以上申し上げたとおり、天下の有志輩が往々御館に集って、姑息《こそく》の旧弊もしだいに改まり諸事快活の御取り扱い振りが行わるるという場合になりますると、幕府の嫌疑は目前の事で、つまるところは一橋征討などいう論も出るのでありましょう。万々一そうなった時には、やむをえず兵力をもって抵抗するも差し支えはありますまい。申さば天武《てんむ》大友《おおとも》の乱「壬申《じんしん》の乱」のようなもので、あえて好む事ではござりませぬが、社稷《しゃしょく》の重きには替えられぬと存じます。畢竟《ひっきょう》幕府を潰すのは徳川家を中興する基であります。

よくよく熟考してみればこのことは全く道理に当たるということが理会し得らるるようになります」

と復蔵なく申し上げたところが、一橋公はただふんふんと聞いておらるるだけで、一言の御意もなかったけれども、自分の考えたところではややこの建言に注意して御聴取になったように思った。

奉公生活のはじまり

この拝謁も首尾よく済んで、初めて一橋家に奉公したのは、明瞭《めいりょう》には記憶せぬが二月の十二、三日ころかと覚えています。その時に召し出された身分は奥口番という役名で、奥の口の番人であった。

さて奥口番に同役があるからといって、掛かりの役人が両人を連れてその詰所までいった。いってみるとその詰所というのは、畳がすっかり切れていて、蚤《のみ》と藪蚊《やぶか》の外はいることの出来ぬと思うばかり誠に不潔のところであった。

そこに老耄したと見えるほどの老人が二人詰めていて、これが同役であるというから、両人とも礼儀も作法も知らぬ書生だによってなんの頓着もなくいきなり坐《すわ》って挨拶をすると、その老耄先生が自分を咎《とが》めて、

「足下は御心得がござらぬか、そこに坐ってはなりませぬ」

というのは、畳の目が筆頭の人より上になっているからの事で、第一番に御小言を頂《ちょう》戴《だい》した。

その時に自分は、こんな畳の目の分からぬような詰所に一級半級の差別があるというは、さてさて馬鹿な事だと思ったけれども、

「なにぶん様子を知らぬから大きに失礼をしました」

と詫《わ》びをしました。

さてこの奥口番というは、両人の身分に属する役名で、そのころ一橋家には御用談所というものが出来ていて、ちょうど諸藩でいう留守居役所のようなものであったが、両人ながらその御用談所下役に出役を命ぜられて、辛くも奥口の詰番を免れたのは誠に幸福であった。

それから御用談所の脇の一室を借りて両人ともそこに同居することになりました。両人がその時の俸禄というはわずかに四石二人扶持《ぶち》の御宛行《あてがい》で、外に京都滞在中の月手当が金四両一分であった。これが自分の給金の貰《もら》い始めであります。

じつは仕官の身というのも何か気恥ずかしい訳だけれども、そうなってみるとまた相応な慾望もうぬぼれも出るからしたがって楽しみも生じてくる訳だが、初進のうちは別して謙遜《けんそん》して勉強せんければならぬという考えで、両人申し合わせて昼夜精勤しました。

大倹約と借金返済

さてここでちょっと活計上の話を致しましょう。

自分が家を出るとき父から恵まれた百両の金は、江戸で使い、道中で使い、また伊勢参宮で使い、京都滞在中二箇月あまりの旅籠代を払いなどしてこの歳の二月ころからはほとんど貯《たくわ》えが尽き果てたから、一橋家に勤仕している一、二の知人からあるいは三両あるいは五両と借り入れて、つまり両人で二十五両ほどの借財が出来ました。

しかるにこたびはじめて四石二人扶持、月俸四両一分の身分になったから、あくまで節倹にしてこの借財を払わんければならぬと考えて、月々に請け取る四両一分の金を大切にして、無益の事には一銭たりとも使用せずにおきました。

借用した一室というのは八畳二間に勝手のついた長屋だから、もとより存分の暮らしをすることは出来ない、朝夕の食事も汁の実や沢庵《たくあん》を自分で買い出しにいって、時々竹の包みに牛肉などを買ってきた、それが最上の奢《おご》りであった。また、飯の炊き方もその時に覚えたが、始めのうちは粥《かゆ》のようなものが出来るかと思うと、またその次は硬い飯が出来て両人でいつも苦情があったが、だんだんに慣れてみると全く釜《かま》をかけて研ぎ上げた米を仕かけ、その米の上にそっと手を置いて少し水の乗るくらいにすればよい工合に出来るということを覚えた。それから味噌《みそ》汁を擂《す》ることは以前から知っていたから、自身で豆腐汁または菜の汁などを拵えたこともあった。

また、京都では夜具というものがなくて蒲団《ふとん》ばかりだから、二人でめいめいに借りるのは費用が増すといって、蒲団三枚を借りてその中に二人が背中合わせになって寝るような始末でありました。

そのうちにただいま申した二十五両の借金を返さんければならぬことであったが、

かねて両人とも、故郷から金を取り寄せるということは死んでもなすまじと誓約してあるから、ぜひとも月手当の四両一分の中から返すより仕方がない、けれども四両一分の中を節約して二十五両を返そうというのは、じつに容易な事でないから、非常の大節倹を実行してとうとう四、五箇月の間にこの借金を返してしまいました。

隠密として砲台御用掛の門下へ

前に申した御用談所の上役というのは、一橋家の用人物頭《ようにんものがしら》または目附などの中で外交の事務を司《つかさ》どる人々であって、御用談所はすなわちその人々の集会所であります。

この役所で取り扱う事柄の重なるものは、禁裏御所に対する接待向から、堂上との交際、諸藩の引合等の事であるから、下役の賤《いや》しい身分ではあるが両人においてはやや枢要の立場にいるような心持ちがしました。

やがて春暖のころになると、諸藩士がおいおい京都に集って来て、中にも有志慷慨家などと唱うる人々はしきりに攘夷鎖港を唱えるところから、ついに摂海防禦《せっかいぼうぎょ》という一問題が起こってきた。

これは兵庫開港の論よりして、もし外国と戦争をする時には大阪の海防が必要であるという訳であったのであります。そのころ、薩摩の家来で折田《おりた》要蔵《ようぞう》（今は年秀《としひで》といって湊川《みなとがわ》の神主である）という人が築城学に長ずるということでついに幕府から百人扶持を給して摂海防禦砲台築造御用掛ということを命ぜられました。

全体この折田という人は、今日から見ればさまでの兵学者でもないが、そのころは大言を吐くことが上手で、そのうえ弁舌に巧みであるところから、完全な築城学者と見做されてこの命も下ったのでありましょう。

これより以前に大阪開市という事について堂上にもいろいろの説があって、島津《しまづ》三郎《さぶろう》［久光《ひさみつ》］も上京して建議したとのことでありましたが、彼の摂海防禦の問題となって、ある日の事、二条の城へ折田を召されて、一橋公を始めとして幕府の板倉《いたくら》［勝静《かつきよ》］閣老その他の諸有司に至るまで打ち揃って折田の意見を聴聞せられた事があった。

その時には折田は独り摂海防禦の事ばかりでなく、天下到るところ、必要の港湾はことごとく取り調べておいたものと見えて、江戸湾はしかじか、大阪の海はかくかく、どことどことは船の数がどのくらい、どこからどこへの距離はちょうど大砲の着発に適当であるなどということまで懸河の弁を振って説き立てて、そうして摂海防禦の必要は安治川《あじがわ》口、天保山《てんぽうざん》、またこれに対する島屋《しまや》新田《しんでん》はもちろん、木津川《きづがわ》口にも数箇所の要所があって、都合十五箇所ばかり台場を築かんければならぬということを建言したそうであるが、その中にはずいぶん出放題の大法螺《おおぼら》もあったでありましょう。しかし身元が当時有力の薩摩藩士であって、時の急務を都合よく演説したから、幕府でもついに百人扶持を給して御台場築造掛という名義で、大阪にいて砲台を築く指図をすることになったのであります。

その時自分が考えたところでは、なんでも幕府の失政を機会にして天下に事を起こさんとするものは、長か薩かの二藩であると思った。しかしこれらの事は直接にたびたび君公へ言上することも出来ないから、平岡円四郎へ忠告して、

「薩藩の挙動に注目せねばならぬ、これを知らんければ京都を警衛することは出来ませぬ」

と申し入れたところが、平岡も至極同感で、自分に内話するには、

「今度折田要蔵が砲台御用掛で大阪へ行くことになったが、なんとか伝手《つて》を求めて折田の弟子になって、薩摩人の内幕に這入る工夫はあるまいか、それが出来たら面白かろう」

というから、

「それは至極面白い、私が一番やってみましょう、それにはこういう懇意もあるから、私の心から出たようにして、修学のために塾生にしてくれろと申し込んだら必ず否とは申しますまい、一橋家から頼む時にはかえって鄭重《ていちょう》になって嫌疑の種子となるかも測られぬから、むしろ内弟子になりたいということにしたら、事情を探るには極めて都合がよかろうと考えます」

「しからば頼む」

「よろしい、かしこまりました」

というもので、今の川村正平《かわむらしょうへい》氏（そのころは恵十郎《えじゅうろう》といった）の友人に小田井蔵太《おたいくらた》という人があって、折田とは別懇であったから、その人から折田に頼んで、築城修行のために内弟子になりたいと謂わせると、同時に一橋家からもまた彼は当家の家来だから掛念なく教授をしてくれと一言の声掛かりをしてもらって、いよいよ折田の塾生になって大阪へ下って、それが四月の初めで、自分がようやく奉公住をしてから二箇月ばかりたった時のことである。

もとよりこの折田とても、規則立った学問があるではなし、ことに台場築造などというは実地の事業であるからその稽古というものも順序のある稽古ではない。ただわずかに下絵図を作れとか書類を謄写しろとかいうことばかりで、自分は図を引く稽古などはこれまでかつてしたことがないから、墨色に濃淡が出来たり線が屈曲したりして思うようには引けなかった。

しかし塾に這入った以上は仕方がない、書類の写しものはやや出来たけれども絵図は反古《ほご》ばかり拵《こしら》えるから、毎度叱られて閉口しましたが、それでもようやくの事で粗末の図が出来るようになってきた。全体この折田という人は、薩摩ではさまで身分のよい人ではないけれども、幕府からの御用というのでにわかにその宿所に紫の幕を張って容体ぶるというような風であったが、その従者はすべて純粋の鹿児島言葉であるから、他郷の人にはとんと話が分からぬ。ところで自分はやや鹿児島言葉もまた江戸の言葉も分かるから、他方へ使者の用事などはいつでも折田から自分へ命じて、大阪町奉行所まで行けとか、または勘定奉行に逢って何を打ち合わせてこいとか、または御目附へいってこの事を引き合ってこいとか、いろいろな応接をいいつけられて謹直に働いていたが、それもあまり長い間ではなかった。

わずか四月一ぱいで、五月の八日に京都へ帰ってきた。畢竟この稽古というも内実は間諜《かんちょう》のために行ったので、ややその要領を得たによってもうこのくらいでよかろうと平岡へ通ずると、しからば呼び戻そうということで京都へ帰ってきた。ここに一つの笑い話があります。

送別の宴での激怒

このとき折田要蔵は大阪土佐堀《とさぼり》の松屋という家に下宿していたが、その玄関には紫の幕を張って、そうして看板には摂海防禦台場築造御用掛折田要蔵といかにも筆太に大きな字を書いて掲げていたから、誰でもよく目がついた。

同じ薩藩の連中で常にここへ遊びに来たのは、今の警視総監の三島《みしま》通庸《みちつね》、前海軍卿の川村純義《かわむらすみよし》、日本鉄道会社社長の奈良原繁《ならはらしげる》それから中原直助《なかはらなおすけ》［猶介］だの、海江田《かいえだ》信《のぶ》義《よし》、内田正風《うちだまさかぜ》［政風］、高崎五六《たかさきごろく》などの人々であったが、そのうちでも最も多く遊びに来たのは川村と三島で、この両人は藩から附属のような役で松屋の隣にやはり下宿を取っていた。

しかるにこの折田はすこぶる容体を飾って立派な様子をする。いわゆる殿様然とする事を好む人であるのに、川村と三島は全くこれと反対で、真率粗豪の気質だから、平日の交際も意気相投ずるというようには見えなかった。

そのころ松屋におみきという娘があったが、折田がそれを寵愛《ちょうあい》していたのを川村と三島とはかねてから心悪く思っていた様子であったが、自分が一橋家から命令があって京都へ帰るという前晩に、川村と三島が来て、送別のために雑魚場《ざこば》の茶屋で酒を飲むから一緒にゆけというから、自分はその趣を折田に話して許可を受けたうえで雑魚場の料理屋へいった。そこで三人鼎坐《ていざ》して、飲んだり歌ったりいずれも熟酔のうえ、夜の十一ころ自分は松屋へ帰ってきた。

その前に三島は席を立って帰ったが、何故先へ帰ったかと思っただけで別に仔細があろうとは思わなかったが、松屋へ帰って折田にただいま帰りましたといってその席をみると、席上は杯盤が微塵《みじん》に打ち割ってあるし、ことに松屋の娘は眉間《みけん》に微傷を受けて鉢巻をして寝ており、折田は茫然《ぼうぜん》として割れた杯盤の間に坐っているから自分も興が覚めて、

「先生、これはいったいどうしたのでありますか」

と尋ねてみると、折田は満面に怒気を含んで、

「今三島が来てこのとおりの乱暴を働いて帰った」

（渋）「いやそれはもっての外の事だが、全体なんの原因で」

（折）「聞けば足下が京都へ帰るについて送別のために酒宴を催したということだな」

（渋）「そのとおりであります。それゆえ先刻先生にお話し申して出ました」

（折）「その離杯に熟酔してきて、三島めがこのとおりの乱暴をしたのは察するにその席上においておれの身の上について讒謗罵詈《ざんぼうばり》を極めたうえの事であろう。さすれば足下とても三島の同類と見做す」

というから、自分は怒った。じつに怒った。ことには酒に酔ってもいたし、なおさら憤激に堪えぬから、折田の顔を睨《にら》み詰めて膝《ひざ》を立て直した。

（渋）「今私を同類と仰るのは先生の推量のみであるか、または三島がそのとおりの事をいいましたか、じつに奇怪千万なことを承ります。

私は先生を師として教授を受けている身分であります。たとえいかような事があろうとも陰で先生を誹謗するというような卑しい心は持ちませぬ。じつに思いも寄らぬ事だ。もし三島がそんなことをいったなら恐らくは自分の挙動を人に藉りていったので、じつに卑怯《ひきょう》千万な奴だ。その分には差し置きませぬ、三島をここへ連れてきて刺し殺してしまいます」

といい捨てて、すぐに三島を殺そうという心で追っ取り刀で隣の家へ駆け付けて聞いてみると、三島は二階に寝ているというから、いきなり二階へ飛び上がってすでにその寝間へ躍り込もうとする機《はず》みに川村が自分を抱き止めて、

「まず待て、何をするのだ」

というから、

「三島に意趣がある、連れていって斬り殺すのだ」

と川村と押し合っているところへ、折田から、

「ともかくも一旦松屋へ帰ってくれ」

といってきた。三島は酔って寝たからちっともこの騒ぎを知らない。川村は少しも手を放さぬ。折田の使いは強いて引き戻そうとする。

やむをえないからそのまま松屋へ帰ってくると、折田は向《さ》きの立腹にも似ず、

「誠に失言をしてすまない、足下が立腹するのはもっともの事であるが、前にいった言葉は全くおれが一旦の怒りに乗じて発したので、決して三島がそんな事をいった訳ではない。ただ足下の送別会で三島が酔ってこの乱暴を働いたから、つい疑惑心から出た失言であった。しかし、足下に対しては毫も疑念はない。おれは平に今の失言を謝するから納得してくれ」

（渋）「そう先生が仰れば別に強いてかれこれ申す訳はありませぬ。それではもはや

いよいよ疑念はござりませぬな」

(折)「いやもう決して疑念はない。そう足下に立腹されて三島と争論しられてはかえって困る」

とあやまり入った様子であったから、

「そんならよろしゅうござります」

といってその事が済みました。

折田についているうちにも、折田から島津三郎へ建言したこと、または西郷隆盛《さいごうたかもり》に意見書を出した事なども探り得たから、内々平岡まで通じたこともありました。

元来一橋公は品によっては折田を召し抱える思し召しでその人物をよく調べてみろということを平岡まで御内命になっていた趣だが、自分が五月の始めに京都へ帰って平岡に面談した時に、

「つくづく折田の人となりを視察したがさまで非凡の人才とは思われぬ、西郷隆盛とは時々文通することもあるが、その言が十分に信ぜられようとは思われぬ。つまり折田は外面の形容ほどには実力のない人と断定するを憚らぬ」

と、自分が日常の挙動言語までにも気をつけて親しく見聞したうえから話をしたところが、平岡はしきりに点頭《うなずき》て、

「それでよく事情が分かった」

といって、大きに下阪中の勤労を褒められました。

人選御用として江戸へ

それ以前に自分らから平岡に申し述べた事がある。それはすでに我々を御召抱えになる以上は、広く天下の志士を抱えられるがよかろう、ついては関東の友人中にも相当な人物があるから、その人選のために自分らを関東へ差し遣わされたいと請求しておいたことである。平岡も十分にその言を信用して、あまり高禄高官を望まずに一橋家に仕える量見のものがあろうかということを時々尋ねられたから、それは必ずあろうと答えておいた。

それというのも自分らが一橋家に奉公する以上はなるべく同志のものを多人数召し抱えられたいとの望みもあり、また一旦関東へ帰って尾高長七郎を救い出す工夫を運《めぐ》らしたく思う矢先でもあり、かたがたこの平岡の推問はいわゆる追風に帆というような機会だと思うたから、もし有志輩を御召し抱えになる御詮議《せんぎ》であるならその人選御用はぜひとも私どもに仰せ付けられたいということを頼んでおいた事であったが、大阪出張の留守中にこの有志召し抱えの議も行き届いたものとみえて、ある日の事、平岡が両人への内話には、

「いよいよもって足下らを関東の人選御用としてやりたいと思うが、きっと見込みが

あると思うなら使命を果してこい。しかしおよそどういう風にして連れてくるつもりであるか」

との尋ねだから、両人は、

「きっとたしかにとも申されぬが、まず撃剣家あるいは漢学書生などのうちで、共に事を談ずるに足るという、いわゆる慷慨の志気に富みていやしくも貪《むさぼ》る心のないもの、または義のあるところは死を視ること鴻毛のごとしという敢為「物事を思いきってやり通すこと」の気魄《きはく》あるものを、合わせて三十人や四十人くらいは連れてくる考えであります」

と返答した。平岡は欣然《きんぜん》として、

「それは誠によかろう、ずいぶん使い道があるから、早々召し連れてくるがよい」

といわれたから、両人は

「委細かしこまりました」

と請けをして人選御用をいい付けられた。ちょうどそれは五月の末か六月の初めであったと覚えています。

　そこで両人は公然と人選御用を蒙って関東へ下ってきた。その目的はまず第一は従前友達にした人などを勧誘してぜひ同行しようという考えと、第二には長七郎らの幽囚を救う便宜を求めようという私情も伴っていたから、心配の中にもよほど張り合いがあった。

郷里の家族との再会

さて両人は江戸へ着して一橋の館へ出頭し、御用の次第をその筋の役々へ申し述べたうえ、小石川《こいしかわ》の御代官屋敷へいって御領地村々の巡回手続きなどを打ち合わせて、それらの用向きも果てたから、そこで尾高救い出しの一条にかかっていろいろその筋へも頼み込んでみたけれども、尾高の捕縛せられた原因というは、江戸へ出る途中、戸田《とだ》の原《はら》［現・埼玉県戸田市］において誤って行人を傷つけたところからついに板橋《いたばし》宿で多勢の人に取り巻かれて捕縛されたとの事で、いかにも現行犯の罪人だからちょっとの事ではなかなか行われぬ。

さきに京都にて一橋の御用人黒川《くろかわ》嘉兵衛《かへえ》に内情を話して、江戸にあってそのころ幕府の御勘定組頭を勤めし小田《おだ》又蔵《またぞう》という人へ添え書きをもらって、面会のうえでいろいろ相談もしたけれども、容易に救い出す方便にありつくことが出来なかったから、追って時節を待つこととして、これからもっぱら人選御用の方に取り掛かってそれぞれ奔走をしたが、頼みに思ってきた千葉の塾生などは多くは水戸の騒動にいったということで、考えが外れてしまった。

この水戸の騒動というのは、水戸の家中が二つに分かれて書生連とか天狗組《てんぐぐみ》［天狗党」とかいう党争の破裂したので、もちろんこれまでにもたびたび兄弟《けいてい》牆《かき》に鬩《せめ》ぐ「仲間割れする」という有り様であったが、こたび水戸家の支族松平大炊頭《まつだいらおおいのかみ》が水戸侯の命を奉じて説諭に下ったところが、ついにかの書生連に擁されて那珂《なか》の港において切腹する、また天狗組は筑波《つくば》山《さん》に立て籠《こも》って幕府の討手と戦争するなどなかなかの騒動であったから、江戸の友人もたいてい四方へ離散してその所在も分からず、また昨年暴挙を企てたときに加担した人々も奮って出掛けようというものは少ないから、まず一橋の領地内を一廻りしてみるとたとえ小禄でもよいから一橋家ならば奉公したいというものが三、四十人ほど出来た。

その外に江戸において撃剣家が八、九人、漢学生が二人あって都合十人ばかりの人が出来たから、その人々を同道して中山道《なかせんどう》から京都へゆこうという相談に極めた。ところで自分の旧領主の陣屋が岡部にあるから中山道をゆくときにはこの岡部を通らねばならぬ。

また故郷へも立ち寄って久々で父母にも面会したいという考えもあったから、尾高惇忠の方へ使いをやって江戸へ出てきてもらいたいといわせたところが、岡部の領主が尾高を捕えて牢内に繋ぐという始末でその面会も出来ず、ことに岡部の陣屋の役人どもは自分ら両人の者を大謀反人のごとく思って悪い奴だと睨んでいるとの事であったから、故郷へ立ち寄ることはまず見合わせにして妻沼《めぬま》というところで父に密会して、九月の初めに右の五十人ばかりの人数を連れて中山道を京都へと志し、深谷宿に一泊した時に、宿根《しゅくね》というところで歌子《うたこ》［栄一の長女］がまだ二歳で母に抱かれてきて一見したのをよく覚えている。

その時に岡部の陣屋では渋沢両人は元岡部領の百姓であるから差し留まるということでその手配りをした趣であったが、こちらは一橋の家来というので堂々と槍も持たせれば刀も佩《お》びているから、もし理不尽に差し留めるものがあったら斬り払って通行するという威勢だから、陣屋の前を通行の時も、陣屋の人は別に手出しもせず、ただ岡部の村外れのところへ藩士が両人来て、この御同勢の中に当領分の百姓があるから、何とぞ意見して戻してくれということを同行の人に頼んだところが、その人の答えには、

「お頼みの趣は申し伝えますが、今ここで急に渋沢両人に村方へ帰られては一同が困ります、とうてい出来得ぬ事と思います」

といって別れたくらいのことであった。

平岡円四郎の暗殺

ただただ自分らが大いに驚愕《きょうがく》歎息を極めたのは、関東滞在中六月十七日の夜、京都表において平岡円四郎が不幸にも水戸藩士のために一橋邸のかたわらで暗殺された一

事であります。この凶報の関東へ聞こえたのは六月の末か七月の始めであったが、田舎の旅行中であったから十四、五日も経て初めてその事を承知しました。

自分らが昨年京都に着してから、一橋家へ仕官するについては別して懇切の世話になり、杖とも柱とも頼んでいる人がそういう不慮の災難をうけたことであるから、その凶報を聞いた時にはじつに失望極まった。

せっかく一橋へ足を留めたけれども、いまだ仕官して間もないうちに頼みに思う人が暗殺に逢《お》うて死んだというは、さても心細い不運の境涯であると幾たびか歎息していたが、さりとて空しく止むべきことではない、命ぜられたことはどこまでも果たさなければならぬから、九月の中ごろに集めた人数を引き連れて京都へ上ってみたところが、平岡の死んだ後は黒川嘉兵衛という人が同じ用人で一橋の政事を取っている。この人は平岡の存生中から平岡についで権力のあった人だから、平岡が死んだ後はおもにこの黒川が政事を掌《つかさど》るようになったのであります。

黒川嘉兵衛

全体一橋家では用人が政務を執ることになっていて、家老というものは幕府の大目附とか町奉行とかを勤めた人が老年になって三卿の家老となる例で、中には禁裏附などが転役することもありまたは小普請から出ることもあるがたいていは老後の勤め場所で、無事一とおりの人が家老になるから申さば家老は床の置物のような姿である。その次が用人で、用人の人員は総体六人あって、そのうち京都に三人、江戸に三人の割合になっている。その京都詰のおもだったものが平岡で、次が黒川、その他の一人は成田という人でしかも三人の内の筆頭であったが、この人は尋常一とおりの老人だから平岡が一番の全権であった。ところが平岡が不慮の事で死んだからさしずめ黒川が全権になったのであります。

この黒川という人は幕府の御小人目附からだんだん出精して一橋の用人になった人で、その終わりを全くしないから純良の人ではないというもののともかくも下僚から抜擢《ばってき》されたくらいだからちょっと用に足る人には相違ない。

自分らはもとより平岡に引き立てられてその世話で仕官することになったのだから、平岡の死んだ跡へにわかに帰ったところが、まるで黒川を知らぬではないけれどもなんとなく附きの悪いような有り様があった。

しかし黒川も当時の時勢はよほどむつかしいということはよく理会して、事の善悪、人の賢愚ぐらいは見分ける力を具《そな》えているから、自分らが人を集めて京都へ復命した

時には厚く待遇してくれて、

「足下らは全く羈旅《きりょ》の臣で、従来幕府の家来でもなくまた一橋家にも縁故のない人だから、懇意の平岡がこうなったら定めて望みを失ったであろう、しかし及ばずながら拙者もここに職を奉ずる以上は、足下らの志も立つように、使えるだけは使ってやるから必ず力を落とさずに勉強したがよい」

と、はなはだ深切にいってくれたから、いったんは望みを失ったがまた大きに望みを得るような姿になった。

京都の情勢

その歳九月の末に微しく身分が進んで御徒士《おかち》になった。

この御徒士というのは奥口番より一級上で、今一級進むときは御目見以上となるのである。御徒士の食禄は八石二人扶持で、滞京中の月俸が金六両であったと覚えています。この年の冬ごろから、かのやかましい攘夷鎖港の論も少々薄らいでくる。

したがって公武［朝廷と幕府］の間の折り合いもよくなって、会津藩が専ら権勢を占めていた。会津は元幕府昵近《じっきん》の家柄で、その藩風も質朴頑固であったが、このころ在京の藩士中にはずいぶん有力の人もあり、かつまた京都守護職の重任をもっているのでこの地においてはすこぶる有名でありました。

ことに数年来攘夷論で有名な長州藩も、昨年八月ごろ御所九門の警衛を免ぜられて藩士も多く帰国したが、その年の冬、井原主計《いばらかずえ》という国老が伏見《ふしみ》から来て、奉勅始末と名づけた一編の書を禁中へ奉呈してしきりに哀訴歎願《たんがん》したことがあった。その趣意というのは、さきに長州藩が下《しも》の関《せき》において外国船を砲撃したのは、全く一藩の独断ではなく、あくまで叡慮［天皇の考え］を遵奉して一意に攘夷の実効を奏せんことを期したのである。

しかるに爾来《じらい》朝議は曖昧摸稜《あいまいもりょう》になって、幕府はもちろん諸藩までが叡慮を悩ませらるるところの攘夷一条を不急の事とし、あまつさえ下の関の砲撃をもって長藩が事を誤りしものと明言するは真に遺憾至極だから、願わくはこの是非曲直を御判決あらせられて真成不変の叡慮を仰ぎたしという意味であったが、ついにその哀願の趣意も御採用にならずにしまった。これをもって長州藩はその後いろいろと謀議を凝らしたとみえて、その翌年、すなわち元治《げんじ》元年［一八六四］の夏ごろから京都近傍へ藩士が多人数出張してきて所々へ屯集したが、その秋七月十九日の暁に、禁闕《きんけつ》に向かって発砲してすこぶる暴激の挙動をしたによって、一橋はもちろん、会津、桑名《くわな》、彦根《ひこね》、薩摩等の諸藩が禁闕を護衛し奉って防戦に尽力したから、ついにこれを攘斥することを得た。自分らは人選御用で関東へ出張の留守であったから、委しい模様は知らぬけれどもじつに非常の一大珍事で、長州藩にはもとより夥《おびただ》しい討死があり、味方においても会津藩には最も討死手負が多くあった趣でありました。

さてこの暴挙鎮定の後は、薩州《さっしゅう》［薩摩国］藩も公武合体の説に力を尽くすという有り様になってきたから、自然と守衛総督の一橋も威勢が増すような姿になって、その周旋方、すなわち御用談所詰の役人などは、各藩の周旋方から尊敬せられたから、交際もだんだん繁多になってきた。もっとも初めのうちは各藩の有志者が出ていてもっぱら交際場裏に周旋の労を取ったことであったが、このごろでは諸藩ともおいおい留守居が周旋方を兼ねるようになって、これらの人々は世にいう交際上手というので、あるいはどこの御門の固めを止めてもらいたいとか、または藩主が上京したから天機伺い［参内して天皇の機嫌をうかがうこと］の時の心添えを頼むとかいって、一橋の家来に懇親を求めようというので、いや誰が着京したにつき一夕祇園町《ぎおんまち》へ案内するとか、誰が帰国するから留別の讌《えん》を張るため栂尾《とがのお》へ来てくれとか、あるいは誰がちょっとお目に掛かりたいから一夕どこの宴会に出て下さいとかいう有り様で、この交際が最も盛んに行われてきました。

天狗党の筑波山事件

この歳十二月の初めにかの常野《じょうや》脱走の水戸浪士が北国筋から西上するという騒ぎで、一橋公にはご自身兵隊を引き連れられて不取敢《とりあえず》まず大津《おおつ》駅へ出陣になったが、おいおいの注進によって浪士どもの挙動もことごとく知れたから、さらに路を湖西に取って堅田《かたた》、今津《いまづ》を経て海津《かいづ》まで進まれた。

この時に喜作は他の御用で中国辺へ旅行していたように覚えているが、自分はこの出兵の御供に加わって常に黒川に随従して陣中の秘書記を担任していました。

全体この水戸浪士が西上する原因というのは、さきほどその端緒を述べたとおり、藩中党争の破裂から起こったことで、その巨魁《きょかい》の武田耕雲斎《たけだこううんさい》、藤田小四郎《ふじたこしろう》などという人々は、これまで同藩ながら他の党派とは氷炭相容《あいい》れずという勢いで、常に仇敵《きゅうてき》のような有り様であった、ところが、この歳の春、武田派の人々に何か暴激の挙動があったのを口実として、他の一党、すなわち書生連の市川《いちかわ》派がしきりに幕府に請願してこれに賊名を負わせて追討するという騒ぎになった。

武田派の天狗組はいずれも鎖攘主義の壮士輩が団結したのであるから、自然幕府が近来の措置に心服することが出来ずに、ついに筑波大平らの嶮要《けんよう》に立て籠って数回幕府の討手を悩ましたけれども、つまるところは衆寡敵せず、武田、藤田はその残兵を引率して路を中山道に取って京都に上り、その党の冤《えん》［無実の罪］を一橋公に訴えて正邪曲直の判定を乞《こ》うという趣旨であった。ゆえにその表面の挙動はともかくも、その衷情を察してみれば、憐《あわ》れむべきところが少なからんように思われました。されども幕府はすでにこれを賊として田沼玄蕃頭《たぬまげんばのかみ》の手で追撃の軍兵を差し向けたから、沿道の諸藩においても皆兵隊を繰り出してこれを防止するという現状になった。

それゆえ一橋公も傍観することは出来ぬ、やむをえず朝廷へ御願いの上、自から軍兵を総督して御出馬になったので、その先鋒《せんぽう》の大将には、そのころ京都に滞在中の水戸の民部公子［徳川昭武《あきたけ》］が向かわれた。全体この御出馬は、浪士の来路を偵察しておいて途中でこれを鎮圧してしまって決して禁闕の下を騒擾《そうじょう》させないという神算であった。

ところが公が海津まで進まれた日に浪士どもは越前《えちぜん》の今庄《いまじょう》で加賀《かが》の隊長永原甚七郎《ながはらじんしちろう》という人の手へ降服の事を申し入れた。永原は早速その処置を一橋公へ伺い出たによって、公はその降人の兵器を取り上げ加賀藩においてこれを警固して、不日更に田沼玄蕃頭の手へ引き渡すべき旨を命ぜられてまずその一段落がついたから、十二月の末に京都へ御帰陣になりました。

徳川昭武

さて田沼玄蕃頭は、降服の浪士を加州《かしゅう》藩［加賀藩］から受け取ったが、とくとその邪正曲直を審判するでもなく、一概に賊徒という罪名をもって、巨魁の武田・藤田はもちろん、総計百三十人あまりの同勢を敦賀《つるが》港においてことごとく斬罪《ざんざい》に処してしまったが、その時わずかに死を免れて放逐されたものは人夫体の卑賤《ひせん》なものばかりであったとの事だが、ずいぶん酸鼻な話ではありませんか。

その跡で京都の有志家中には、一橋公として、水戸浪士が軍門に降服したのをすぐに幕府へ引き渡すというは、幕府を畏敬《いけい》するにすぎて人情を酌量せぬ処置であるという評論もあった趣だが、これはただその難きを公にせしむるというものであろうと考えます。

酒席で信頼を勝ち得る

かくてその歳も暮れて明くれば慶応元年［一八六五］の正月となったが、前にもいうとおり、昨年から京都の形勢はやや小康を偸《ぬす》むという有り様で、一橋と諸藩との交際はますます繁雑になってきたが、そのころでは黒川嘉兵衛が用人の筆頭で、御用談所の事務を全権で支配しており、また川村正平は自分らより一級上の身分で、同じく御用談所出役であって、常にこの交際上の事に奔走された。

自分らもやはり黒川などの下役だから宴会ごとに必ず随行して、たいてい毎晩のように今夜は筑前《ちくぜん》藩の御馳走《ちそう》、明夕は加州藩の招待、明後夕は彦根の岡本半助《おかもとはんすけ》が木屋町《きやまち》の何亭へ招くとか、その間稀《まれ》には真実国家を憂うる有志輩も出てきて、外国の形勢はどう、政府の職分はかくありたいものだなどと談論する相手がない訳ではないが、多くは杯酒の間に往来して花を評し柳を品するのをこのうえもない快事とするものばかりだから、自分は微しこれを厭うたが、しかしこれらは藩と藩との交際宴会で、もとより自分らが主となる訳ではなく、ただ黒川の随従役で酒の坐敷《ざしき》の御取持をするというまでの事ではあるが、毎夜のように祇園町とか木屋町とかいう場所で酒杯の席に陪するのが職分のようになってきては、自然と浮薄の風に流れやすい虞もあるから、そのころ両人はこの際別して倹素を守って極めて謹直にしようと、堅く約束をしておいたから、いかに緑酒紅灯の歌吹海に游泳《ゆうえい》したからといって、自身の催しから遊興などしたことは一度もなく、酒はもとより飲まず婦人にも一切接せぬというすこぶる堅固な覚悟であった。

　黒川はもう五十近い年恰好《かっこう》であったが、自分は二十五、六の血気盛んな時分で、諸藩の人のよく遊ぶ中に交じっていて少しも遊情の様子もなく芸者などとは一度も訝《いぶか》しい様子がないところからどうしてそう出来るかと人にはいわれるようであった。

　自分が二十六の年の正月であったと覚えているが、なんでもごく寒い時分のことであった。例のとおり夜十二時過ぎに鴨東《おうとう》のある家へ黒川に随行してきて、酒宴も散じてもう寝ようということになると、自分がいつも寝る部屋でなく、その晩に限って別室へ案内していくから、伴われて行ってみると臥具《がぐ》が備わってそこに婦人が一人いる

から、はて不思議なことだと思って、これはどういう訳かと仲居に尋ねてみると、

「大夫さんが（黒川を指していうことで一橋の大夫という尊称である）あなたにお気の毒だから、女を一人とりもつとの事であります」

というから、自分は怫然《ふつぜん》として怒気を発し、黙って着物を着かえて女どもが大騒ぎして留めるのを振りきって、

「今夜は急に用があって帰らんければならぬから、もし大夫が尋ねたら急用が出来て帰ったとそういってくれ」

といい捨てて、すたすた三条の小橋まで帰って来ると、跡から黒川が

「おいおい」

としきりに呼ぶから待っていると、

「まあ同行しよう」

といって二人連れ立ってぶらぶら歩行《ある》いてきながら黒川のいうには、

「今ごろ一人で足下の小屋へ帰っても困ろうからおれの旅宿に泊まらぬか」

というから、

「それはありがたい」

といって泊まることになると、黒川は真面目になって、

「今夜は誠に失礼した、定めし立腹であろう」

というから、

「否、決して立腹は致しませぬが、両三年の間は心に誓った事がありますから、それゆえ、大夫がせっかくのご厚意を空しくして誠に相すみませぬ」

と挨拶をした、ところが黒川は、

「いやはなはだ恥入った次第であった、どうか人はそうありたいもの、じつにそれでこそ大事が頼める」

といって、大いに感賞しられた事があった。

いつまでも感心されてはいないけれどもこれはもとより瑣細な事であるけれども、おのずから黒川始め重役の信用を得て、なるほどこれは堅固で用立つ人だと思われたものと見える。

兵備の提言

それから丑年［慶応元年／一八六五］の二月ごろに再び役が進んで、すなわち小十人という身分になり、食禄も加増して十七石五人扶持で、月俸が十三両二分となり御目見以上の身になった。これまでは御用談所下役であったが、今度は下役がとれて出役という位置に進んだのであります。

昨年はじめて奉公してから、一年ばかりの間に二級を進められたが、その勤労はなかなかのものであった。

御用談所の方も引き続いて出役を勤めていたが、何一つ効能もなく、諸藩から京都へ出て来る奴も出て来る奴も、皆俗にいう世の中を泳ぐ連中のみで、通常の交際上手の先生ばかりであるから、こんな連中と共に酒を飲んで表面《うわべ》すべりの慷慨談をしたとてなんのためにもならぬから、何か微しく世の中に効能のあるような仕事をせんければ奉公した甲斐はないが、なんとかよい工夫はあるまいかといろいろ考えていたが、一つの趣向が浮かんできた。その趣向というのはこれまで一橋家には兵備というものが少しもない。ただ御床几《しょうぎ》廻りという君公の親兵様の弓馬槍剣に達した壮士が百人ばかりあったけれども、これは戦陣に立って敵中へ進撃するものではなく、ただ君を護衛するの責任を持ったもので、外に御徒士・御小人などいう足軽体の者もあったが、これも兵士とはみられない。

また御持小筒組というものがあって（すなわちこの席にいる大久保なども当時その一人であった）小銃を撃ち立てて軍をしようという人々で、不完全ながらも歩兵の資格は備わっていたが、これとてもわずかに二小隊ばかりの少数で、ことに訓練素に有りという強みのあるものでない。ことにこの御持小筒組は幕府から附与されたいわば御客兵隊というような有り様で、幕府よりの仕向はなるたけ兵力の附かないようにしてあった。

もとより一橋は隠居役であるから別段に兵隊などはいらぬ訳だけれども、今日の御大任、すなわち京都守衛総督の職掌に対してみると、少しの兵備もないというのはずいぶん訝しい話であると思ったから、ある時黒川に向かって、

「守衛という文字は守《まも》り衛るという字訓であるが、いやしくも御当職・御奉命のうえからは、幾分か兵隊がなくては御守衛というは有名無実ではありませぬか。

今日二小隊や三小隊の歩兵では真《ま》逆《さか》の時にはなんの役にも立ちませぬ、そのうえ幕府からの差し向けであるから、向こうの都合でいつでも勝手に取り換えてしまうという姿、ほとんど兵備のない手ぶら同様の有り様であります。これではなかなか京都守衛総督の職任に適《かな》ったこととは謂われますまい」

と論じてみたところが、黒川のいうには、

「なるほどそれははなはだ適切の論である。しかし目下どうとも仕方がないというものは、外でもない、すなわちこのうえ幕府から兵隊を借りようとするも、すでにこれまでに月々金一万五千両ずつ、その外に米が五千石ずつそのために宛行《あてが》われてあるから、再び借用ということも出来ぬ、ただし金の遣り繰りはつくとするも、兵は人を要するものだによって別に工夫がつかぬ」

との事であるから、自分のいうには、

「しからば私に一工夫があります、御領内の農民を集めて歩兵を組み立てたらずいぶ

ん千人くらいは出来ましょう、お話のように金の工夫がつくものなら、一大隊の兵はたちまち備える事が出来ます」

といったれば、黒川は

「いかにも妙案だけれどもなかなかその人数が容易に集まるものでないが、それには何か目的の立ったことであるか、見込んだ目的のあるならばまずその法案を立ててみるがよい」

といいますから、

「それは必ず見込があります、しかしその委しい手続きは、なんにしろ拝謁を願って御前においてとくと意見を申し上げたいと存じます」

といったら、

「それはよかろう、早速拙者から申し上げよう」

ということになった。

歩兵取立御用掛を命じられる

この拝謁ということはずいぶん尋常の格式からいうと面倒なものであったが、自分はすでに折田の一件から帰ったときに一度、その後にも一両回拝謁を願ったことがあって、最初から都合三、四度も御前に出て親しく言上したことがあるから、今度もまた両三日を経てから拝謁を許されて言上した趣意は、京都御守衛総督の職任を十分に御尽しなさるにはぜひとも兵備が入用である。

兵備を設くるにはまず歩兵隊を編製するが第一である。そうしてその兵員は領分から農民を集めるが一番よい趣向である。

しかしこれを集めるに至っては、深く注意をせねばならぬ。地方役人などがただ役向一とおりで募集したくらいでは、なかなか立派な兵隊を撰ぶことは出来ぬ。それには京都から適任の人にこの募集方を命ぜられて領分内へ派遣のうえ、一般領民を各所に招集してよく今日の時勢を説き含め、募集の趣意を会得させてこの応募は全く領民の義務であると、自ら進んで出るようにせねばならぬ、ということを委しく陳述して、「さてその御用は不肖ながら何とぞ私へ仰せ付けらるるように願いたい、いかにも粉骨砕身して必ず相応の人を連れてきて兵備の御設けが速やかに立ち、各藩を凌駕《りょうが》するような立派な兵隊の出来まするようにいたします」と不遠慮に言上した。

しかるところ、この建言が御採用になって、その翌々日、自分が歩兵取立御用掛をいい付けられた。そのころは軍制御用掛というものがあって、黒川がその掛長で、物頭などにも数人の掛員があった。もちろんこたびの歩兵取立御用掛も同じくこの掛中のものでありました。

右の命を蒙ったのは二月の二十八日あたりであったと覚えている。もっとも自分の考えでは自身も田舎の農民から駆け出すほどの事だから、少し誘導したならば続々望み人があろうと見込みをつけていた。

備中での困惑

元来一橋家の領地というは摂州《せっしゅう》［摂津国］に一万五千石、泉州《せんしゅう》［和泉《いずみ》国］に七、八千石、播州《ばんしゅう》［播磨《はりま》国］に二万石、備中《びっちゅう》に三万二、三千石、すべて八万石、外に二万石は関東にあって合計草高十万石の御賄料であった。

しかるに備中は備中だけの代官所が井原《いばら》村というところにあって、摂泉播の三箇国は大阪の川口《かわぐち》に代官所があった。よって京都の御勘定所から御用状をもってかくかくの訳で歩兵取立御用掛として渋沢篤太夫《とくだゆう》（一橋家へ奉仕の時篤太夫と改称すべき旨申し聞けられて爾後《じご》これを通称とした）を派出するにつき、百事同人の指図に従うべしとの通知になって、自分はその時に今日は仙石原《せんごくばら》にいる須《す》永《なが》を下役に伴われてまず大阪の代官所へいって代官に面会して御用の要領を申し述べると、

「大阪の連中は如才ないから、至極大切の御用とは万々承知致しております、しかしながらまず備中の方を前になすったらよかろう、備中の方が出来さえすれば摂泉播は容易に出来ます」

と、いかにも安々出来そうに代官始めおもだった掛官らがいうから、これは備中の方さえ出来ればこちらは訳もなく出来ると思って、

「しからば備中から着手しよう」

というて大阪を出立した。もっともおよそ四月中旬ころにも備中の方を仕舞ってきて、摂州の村々から先に手をつけるから、代官所からもその時に

「誰か出張せられよ、いずれ日限りはその時々に通知するから」

と、向後の手筈などあらまし打ち合わせて大阪を旅立したのは三月四日ころの事であった。

それから四、五日の旅行で、三月八日ころに備中の井原村へ着した。その前夜に御領分のおもだった荘屋が十人ばかり板倉《いたくら》という宿駅まで出迎えに来ていたが、ここは御普代大名の板倉侯の城下であるから、宿内では鄭重の取り扱いをして、市中通行の際などは下におろうという下坐触《げざぶれ》までして、我ながらなかなかの威光を増したように思われた。

もっとも京都出立の時に田舎への出役であるから少しは形容も必要だというので、鎗持合羽籠《かっぱかご》などを持たせて長棒の駕籠《かご》に乗っていくという次第であった。この長棒駕籠というのは、幕府でも目見え以上の身分でなくては用ゆることならぬ制度であったが、一橋家でも幕制に倣って目見え以上の者に乗用を許されていたのである。自分は

にわか武士であるからかようなことをするのははなはだ不似合いであったろうと思った。

それからその翌日、御領分の備中の国後月郡《しつき》の井原村に到着して御代官にも面会し、また村々の荘屋にも御趣意の次第を面談して、御領内村々の二男三男にて志あるものは速やかに召し連れて出ろと説諭したところが、御代官などのいうには、

「ともかくも村々の子弟を陣屋まで呼び出して、自分から直接に申し渡す方がよろしかろう」

ということで、日々村民を呼び出し、陣屋の白洲《しらす》へ出て

「さて今般かくかくの訳であるぞ」

と言い聞かせると、附添いの荘屋が

「いずれとくと申し諭しまして御奉公致しますなら、すぐに御請に出ます」

といってがらがらと戸を明けて出て往くという有り様で、毎日毎日このとおりで多人数出ては来るけれども、一人として募りに応じて兵隊に出ようという者がない。そこで自分の考えるには、どうも不可思議なことだ、おれならば大悦《よろこ》びで願うがどういう訳で志願者がないのであろうと、さらに言葉を丁寧にして反復説諭していうには、

「いったい、各の量見では今日の時勢をなんと心得ているかしらぬが、世の中はいつまでも波風たたぬ泰平無事ではないぞ、今にも軍《いくさ》がどこから始まるまいものでもない、

左様なれば己は昔から百姓であると安心してはおられぬぞ、それゆえ血気壮んな手前どもは今のうちに早く奉公を願って御領主のために働いたならばうえにも目のあることだから器量しだいに立身功名の出来得る世の中であるから、土臭い百姓で生涯を終わらんよりは一番奮発して出るがよい、かく言うおれも元は百姓であったが、今日の時勢に感じて、ついに一橋公に奉仕してこたびの御用をも命ぜられた次第である」などと深切に話したりまた厳格に諭したり、手を代え品を代えて感動するようにといろいろ工夫を凝らしたけれども、やはり一人として応ずるものがないから、いよいよもって疑念が生じた。

　これには必ず仔細があるに違いないと思ったが、なにぶんその訳が見出せぬ。さればとて京都で立派に請け負うた事柄であるによっていまさら募集が出来ぬといって空手で帰京する訳にも参らず、まあ少し気長に考えていたらそのうちにまた思案も出るであろうと思うて、これより後は村々の呼び出しを止めてしまって、さて村々の荘屋に向かって、

「この近辺に撃剣家はあるまいかまた学者はないか」

と尋ねたら、

「剣術の先生には関根某という人があり、学問では阪谷希《さかたにき》八郎《はちろう》先生があります、この阪谷先生は寺戸《てらど》村というところで興譲館《こうじょうかん》という学校を立てて教授をしております」

というから、なるほどかねて噂を聞いていた先生である、それでは早速に阪谷を訪問しようといって、自分が一首の詩を作りそれに酒一樽《たる》を添えて、明日推参するという書面を贈った。

その詩の転結だけ記憶しているが、

紅友《こうゆう》催し来って為めに刺《し》を通し　先ず探る君家《くんか》無限の春

という句でありました。

忙中閑あり

それから翌日は興譲館を訪うて先生はもちろんおもだった書生らと時事を談じて帰ってきて、その次には阪谷先生と書生とを自分の旅宿に招待して宴会を催したが、その時阪谷先生が開港論を主張するから自分はこれに反対して、

「ぜひとも攘夷しなければならぬ」

と駁撃《ばくげき》の矢を放って、しきりに開鎖［開国と鎖国］の得失を討論した。ところが阪谷先生が

「なんぼ役人でもこの事ばかりは役人外で話をせねばならぬ」

というから、

「もちろんそれが面白い、十分に議論しましょう」

といって互いに城府を開いて痛飲縦談に時を移し、いわゆる唾壺《だこ》［たんつぼ］の挫《くじ》けるをも覚えぬほどで、誠にちかごろの愉快であった。その後また池田丹次郎という者の宅にいって、彼の関根という撃剣家と手合わせをしてみたが評判ほどの達人でもなく、脆《もろ》くも自分の打つ太刀を受け損じて負けを取ったところから、すぐにそれらの噂が立って、

「このごろ来ている御役人は通常の俗吏ではない、学問といい剣術といいなかなかあっぱれの手際である」

と一人が言えば二人が応じてたちまち虚名が高くなったから、近傍の村々でやや文武に心がけのある少年子弟などは日々尋ねてきて、学問上の話、剣術の試合などをしたことであったが、ある日のこと

「この近辺になんぞ面白い事はないか」

と聞いてみると、

「備中には春のうち、鯛網《たいあみ》ということがある」

というから、興譲館の書生または近傍の子弟などを同行してその鯛網に出掛けた。これは海中に網を下げて船で引き寄せてくる仕掛けで、鯛がその網の下を潜れば底なしの網だからいくらも逃げ路はある訳ながら、ただ上の方ばかりへ寄ってくるゆえ皆捕獲しられてしまうので、鯛がたくさんに入った時には海面が赤くなるほど寄ってくる、

そこで見物人が酒樽をなげて祝ってやると、やがて漁夫は二、三尾の鯛をもって礼に来る、また価を出して買うにもはなはだ低廉なことである。

自分らの一行はその鯛を料理して酒を飲み、詩を吟じるという愉快を極めたことであった。

荘屋たちへの直談判

右らの遊興に五、七日を費やしていると、陣屋元の村で二人、外の村方で二、三人、ぜひ京都へ召し連れられて一橋家へ奉公の出来るように心配を頼むというものが出てきたから、

「それは奇特なことである、望みに任せて伴われてゆこうが、ただそれだけの口上のみでは都合が悪いによって、その望みの趣をかように書面に認《したた》めてこい」

といって下書きをやると、そのとおりに認めて持ってきたから、これで本望を遂げる見込みがついたとやや安心して、その志願書を預かりおいて、さて少し用談があるというてその夜荘屋一同を旅館に呼び寄せ、

「其方《そなた》達にことさらの用談というものは、この間からだんだんと京都の有り様を申し聞けて子弟二、三男を京都へ召し連れ、歩兵に組み立てて、御領主すなわち一橋家の護りとなって御奉公をさせようという趣意でその人も見たりまた丁寧に説諭もしたこ

とであるが、一人も望み人がないというから今日まで日を送ったところが、ここにかような願書を出したものがある。

この人々のうちには総領息子もあり、または二男・三男でおよそ五人ほどである、同じ備中の人でありながらわずかの時日自分に接遇せし人の中から四、五人も志願者があるのに、数十箇村数百人のうちで一人も望み人のないという道理はあるまじきはず、してみるとこれは定めて各方を掣肘《せいちゅう》するものがあるゆえ思いながら尽力することが出来ないのであろうと推察するのであるが、万々一左様いう意味のあることならば、おれはこれまでの一橋の家来のように普通一般の食禄を貪って無事に安んじている役人と思うと大きな間違いであるぞ、事と品によっては荘屋の十人や十五人を斬り殺すくらいの事はなんとも思わぬから、各方においてもあまりぐずぐずするとそのままには決して差しおかれぬ、おれが看破したところは間違いはない、察するところ陣屋の役人がかれこれ面倒を厭って掣肘しているのであろうが、今の時勢をなんと思うているか。

果して左様いうことがあるとすれば、代官であろうが荘屋であろうが毛頭容赦はしない、元来篤《あつ》く自信して自分からこの募兵の事を建言のうえでこの責任を負うた以上は、成敗共にこの一身をもって当たる所存でいるから、もとよりこの役目については因循姑息の処置は決して致さぬ考えである、今このとおり自分の赤心を打ち明けて話したから、各にも包み隠さずにこれまでの機密を陳述したがよい」

と詰めかけて断じてみると、全く推察のとおり相違なかった。そのうちおもだった荘屋の一人が進み出ていうには、

「旦那《だんな》様の御目《め》鑑《がね》の高いのでとても包み隠しは出来ないから皆の衆も有体に申し上げるがよい」

と言い出した。すると同席の仲間が口をそろえて、

「どうか貴殿からなにぶんよろしく申し上げて下さい」

と言った。そこで前の一人が、

「じつは誠に恐れ入りました義でござりますが、御代官様が内々私どもに仰るには、

『一橋もちかごろはだんだん山師が多くなって困る、現在執政の中の黒川などは、元下賤から成り上がって山師根性からさまざまの事に考えをつけてああいう身分になったのである。

その本人がこのとおりの人物だからやはり浪人が好きで、従来御家にない事をいろいろ思いついて村々へいろいろ面倒な事を申し越すことであるが、いちいちその申し越す事に服従している時にはつまり領内人民の大難義になるから、なるたけ敬して遠さけるようにするがよろしい。

今度の歩兵取立の事も、「誰もいやでござる。一人も志願する人はない」と言えば、

それで済む、しかしこのはなしはごくごく秘密でないと拙者も迷惑するから、とくと分別するがよい』

と懇切な御内意でございますゆえ、望人はたくさんにありましたが、『そんな事をいってはならぬ』と誡《いまし》めておいて、一人も願うものがないと申し上げたのでございます。

しかるところ旦那様が書生や剣術遣いなどを御愛しなさるので私どもが押さえても押さえられずに、ついに直に自身から内願をしたので顕れまして、はなはだ相すみませぬが、何とぞ内分に御聴済を願います。もしこの事が表立ちまするとどんな事になるかもしれませぬ、また御代官に対して荘屋一同が将来の勤向もかかわる事でござりますゆえ、何とぞ御用捨を願います」

と、さすが律義の田舎荘屋、根も葉も残らず白状したから自分も詞を柔らげて

「左様であったか、それで何事もよく分かった、なに出願人が充分に出来さえすれば別に咎めはせぬ、また其方達の迷惑にならぬように御代官にも談じて、さらにもう一度説諭のし直しをするからその時には十分心配をしろ、間違うときっと承知はせぬぞ」

といったら、彼らは平身低頭して、

「なに御代官から御内意さえなくば私どもにおいては決して間違いませぬ」

と請けをしたから、もう造作もないと思って、その翌日、代官所へ談判として出掛け

ました。

代官への説諭

代官への応接は荘屋を談ずるようには往かぬから、少し改まって

「過日以来だんだん説諭致したところが、さらに応ずる者もないのは全くまだ説諭の届かぬところがあるゆえと思うから、さらに明日から更《あらた》めて説諭致したい、それについて一応御心得のためおはなしをするが、今般の御用向は君公にも深い御思召があってことさらに仰せ出されたことで、すでに一橋に兵隊がないことは各方も御承知の事であろう、また現在の御職任は京都守衛総督であることも御承知であろう、ついてはこれまでのように一人の兵隊もなくては守衛総督の御職掌は尽くせぬから、急に兵備を整えようとするのはいわゆる泥坊を見て縄を綯《な》うと一般であるが、しかしそれでもないよりは優る訳であるから、責めては領分の子弟の二、三男で志願の者を集めて兵隊を組み立てたならば、万一の時には相当の用に立つであろうというところから、不肖ながら拙者が歩兵取立御用掛を仰せ付けられて参ったところが、過日来いろいろに説諭すれども『一人も出願人がない』と荘屋どもから申し立つるけれども、それは全く事実志願人のないのであるか、または人撰《じんせん》の致し方が悪いのであるか、そもそもまた御代官、すなわち貴殿平生の薫陶が悪いために一人の応募者もないのか、いずれど

こかにその原因があるであろう、ついては貴殿もよく御熟考なさい、また拙者は、この職掌が勤まらぬといって辞職すればそれまでの事であると思わるるとそれは大いに御心得違いというもので、いやしくもかかる重大の御用を御請けしてはるばる当地まで出張致し、それぞれ着手したからには、もしも出来ぬという時には、その証拠を明了にせねばならぬ、しかる時は貴殿にもいかなる迷惑を及ぼすかもしれず、また平常貴殿が地方へ対する教訓が、代官たるの職掌に適《かな》わぬというような結果が出て来はせぬかともご按思《あんじ》申します、ゆえに明日よりの再説諭には、貴殿よりもおもだった荘屋その他の人々によくよく利害をお示しになるがよい、しからざればあるいは御同然身柄に障るような事が生ぜぬとは申されぬ。

拙者は昨今一橋に仕官したのであるから永年の間共に禄を食《は》んだものではないが、いやしくも一日たりとも同じ君の禄を食んで藩籍を共にしておれば、どこまでも忠実の考えをもって御話をせんければならぬ、それゆえに念のため一言申しておくから、よく勘考のうえで返答をなさい」

というと、代官も困った様子で、

「委細承知しました。全体厳重に示してあるのでござりますが、なおまた今度はいっそう厳重に」

などと分疏《ぶんそ》〔弁解〕をしました。

二百人の志願兵たち

そこで翌日から再説諭にかかると、今度は続々願い出るものがあって、たちまち備中で二百人あまりも出来た。その上に

「当村にはかような身体の大きな男があるから別段に御召連れを願う」

「それは面白い、旗持にするがよい」

また

「こういう豪胆な者がござる」

「それもよかろう伴われていこう」

というので、当然組み立った外に二十人ばかりも余分に出来たから、その連中は何月何日ごろに出立して京都へ参れということを定めて、ここにはじめて本望を果たし、応募人名書などを取り調べてなお丁寧に御主意をいい含めて備中を出立し、それから播州、摂州、泉州を廻ったところが、すでに備中でかようかようという通知があったから、各村でせいぜい拵えて出すような訳になっていて、一度呼び出して説諭するとずんずん願い人があるという有り様でたちまち御用が弁じて、総体の人数がおよそ四百五十六、七人出来たによってそこで五月の中ごろに京都へ帰って復命をしたところが、速やかに大役をし遂げて御満足に思召すという御褒詞と、白銀五枚に時服一《ひと》重ね

を賞賜せられました。

その後おいおい募集の人数が各地から来着するから、いずれも紫野《むらさきの》の大徳寺《だいとくじ》へ止宿させておいて、それを訓練するために、軍制局においていろいろの評議をして、その大隊長は物頭の中に両人あって、洋式の兵制を一とおり心得ているけれども指図役頭取とかまたは指図役などに乏しきゆえかれこれと人繰りをしてその役を定めたが、ちょうどその年の七月になっていささか兵制の組み立てが出来たのであります。

その勤向についても、あるいは事を取り扱った役人の不正を摘発してその人を退けたり、また、その兵隊給養の事についてもいろいろに心配をしたこともあるが、それらをいちいち申すと大変に長くなるからこれは略しておきましょう。

理財への目覚め

さてこの兵隊組立御用で領分内を巡回してさらに二つ三つ考案を起こしました。

その考案というのは、一橋家の今日のごとく始終幕府からたくさんに金穀を受けている訳にはいかぬであろう、たとえ小さい領分ながらも経済上の道理から少しでも収納を多くして、領分の者も富むような事を工夫してみたい、これはつまり自分の本領であると考えがついたので、まず第一、播州は上米のたくさんに取れるところであるが、この播州から収納する年貢米を兵庫で捌《さば》く事になっている、ところが、それは兵庫の蔵方と唱える人の扱いに任せて代官の注意が届かぬところから、米の価がはなはだ安くある。

もしこれを灘《なだ》、西《にし》の宮《みや》辺の造酒家に売ると大きに直段《ねだん》が相違する。また播州は白木綿のたくさん出来るところで一つの国産ともいうほどなれども、これを大阪で売るに何らの方法を施したことも聞かぬ。

なれどもこれに適当の仕法を設けたならば領分の物産も増殖しその間に利益も生ずるであろう。また備中にては古き家の下から硝石がたくさんに取れるので、これを製造して営業にしているものもある。これらも当時必要の品であるから何か法を立てたら利を起こす工夫がありはせぬか。

まず摂播の年貢米はわずか一万石くらいであるが、今少し高く売ればすぐに五千両くらいの相違はあろう。また播州の木綿を大阪へ販売するについては、その方法により、ために物産も殖えてしたがって運上［税］を取り立てることが出来る。また備中で硝石の製造法を立てるも一つの利益である。

すでに兵備の事は自分の建言で歩兵の組み立ては出来たけれども、そのじつ、兵事は自身適当の仕事ではない。

むしろこの瑣少なる領分ながらもそれぞれ仕法を立ててその富を益《ま》して、したがって一橋家の収納を多くするような工夫がありそうなものだから、其方へ力をいれて仕事した方が面白くはないかという考えが起こってきた。

少し話が後戻りを致しますが、さきに歩兵組立のために領分内を旅行の時に、ありふれた事ではあるが、その土地に名誉ある人または孝子義僕を褒賞するは地方政事の必要と思いたれば、巡回中に聞き糺《ただ》し、例の興譲館の阪谷先生を始めとして、あるいは備中にて親孝行の婦人とか、年老いて健全なる独身者とか、または摂泉播にて農業丹精の人とか、地方にて奇特の功あるものとかおよそ十余人の善行者を取り調べて、帰京のうえ、その褒賞の事を用人へ具伏したところが、速やかに採用せられて、それぞれ褒賞に与《あず》かり、特に興譲館の阪谷先生は京都へ呼び出して君公の謁を賜り、相当の褒詞があって学校へは扶持方を附与されたから、地方にては一橋の徳を称し、かつ渋沢が来てから善政が多いとて、大いに自分の評判もよくなったということであった。

勘定組頭に任命される

さて前にもいった廻米《かいまい》の方を改めること、播州の木綿を一つの物産としてこれに方法を設けること、備中に硝石の製造場を開くこと、この三箇条の建言をしたところが、黒川を始めその他の用人連中も至極賛成だというので、すぐにその取り扱いを自分に命ずることになつた。

しかるにその事は現今の身分にては差し支えがあり、会計上に係わることだから会計の係りを命ずるという評議になりて、その年の秋、勘定組頭という役に転じて食禄二十五石七人扶持、滞京の御手当が月給二十一両となり、御用談所出役は兼任で、諸藩の用がある時には出るが不断は勘定所に出勤してその事務を取ることを命ぜられました。

この勘定組頭という役向きは、その上に勘定奉行というものがあるけれども、勘定所全体の要務はたいがい組頭が権を執っていること幕府の慣例と同じく、一橋家もそのとおりにしてずいぶん緊要なる役向きである、ことに自分は前にもいう領分の改正に必要あって用人よりの内談によって命ぜられた組頭であるから、勘定所にては大いに重く取り扱われたのみならず、用人は自分を大いに理財に長じた人と思ったとみえて、一橋の財政上充分の改正を自分に委任するとの内意であったゆえ、たとえ自分において差し当たり良法妙案はないにもせよ、兵制を説くよりは理財の方がまだしも長所であると自信したから、この時より、一橋の会計上について十分に整理をしてみようということを思いました。

それから再び領分へ出張して、まず兵庫で年貢米払方の方法を充分に立てて、又備中へいって硝石の製造法を開いたところが、この硝石製造法は開きは開いたがたいそうな功能をみる場合には至らなかったが、年貢米の売り捌き方はその時分の相場よりは一石について五十銭も高く売れて、幾分か計画した甲斐があったことである。元来一橋の領分から上がる米は多く良米であったから、今までの法を換えて酒屋の元米に売らせるような工夫にした。

また播州の木綿反物については藩札を発行して、それで木綿を買い上げ、大阪に立てた問屋へ向けて送る、問屋はこれを売り捌き、その売上代金は大阪の会所へ納めるという仕法であった。そうしてその会所の元方は播州の今市《いまいち》というところに立て、そこで印南《いんなみ》郡を始めとして多可《たか》、加東《かとう》、加西《かさい》などいう郡中から出るたくさんな木綿をば、今市から四里ほど隔ったところに設けた物産集所に集収して、そこから大阪へ送って金にする。

またその買入元金は、今市の会所において人々の望みに応じて藩札を渡し、その藩札は村民の申し出に任せて正金に引き換える仕組みであるから、大阪の出張所には常に相当の正金が残る。それを確実なるところへ預けておけば、一方には金も殖え、一方には品が運転して、したがって余計に出来るようになる、という趣向でありました。

この藩札というものはそのころ諸藩においても往々行われていたが、多くは引き換えの悪いために取引が不自由であったが、一橋の藩札は深くその弊を看破して、第一番に引換元金に充分注意して決して、これを他へ流用することは出来ぬという確乎たる基礎を定めたうえで発行したものゆえなんの弊害もなくて一匁はいつでも一匁、十匁はいつでも十匁の価格を保ってなかなか便利に行われた。

結局十万両くらいまで発行する計画であったが、まず当初に三万両発行してその運転を始めたのであります。ただしこの事を企図してその手続きを定めたのは丑年の秋であったが、これを実地に施したのはその歳の冬より寅年《とら》［慶応二年／一八六六年］の春に至って漸くその効を見るようになりました。

十四代将軍家茂の死

これから引き続いておいおいに一橋家の財政に力を尽くして藩力を増進しようという計画をしつつありましたが、ここに一つの不愉快なる事に出会しました。

それというは、寅年の秋、大阪において徳川十四代の将軍家茂《いえもち》公が薨去《こうきょ》［死去］されましたため、一橋の君公が将軍家御相続になった一事であります。これを表面から見ると、君公に随従して幕府の役人となり上るのであるから大きに仕合わせのようでありますが、自分の身にとってはじつにこの上もない不幸な場合に陥ったもので、それからついにヨーロッパに往くという変化を来す事に及びました。

それを今夜話し尽くす訳にはゆかぬから、これは第三関節のお話に残しておいて、今夜はこれで話を休《や》めましょう。

巻之三

三事業の改善による財政再建

引き続いて今晩も身の上の履歴話、まず前回の続きから始めておいおいと第三関節の変化した境遇に説き及ぼそうと考えます。

すなわち前回は自分が一橋家に仕官した始めから、歩兵組立御用を帯びて備中および摂播泉の三州にある領分地を巡回して五百人ばかりの兵丁を募集のうえ、京都へ復命して、その各地の巡回中、胸に浮かんで考案した経済上の建議すなわち年貢米の売払方、播州木綿の売買、備中の硝石製造、この三件の改良方案が一橋政府に採用せられ、この三事業の外になおまた広く財政上の改革に参与しろという内命を受け、身分が進んで勘定組頭に転じ、会計事務の主任となって、これまでの御用談所詰および諸藩士間の交際などの事が兼務となった事から、三事業の着手、藩札発行、前将軍薨去につき一橋公が御相続になるというところまでお話をしておいたが、なおこの勘定所出役以来の事については、今微し委しくお話を致すつもりでありますが、その中には重複に渉《わた》ることも往々ありましょうから、そのつもりでお聞き取りあるようにしたい。

前夜お話したとおり、勘定組頭に転役した後も御用談所詰の仕事が兼務になっていたが、さて勘定所に這入ってみると、其方の用向きが多くしてたいがい掛かり切るようになりました。もとより比較にはなりませぬが、この勘定組頭というはあたかも今日の大蔵次官の職掌であった。

さていずれの藩でも勘定所には前例旧格等の多いことで新規の人が突然這入っても一月や二月の間にその格例すら覚え切る事は容易でない。いわんやこれを改革するは一とおりや二とおりの困難ではないと思いました。

そもそも一橋家の勘定所の組織というのは、まず勘定奉行が両人、勘定組頭が三人あってその他に平勘定および添勘定というが何十人というほどあり、御金奉行、御蔵奉行、御金方、御蔵方または御勘定所手附などと唱え、総体の人数は百人以上もありました。また領分の支配をする各御代官所の役人も総《すべ》て勘定奉行の支配下であったから、なかなか大役所にて、自分一人の力ですぐに面目を改めることは出来ないけれども、元来の目的は藩の財政を改革せねばならぬという気で這入ったものだから、何とぞ全体の勘定に余地を生じてその余地をもって兵備を整え、かつ通常の事務も勉《つと》めて改良する精神であった。

ゆえに奉行にも自分の考えを内話し、同役または配下の人々にも些細な事までこの取り扱い振りはこうしたらよかろう、この事はこう改正する方がよかろう、また甲の事務は乙の事務に合併して一局となし、丙の繁雑を分けて丁の閑職に加うれば執務上便利でもあり、道理に照らしてもまた正当であるなどと、常に注意して改革に力を用いておったうちに、前回で概略述べておいた三事業改良の事をいよいよ挙行することになって、まず第一に兵庫に出張して、播州、摂州等から納める年貢米売り捌きの方法を立てた。

　それまでは兵庫に蔵宿があってそれに託して相当な相庭で引き受けることになっていた。なれどもその進退は大阪の代官が全権で取り扱うゆえに、はなはだしきは菓子折のために三合安く売るということがないでもなかった。

　つまり全体の取扱も直段の取極《とりきめ》方もまるで蔵宿というものに任せてあったが、自分の考えは、摂播両国の一橋領は地味がよいからしたがって貢米もよい道理である、ゆえにこの良米を灘の酒造家に入札払にして酒の元米に買わせたなら、今までの売捌方よりも一割以上の高価を得ることは必ず出来るに違いない、ちょうどその蔵宿の一人で東実屋《とうじつや》何某という男は普通の才覚があってこの改正の用に使えるものとみたから、この男に談じて酒造家の元米に売ることを試みた、ところがたちまち効能が顕われて前年よりは一両について升目五合以上高く売れた。しかしその時の相庭が何ほどで、差引利益がいくばかりあったということは記憶しておりませぬ。

続いて備中にいって硝石の製造所を立てた。さきに歩兵の募集に来たときに面識になった剣客の関根という男が硝石製造の事を心得ていたから、これを使用し、なお土地のおもだった農民にもその旨を申し談じて、奨励のために少々の元入金を出し、果して完全な硝石が出来たならばこういう定価で買い上げてやるという方法にして、四箇所ばかり製造所を開かせました。

それから引き続いて播州へ来て木綿売買の法立に取り掛かった。元来播磨の国は木綿が重なる産物で、今日でも東京へ来る晒《さらし》木綿はたいてい播州の姫路《ひめじ》から出るのである。もっとも一橋の領分はわずかに二万石ほどの石高であったが、その村々で出来る木綿も相応にたくさんの高であった。そうしてこれはたいがい村民が自由に大阪に商うまでで、別に仕法も取締りもない。

ところが姫路の方は藩で法を立てて封内で出来るものはすべてこれを姫路に集め、それを晒にして大阪並みに東京へ売るようになっているから、一反の価を比較すると、姫路の木綿がはなはだ高い、しかるにその隣村でありながら一橋の領分になると価も安く出来、高も比例してみると少ない。せっかく綿もたくさん出来る地方ではありまた人手もたくさんあって、作れば作るだけに出来るのに、姫路の方では立派に一種の物産となっているにもかかわらず、いかに領分が狭いといってもおもだった産物ともならぬのはすこぶる残念である、よってこれを一つの物産とするには、まず木綿を拵える者から価を高く買い取って、それを大阪または江戸へ送りて売るにはなるたけ安くする道を設ければ必ず盛んになって、領分の富を増すに相違ない。

ついてはこの売買の間に一橋の藩札を作ってこれを流通させ、そうしてその売買の便利を謀ろうと企てました。

藩札の発行

さてこの藩札というは現今の兌換《だかん》紙幣のようなもので、そのころ、中国九州の藩々にては盛んに流行した。

もとより紙幣をもって金銀に代えるのは経済上相当なことで、いずれの国にも紙幣のあることは聞いておったからあえて怪しむべきものでないと思ったが、当時この藩札中において、長州および肥後《ひご》、肥前《ひぜん》の藩札はやや通用がよかったなれども、姫路その他の藩札は多くは他領へ通用せぬ、稀にこれを所持するも、一束の藩札で一丁の豆腐も買い得られぬ次第にて、その領内の通用も何割引きあるいは何掛けなどいって、例えば百匁の札に三を掛けて三十匁に取引するという始末であったから、札の表面に書いてある直段はほとんど虚価にして実価は時の相場に従うものであった。現に自分が備中の往返に備前《びぜん》の岡山を通行して少しの藩札を受け取ったが、国境を越すと通用せぬからその領内にて使ってしまわねばならぬというので、入用でもない物を買ったことである。

そもそも藩札の価格が右のごとくに低落した原因は、ただその正金引換が不充分であるから起こるので、申さば諸藩の引換所が時々戸を閉ずるとかまたは引換を中止するとか、はなはだしきは他領へいってこれを使用すればそれだけの得益があると心得ている会計役人が多かった。ゆえに藩札の信用が全く地に落ちて、前に申したしだいに立ち至ったのである。

自分はつくづくこの有り様を見て、さても愚かな話だ、金銀よりも紙幣の方が便利に相違ない、正金を引換準備に立てて札を使うのは便法である、しかるをその札が焼ければよいとかまたは人が失えばよいとかいうような泥坊根性でこれを使用するのは、じつに笑うべきことである。国家の通宝によって私利を貪るというものだ。左様な考えでなく、実直に藩札を流通したならばついに一橋の札は立派に通用するであろうと思うた。

元来自分はかような事については、その時分には別に学問も経験もなく、また外国の紙幣取扱方を聞いたこともなしいわば腰だめの考案であったが、今日から思ってみればこの時の考案は経済の道理に暗合していたので、すなわち紙幣はこのごとき効能をなし、またこのごとき過ちを生じやすいものであるから、その効能を取って過ちを避ければ、真成なる紙幣使用の実益を得るものである。

播州の領分で木綿の多く出るのは印南郡であって、その郡中の今市村というところへ藩札引換の会所を設立した。もっとも木綿の多く出来るのは今市より二、三里北に当たった村々であるが、今市村は土地に財産家も多く相応の家屋もあり、また引換正金を貯蓄するにも土蔵その他の手当もありかつ諸方への運搬便利なども最上であったから、ここに会所を定めた訳であります。この今市の近傍に高砂《たかさご》というところがあって、かの有名な尾上《おのえ》の松がある名所、またその近所に曽根《そね》村というがあって、曽根の手枕《たまくら》の松と唱えて名高い松の樹がありました。

　さて藩札発行の方法は、木綿買い入れについて資本を望む商人へはその木綿荷物と引き換えに適宜に札を渡し、取りも直さず荷為換《にがわせ》貸金の手続きをする。もしこの木綿を本人の手で大阪へ売却しようとする時には、初め資本に借り受けた藩札の金高を正金にして大阪において払い込めば、それと引き換えに木綿を請け取ることが出来る、また会所の手で売却を望むものがある時には、会所においては売捌手続を立ててこれを取り扱い、その売上代金の内から貸し付けてあるところの藩札代を受け取り、差引決算を立てる、その間に些少の手数料を取る都合であった。

　また藩札の引換は今市村の会所と定めて、その準備金は今市と大阪とに置くものとし、大阪へ置く金は大阪の豪家に預けて利足を取るという仕組で、申さば一万両の藩札を発行すれば、そのうちの五千両は今市に備えるが、他の五千両は、三十日前に通知すれば返納する約束で大阪の金主に預ける。その金主というのは今堀、外村、津田その他二軒ばかりであったが、二十二軒の御為換組のうちでもおもだった金持ち五軒の用達であった。最初藩札を拵える資金からその他一切の費用に至るまで皆この五軒の用達に調達させて、勘定所からはいささかも出金せず、ただその事を許可するまでのことでありました。

藩札の発行高は最初にまず三万両として、その実施のうえにて十万両との予算であったが、なおそのうえの都合によっては二十万また三十万両までも発行する見込みでありました。

さてその見込みは定まったけれども、その藩札の原紙製造および版木の彫刻を命ずる事、また今市の会所を修繕し、大阪の出張所を定むる事などによほどの日数を要したから、自分も丑年［慶応元年／一八六五］には秋から冬まで播州と大阪とで半年を経過しまして、いよいよ実施したのは丑年の十二月から、寅年［慶応二年／一八六六］の初めへかけての事であったと覚えております。

幸にその事務が都合よく行われて、発行した高が三、四箇月の間にちょうど三万両ばかりになって、引換もいたって少なく、一方においては木綿の売買にすこぶる便利を得たから、最初は新法新法といって掛念した領内の村民も、ここに至っていずれも安心して怡《よろこ》びの色を現しました。その中に京都から御用状が届いて、藩札事務はやや手順も定まったにより他人に扱わせて、自分は帰京するようにと奉行から申してきたゆえに、それぞれに手順を示しておいて寅年の三、四月ごろ京都へ帰ってきて、日々勘定所へ出勤して会計事務を取り扱っていました。

長州征伐への覚悟

これより以前に徳川十四代の将軍家茂公は御上洛《じょうらく》になって、寅年の夏ごろには大阪城に御滞留であったが、子《ね》年［元治元年／一八六四］の秋、長州の毛利《もうり》が朝命に背き奉ってもったいなくも禁闕に発砲し、かつ幕府をも蔑如したによって、先帝すなわち孝明《こうめい》天皇ははなはだしく御逆鱗《げきりん》遊ばされて、長州征伐の勅命が幕府へ下った。

そこで幕府は大いに諸藩の軍令を催促して、尾張大納言が総督になって、かの長州征伐を始めたが、大将の軍令も行われず、各藩の兵気も一致せず、つまり大軍を労したばかりで寸功をも収むることが出来ずにしまった。

よって今年は幕府の親兵に譜代諸侯の軍勢を併せてすなわち幕府一手の軍立をもって再征したところが、やはり長州勢が強くて寄手が弱い、芸州《げいしゅう》［安芸《あき》国］口の戦争などはあたかも連戦連敗の姿で、幕兵は追い戻さるるばかり、いつまでもはかばかしい実効が挙がらないによって、朝廷より幕府へ速やかに征討の実効を奏するようにと御催促を仰せ出さるるというところからついに我一橋公が長州征伐の大任を引き受けらるる事になりました。

いったいこの長州征伐は幕府にとっては実に一大事で、もしこれを失敗する時はたださえ衰微した権勢がますます萎縮《いしゅく》して徳川の天下も運命が窮まることは必然の場合であるから、一橋公は奮然として自から任じ、成敗をこの挙に期して自身に征討の大任を負われました訳でありましょう。

これがちょうど慶応二寅年の夏ごろであったが、さあそうなると、たとえまだ未熟でも、昨年の春、兵制を立てて歩兵隊を編成したのは、時にとりて要用をなしたと用人などが言ったことがあった。この時に自分も長州征伐の御供を命ぜられて、勘定組頭から御使番格に栄転した。

前にも述べたとおり、自分は勘定組頭の職を命ぜられてからは一図に一橋家の会計整理に力を尽くしていろいろ勘定所の改良を勉めていたが、右のごとく君公御出馬という場合になっては、腰抜け武士となって人後に落ちることは好まぬ気質だから、強いて従軍を願って御馬前で一命を棄てる覚悟でありました。

一橋公の将軍相続案が浮上

ところがその間際になって、大阪御滞在の将軍家茂公がにわかに薨去という大変になって、それがため一橋公が長州征伐の一件も沙汰止みになり、かえって老中板倉周防《すおう》守、大目附永井《ながい》玄蕃頭などが京都へ来て、一橋公に将軍家の御相続を御勧め申し上げるということになってきた。

この御相続一条についてはいろいろ評議もありましたが、元来一橋公が将軍家の儲《ちょ》君《くん》［世継ぎ］に立つということは、去る安政《あんせい》のはじめ、十三代の将軍温恭《おんきょう》公［徳川家《いえ》定《さだ》］の生前において、京都からぜひとも一橋を儲君にとの御内論もあったことであるが、その時の元老井伊《いい》［直弼《なおすけ》］掃部頭《かもんのかみ》が一橋公の賢明を忌んでこれを嫌い、朝命に遵《したが》わざるのみならずはなはだしきはそのために一橋を幽閉してついにこの家茂公が紀州《きしゅう》［紀伊《きい》国］から這入って温恭公の後を継ぐようにしたのである。

そういう行き掛かりもあり、ことにおいおい時勢も迫ってきて徳川幕府の危いことはあたかも累卵［積み重ねた卵。きわめて不安定なこと］と一般であるから、この場合に誰も将軍とする適当な人物は一門の中にないというところから、右のとおり一橋公を出すことに一致したものと見えて、ついに一橋公に将軍家相続の話が向いてきたのであります。

土台も柱も朽ちた徳川家

この時に自分と喜作とはその噂を聞くや否や、大いにその不可なることを唱えたが、その時には黒川嘉兵衛は権勢が衰えて原市之《はらいちの》進《しん》という人が用人の筆頭になっていた。

この原と云う人は水戸出身で、弘道館の教頭をも勉め漢学も相応に出来て、黒川とは違ってずいぶん人才という評判もありかつ事物の弁《わきま》えもあった人である。自分もこの人とは、その前から厚く懇意にしたものだから、今度の一条についても、この人に向かっては御相続の不可であるということをしばしば論談したことである。

その論談の趣旨は、今日の徳川氏はこれを家屋に譬《たと》えていうと土台も柱も腐り、屋根も二階も朽ちた大きな家のごときものである。もしこれを修繕しようというには大黒柱一本を取り換えたとてそれで保つものではない。つまり改造する外に革新の道はない。なまなか修繕を企て、柱を換えたり棟を改めたりするとかえってその破潰《はかい》を速やかにするようなものゆえ、むしろこのままに捨て置いて、脇の方から添柱を建てるという姑息法で維持するがよい。しかしそれでも維持が出来ぬときは破潰する外はない。たとえいかようなる明君良主が相続してもとうていこのままで中興は出来ぬ。

しかるに今一橋公は賢君であるの材能が多いのといって御継統の将軍となし奉ったとても、恐れながら君公一人ではどうすることも出来ず、あるいはかえって滅亡を早くするようなことがあるかもしれぬ。その訳は、目今のところでは天下の人が皆幕府の役人が悪いとばかりいっているからまだしも目の注ぐところ怨みの帰するところが緩なれども、向後賢明の君が相続したとなると、百般の感応力が著しく強くなる訳である。

試みに吾人《ごじん》一家の事に比しても、主人が留守とかまたは病気なれば少々の手落ちをも恕《じょ》する情合になるが、もし主人が儼然《げんぜん》として在宅する時には、微しの落ち度にても、気がつかぬとか失敬の待遇をするとかいって容赦せぬのと同様であるから、今一橋公が大統を継いで将軍家の御相続をなさるというはまるで死地に陥るので、じつに失策の極、危殆千万な事柄である。

ゆえに何とぞ相続の事は切に御止まりにならんことを願いたい、その代わりに自分らの考案は、この累卵のごとき危うい幕府たりともこれをして一日も長く保つようにするのには一橋公は御相続を御辞退になり、他の親藩から幼弱の人を撰んで将軍家の継続として、一橋公には相替わらず御輔佐《ほさ》の地におられて、依然として京都守衛総督の御職掌を尽くさるるが御双方の得策であると思う。

しかしこの総督の大任を完全に尽くすという日には、兵力といい財用といい現今の有り様では何の役にも立たぬから、よろしくこの機会に投じて畿内《きない》またはその近傍において、五十万もしくは百万石の封土を御加増になるという計画になされたいものであると、例を引き実を挙げて再三再四説いたところが、原市之進ももとより天下の形勢はよく知っていたから、自分の言うことをもっともと思うて、

「いかにも足下の言うところはもっともに思われる、それほどまでに思うなら、御前へ出てその趣を言上してくれ」

というので、すぐに君公に拝謁を願って、親しく意見を開き申する運びになった。ところがその翌日、君公には板倉永井らの懇情を御許容になって、にわかに大阪へ御下りになりましたゆえ、残念ながらこの拝謁のことは叶《かな》わずにしまいました。

不本意ながら幕臣に

右の次第にてついに一橋公が将軍家相続ということに決して、その事を藩中へ仰せ渡されたから、自分らもその事を承知したが、誠に歎息といおうか残念といおうか、その時の心中は今考えてもじつに失望の極みでありました。これも尋常人の考えから申せば、自身の仕うる君公が将軍家相続になったのだから、あるいは幕府へ召し連れられて相当な役人になれるもしれぬ、さすれば出世の道が広くなる訳だによって大きに仕合わせだと喜ぶはずであるが、独り自分ら両人は、もはや大事去りぬ、このうえはどうしたらよかろう、また元のとおり浪人になろうか、いや待て、浪人になっても行く先はない、さればとて、長くこうしてもいられぬ、すでに一橋家に仕官して両三年生き延びたから、これからまた死ぬ工《く》風《ふう》を廻らそう。一橋公も今日将軍家を相続なさるようではもはや望みはない、賢明などいってもやはり大名は大名だから仕方がない、つまり我々の建言が十分に腹に入らぬであろう。言が行われぬ以上はやむをえぬから去るの外はないなどと、寄々相談していたが、八月に至っていよいよ将軍家相続となられて、自分らも幕府の方へめし連れられて幕臣の末班に列することになり、一橋家の重役中にても原市之進、梅沢孫太郎《うめざわまごたろう》、榎本《えのもと》亨蔵などは、あるいは御目附あるいは御使番とその等級に応じてそれぞれの役向に転じたが、我々はもとより地位が低いから、陸軍奉行支配調役といって、御目見以下の役向をいい附けられて幕府へ勤仕する訳になった。

前にも云うとおり大きに失望しているから、少しも用が手につかない、朝も早くは出勤せず、書物でも読んで昔の英雄豪傑を友として法螺を吹いているというふうになった。

回想すれば一橋家へ仕官してよりすでに二箇年半の歳月を経、言も行われ説も用いられ、辛苦計営していささか整理に立ち至った兵制、会計等の事も、皆水泡に帰したのはじつに遺憾の事であった。

しかし勘定所の事務だけは丁寧に後任者に引継をして、その中にも藩札の始末はかくすべし貢米の事はこのとおりにするがよいという意見を留めて一橋家を立ち去った事である。

新撰組に協力を仰ぐ

さて自分らは大阪にて幕府の役人となって、ただ旅宿にいて威張っていたれども、その後新将軍家は京都に御登りになりて、自分らも御供にて京都においては毎日陸軍奉行の詰所の脇にある我々の詰所に出ていると、同役もおよそ十四、五人あって、組頭と唱える者が一人あった。

この組頭は森新十郎《もりしんじゅうろう》という人で、小才気のある江戸っ児風の男であった。自分はもとより快々《おうおう》として楽しまず、したがって職務をも勉強せなんだが、そのうちに料《はか》らず一つの出来事に遭遇しました。それはそのころ大沢源次郎《おおさわげんじろう》という御書院番士が、禁裏御警衛のため番頭の手に属して京都に滞留していたが、この大沢に国事犯の嫌疑があるというので京都町奉行から陸軍奉行へ掛け合いになった、（大沢の身分は御書院番であるが禁裏御警衛番士の動向が陸軍奉行の支配であったからこの場合になったのである）しかるにこの大沢には多人数の共謀者があって、兵器銃砲の用意までも整うているとの評判ゆえ、陸軍奉行の役所でも軽々に手を附けることが出来ぬというので、なかなかの騒ぎでありました。

この一事を見てもそのころ幕吏の怯懦なりしことが知れるが、ついにこの大沢を捕縛するために新撰組を頼むことになった。

ところが大沢は陸軍奉行支配下の人だから、奉行の名代に調役組頭または調役のうちから新撰組《しんせんぐみ》に附き添うということになってきたが、組頭というのは例の柔弱の小才子だからそういうところへ出掛けるのを好まない。しからば誰行け彼行けといううちに、渋沢は根が浪人で強い事には恐れぬ男だから、彼に命じたらというので、この貧乏鬮《くじ》が自分のところへ落ちてきた。

　ところが自分はそんな事が好きだから、得たり賢し、ようございます、参りましょう、がしかしどうしたらよいのでありますかと組頭に尋ねてみると、組頭のいうには
「元来この大沢は陸軍奉行の支配であるから、足下は新撰組を同道していって、奉行の名代をもって、大沢に御不審の筋があるによって捕縛して糺問《きゅうもん》するから左様心得ろといえばそれで用はすむ。それからすぐに新撰組に渡して捕縛させて江戸へ送るだけの事だ」

とのこと、

「それは造作もないこと、それでは京都町奉行の屋敷へいって新撰組の隊長近藤勇《こんどういさみ》に引き合います」

というので、それからすぐに京都町奉行の役宅において近藤に面談して、新撰組の壮士六、七人に警衛されて、その夜、北野《きたの》近辺のある家に休息して大沢の動静を探偵してみたところが、大沢は北野辺の寺院に止宿しているが、折節他出中であって、ほどなく帰宅するとのことであったが、間もなくまた探偵係から大沢の帰宅したということを報知して来たによって、新撰組の壮士等は、

「すぐにその寺院へ踏み込んで捕縛するからそのうえにて自分の使命を達するように

せられよ」

というから、自分はこれを拒んで、

「それはいけない」

「けれどもかねてそういう手筈に町奉行の役宅で引き合ってあったからよろしいじゃないか」

「いやそれでは自分の職掌が立たぬ、たとえ組頭と打ち合わせがあっても、この職務は自分が命ぜられたうえからは自分の考えに応ぜぬことは承諾せぬ、いわば自分が正使であるから、奉行の命を伝えぬ前は大沢はまだ罪人にはならぬ、罪人にならぬ先に貴所らがこれを縛ることは出来ないはずだから、自分が奉行の代理で大沢に逢ったうえ、御不審の廉があるから捕縛して糺問するゆえ左様心得ろというから、速やかに捕縛してよろしい」

「捕縛してから言い渡してもよいじゃないか」

「捕縛してからいい渡すという事は相ならぬ」

「だがもし大沢に用意があって言い渡す間際に斬ってかかったらどうするつもりだ」

「そんな事は御如才ないから心配するに及ばない、斬って掛かったらこちらもその積もりで相手になる」

「足下にそんなことが出来るか」

「馬鹿なことをいうな、自分は紈袴《がんこ》武士［世間知らずでひ弱な武士］とは違うぞ」

などと戯談《じょうだん》半分に問答して共に一笑を催したが、ついに警固の武士は門前に待たせておいて自分は近藤勇と共に寺院の中に進み入って、源次郎は宅にいるかというとそれ以前にいろいろ評議したほどにもなく源次郎はすでに寝ていたものと見えてやがて寝衣を着たなり、睡《ね》むそうな眼をして出てきたから、自分から奉行よりの命令を伝え、両刀を取り揚げてすぐに捕縛した。これで自分の職掌はすんだから、大沢源次郎は新撰組の手から町奉行所へ引き渡して、その夜三時ごろに奉行の旅館に復命した。その時の奉行というのは今の溝口勝如《みぞぐちかつゆき》氏で、そのころは伊勢守といってすこぶる怜悧の声聞があった人であるが泰平の役人だからこれらの細事にも深く心配して、自分の復命するのを寝ずに待っていた。よって大沢捕縛の手続きを逐一申し述べたところが奉行もたいそう喜んで、

「誠に使なる哉《かな》、使なる哉」

といって羅紗《ラシャ》の羽織を当坐の褒美にとてもらったことがありました。

浪人に戻る覚悟

　しかしながらこれはこのころの出来事で、済んでしまえばその限りのことであるが、前にもいったとおり、日に増し境界が面白くない、なんとなく世に望みが薄くなって

きた。

そこでつくづく考えてみるに、今一、二年の間にはきっと徳川の幕府が潰れるに相違ない、迂《う》闊《かつ》にこのまま幕府の家来になっている時は、別に用いられもせずまたあえて嫌われもせず、いわば可もなく不可もなくしてついに亡国の臣となるに相違ない。

ついてはここを去るより仕方がないが、ここを去るにはどうするがよかろうか、とただいろいろと屈託していたが、なにぶん思案がつかぬから、急に出奔することも出来ず、一橋にいた時分にはたびたび君公に拝謁も出来たのが、御相続後には願っても拝謁は出来ず、原市之進などさえ何か垣根越しに物をいうような姿で、充分の御輔佐も出来ぬ様子であるから、ほとんど懐《いだ》いた玉を奪われたような心持ちで、いろいろに愚痴が増してくる。

さればとていつまでも因循していれば亡国の臣となることは必然であるから、もうどうも仕方がない、いよいよ元のとおり浪人になると覚悟を定めたのはその年の十一月ごろでありました。

欧州派遣の打診

さるところその月の二十九日に、原市之進から、急に談ずることがあるから着てくれいという使者が来た。すぐにいってみると、

「別の事ではないが今度一八六七年のフランス国の博覧会［パリ万国博覧会］について各国の帝王も皆フランス国へ会同される趣だによって、日本からも大君《たいくん》［将軍］の親戚を派遣するがよいとフランス国公使が建言したから、いろいろ評議の末、水戸の民部公子［徳川昭武］を御遣しになることに決した。

右については外国奉行も附き添ってゆくが、その博覧会の礼式がすむとフランスに留まって学問をさせようという上の思し召しで、まず五年か七年は彼の国に留学の心得である。よって供人もあまり多人数は連れられぬはずである。

ところがこれまで民部公子に附き添うていた水戸の連中が、公子を一人で外国へやるということは承知せず、やむをえず七人だけ召し連れることに決した。

しかるにこの七人はもとより洋学などを志す人ではなく、昔日のごとく外国人を夷《い》狄禽獣《てききんじゅう》とのみ思っている変通のない頑固の人々であるから、かようの人のみを附け置くときは将来のところが覚束ない。もっとも民部公子の御傅役《もりやく》には幕臣の山高石見《やまたかいわみ》守という人が命ぜられることではあるが、水戸の七人と相伴って民部公子に学問させるというのはよほど困難と思われる。

ついて上の御内意には、篤太夫こそこの任は適当で、未来の望みも多いであろうとの御沙汰であるから、拙者も上の御人撰を感服して、足下に充分御内意を伝えますと御受けをしておいた。速やかに御受せられよ」

と、降ってきたような話、自分がその時の嬉しさはじつになんとも譬うるに物がなかった。自分が心で思ったには、人というものは不意に僥倖が来るものだと、

「速やかに御受けを致しますからぜひ御遣わしを願います。どのような艱苦《かんく》も決して厭いませぬ」

と、原市之進に答えまして、そうして出立の時日など聞き合わせますと、

「左様まあ当年の内であろう、およそ一箇月内に支度をせねばならぬ、右について外国奉行の向山《むこうやま》は江戸からすぐに出立するはずである、また御傅役の山高は当地に来られたから、万事相談するがよかろう。また水戸より御附の人々は、菊地《きくち》平八郎《へいはちろう》、井阪《いさか》泉太郎《せんたろう》、加地《かじ》権三郎《ごんざぶろう》、三輪《みわ》端蔵《たんぞう》、大井《おおい》六郎左衛門《ろくろうざえもん》、皆川《みながわ》某〔源吾〕、服部《はっとり》潤次郎《じゅんじろう》の七人であるから、これらとも引合をつけて身支度をするがよかろう」

というから、自分はこの洋行の内命を大いに喜んで、郷里の父へもその事を文通したが、喜作はこの時、かの大沢源次郎を江戸へ檻送《かんそう》のため附き添いの御用を負いて旅行の留守中であっていつごろ帰って来るか分からない。

しかし最初から死生を共にしようと約束した厚い友人のことだから海外へ往く前にぜひ一度逢いたいと思って、今度命ぜられた御用の一部始終を認めて、かような訳だからなるたけ早く帰れるなら帰ってもらいたい、万一帰りの遅いときにはあるいは行き違って逢わぬかもしれぬと急状を出しておいて、それから専ら外国行の支度に取り

掛かった。

しかし独身書生の手軽さというものは、黒羽二重の小袖《こそで》羽織と、緞子《どんす》の義経袴《よしつねばかま》一着と、今日見るとどんな貧乏な馭者《ぎょしゃ》でも穿《は》かないような靴を買って、それからかつて大《おお》久保《くぼ》源蔵《げんぞう》が横浜で買ってきたホテルの給仕などが着たと思う燕尾《えんび》服の古手一枚、もっとも股引《ももひき》もチョッキも無いのを譲り受けた。今から思うとじつにおかしい。

そのころは何も様子は知れずまた指図を受ける人もないから、我が思うままの旅装を整え、それから京都の借家の始末をして、衣類道具等の片附けもたいてい終わったところへ喜作が江戸から帰ってきたから、面会のうえ、丁寧にこれまでの手続きを話して、

「自分は幸いにこの命を受けたから誠に高運だが、それにつけても貴契の身上が思いやられる、といって再び浪人になる訳にもいかぬから、むしろ運を天に任せて慶喜公に昵近し得らるる位地を求めるようになさい、しかしながら徳川の政府はもう長い事はないから、亡国の臣となることは覚悟をしていなければならぬ。もちろんこれは海外におったからといっても同様である。

お互いに最初は徳川の幕府を滅する意念で故郷をも離れた身体であるけれども、今日この位置になった以上は急に変換することも出来ぬから亡国の臣たることを甘んずるより外はないが、それにしてもただ末路に不体裁な事がないようにしたい。

僕は海外におり貴契は御国にいてその居所は隔絶することになったが、この末路に関しては共によく注意して恥ずかしからぬ挙動をして、いかにも有志の丈夫らしく、死ぬべき時には死恥を残さぬようにしたいものだ」と、互いに後事を談合して訣別《けつべつ》をした。その他、朋友《ほうゆう》故旧へもそれぞれ告別したことであるが、あまり要用もないから略します。

フランスへの旅路

さて民部公子の一行が京都を出発したのは十二月二十九日であったから、慶応三年〔一八六七〕卯《う》の歳の正月元旦は長鯨丸《ちょうげいまる》という船の中で祝って、横浜へ着船したのは四日か五日のころであった。

横浜の滞留が五、六日ばかりで、そのうちに諸般の支度を整え、御勘定奉行小栗《おぐり》上《こう》野介《ずけのすけ》、外国奉行川勝《かわかつ》近江《おうみ》守などという人々にも面会をし、また語学の教師であったフランス人のビランという人に招宴せられたが、この時初めて洋食の午餐《ごさん》をたべました。万端の都合も整頓していよいよ正月十一日をもってフランス国郵船アルヘー号というのに乗り込んで日本の地を離れたが、これぞ西洋各国巡回の行程何万里という旅行の首途でありました。

自分はもちろん、水戸から随従した七人の扈従も、外国旅行は少しも様子が分からぬから、船中でもずいぶんおかしいような話もありましたが、それらは要用な話でないから略します。

ことにこの旅行の日記は、さきに自分と杉浦靄山《すぎうらあいざん》という人と共に筆を取って『航西《こうせい》日記』という一書を編述したことがある、詳細の事はその書に記録してあるからそれに譲ることとします。

船中でフランス語の猛勉強

さていよいよ外国へ往くと決した以上は、これまで攘夷論を主張して外国はすべて夷狄禽獣であると軽蔑していたが、この時には早く外国の言語を覚え、外国の書物が読めるようにならなくちゃいけないと思った。

そのうえ、自分も京都で歩兵組立の事を思い立ってその事に関係してからは兵制とか医学とか、または船舶、器械とかいうことはとうてい外国には叶わぬという考えが起こって、なんでも彼方《あちら》のよいところを取りたいという念慮が生じておったから、船中から専心にフランス語の稽古をはじめて、彼の文法書などの教授を受けたけれども、元来船には弱しかつ船中では規則立った稽古も出来ぬから、自然と怠って、詩作などをして日を送ることとなりました。

この一行のうちにも、外国奉行の向山隼人正《はやとのしょう》と同組頭の田辺《たなべ》太一《たいち》、同調役の杉浦靄山などいう人々は、相応に文学もあり、ことに向山は詩人ともいわれるほどの上手であったから、船中にても日々闘詩などをして無聊《ぶりょう》を慰めたことでありました。

また一行の人数は都合二十八人ばかりで、一船日本人で充満するという有り様であったが、さて長き航海も極めて平穏無事にして、各地寄港の土地において一両日の滞留もあったが、ちょうど横浜を出帆してから五十九日目、すなわち二月二十九日にフランス国のマルセイユ港に到着したことである。

パリ到着

それからフランス国の首府パリにいって、こたびの大博覧会の礼典に来会したという趣意を以て、当時の仏帝第三世ナポレオンに国書を捧呈して返書を受け取り、表向きの礼式を済ました。

もっともこの礼式に関する事は外国奉行の手にて調役などが取り扱うから、自分は公子一身の事を取り扱い、あるいは日本へ公信を発するという時には筆を執ってその信書を認め、または山高はじめ公子専属の人々へ月給を支給したり公子のために雑品を買い入れたりする時にはすべて自分の手をもってこれを弁じて、あたかも書記と会計とをかねての職掌であったが、平常は至って閑散であったから、その間にフランス語を勉強する考えで、一行中の両三人と申し合わせをして教師を一人雇うことにした。

もっとも公子および外国奉行などはパリにおいて有名なグラントホテルに止宿せられたが、自分ら両三人は別に借屋をして、毎日教師を呼んで親切に教授を受けたから、一箇月ほどにして、簡易の日用語くらいは片言なりにも出来るようになったによって、買物にいってもまず半分は手真似で用が弁ずるほどになってきた。

ヨーロッパ各国の旅

さて博覧会の礼典が済んだ後は公子がヨーロッパ各国を巡回するということはかねての手筈になっていたが、まず第一にスイス、オランダ、ベルギーを廻り、次いでイタリア、それからイギリスに往き、事によったらドイツ、ロシアへも巡ろうという見込みであったが、これは第二段にして、当年の巡回はスイスからオランダ、ベルギーを経て一旦フランス国へ帰って、さらにイタリア、イギリスに往くということに

ナポレオン三世

定まって、八月初旬いよいよスイスに往こうという時になってから、公子随従の事について、外国掛けの幕吏と公子御附の人々との間に一つの葛藤《かっとう》が生じた。その訳というは、こたび公子の巡回には外国奉行も御傅役もその外共に随従するという日にはたいそう同勢が多くなるという一事であった。

全体外国では貴人の旅行にてもはなはだ少人数にして万事簡便を貴ぶ風習であるから、かく趨従《ともまわり》の多いのは目に立ってよろしくない、ことに公子はまだ幼年の小供であるのに、七人も八人も趨従を具して歩行くのは無用である、ましてその同勢がことごとく大髷《おおまげ》に結い込んで、そうして姫路革の引き膚の附いた長い刀を差して出るから、外国人から見ると誠に異形な出《い》で立《た》ちで体裁が悪いというので、御傅役の山高から趨従の人員を減少しようといって、その事を御供の小姓頭取の菊地へ示すと、井阪、加地、服部などいう人々が怒り出して、

「これはどうも怪《け》しからぬ事を仰る、我々が公子の御供をしてフランス国へ来たのは、外夷の言語を学んでその真似をするためではない、恐れ多くも将軍家の思し召しで、公子を遣わすからその供をしていって、各国の国状を観て来いという御沙汰であるから、どこまでも御供をして国々の状態を観るのが眼目である、しかるにフランス国に止まって学問をせよなどとははなはだもって奇怪千万な事、そんな訳なら我々は初めから来やせぬのだ、果して左様の事であるならば、民部公子は一歩たりとも動かすこ

とは出来ませぬ」

と、一言の下に跳ね付けられた。

　ところが外国のことではあり、ことには外国奉行だとて御傅役だとて、扈従の人を罷免することは出来ない、よし罷免したからといって、その命を奉ずる様子もないによって、山高も大きに困却して、それから向山、田辺、杉浦などと相会して額を蹙《しか》めて相談をしてみたが、さて妙案も出ない、ついに渋沢というので、自分へこの相談が及んできました。

帰国をめぐる意見対立

　そのころは公子および外国奉行その外共に前のグラントホテルを引き払われて、アルク・デ・トリヨンフと称する凱旋門《がいせんもん》のかたわらにあるロシア人の所持する一家屋を借り入れて、これに家具その外備付品などを買い入れて、室内の装飾を施して、公子始め一同引き移りをした後であったが、自分は前の相談を受けてすぐに外国奉行の詰所へいって、会合の人々からその手続きを聞き取って、さて答うるには、

「これは容易に処置する方法があります、すでに彼らが随従をさせんければ帰朝するといったのは至極都合のよい話である、速やかに山高氏から御傅役の職権をもって彼らに帰国を御申し附けなさるがよろしかろうと考えます」

(山)「なるほど、そうすれば一も二もなく片がつくが、しかし左様な事を申し出したら、どんなことをするかもしれないからうかとは出来ぬ」

(渋)「もし乱暴を働いたら取り押さえるまでの事ではありませんか。腕力をもって奉行や御傅役に害を加えるというような事があったならば、なおさら帰朝を命ずるうえにおいてその名義が充分に立ちましょう。かつ帰朝を命ぜられた以上は、私が彼らを同行して日本まで送り帰すことを引き受けますが、しかし奉行御傅役には、公子の趨従をおよそ何人まで許しますか」

(奉)「三人は連れてゆこうと思っているのだ」

(渋)「そんならさほど面倒にせずとも、きっと相談が纏まろうと考えます、もしどうしても不承知を言うなら、その時は容赦なくすぐに帰朝を命ずるがよいでしょう」

(奉)「なるほど、足下に何か妙案があるなら、一つ心配をしてなるたけ無事に承諾するように相談を頼む」

(渋)「いかにも承知しました」

と、その事を請け合って、その晩すぐに菊地、井阪らの部屋にいって、

「さて今度公子が御巡回について外国奉行や御傅役から各方一同お供になるのは第一体裁もよろしくなし、また経費も無駄にかかるから、手代わりに少々ずつの人数が出て、跡はここで留学するがよいと談示をしたところが、各方は不承知であったそうな

が、とうてい一同のお供でなければならぬと思われるのであるか」

と尋ねてみると、加地という人が返答していうには、

「全体怪しからんことで、じつに奉行始めの処置がその意を得ぬ、足下も知らるるとおり、民部公子には、我々水戸を出掛けて以来始終扈従して守り立っている、それでこそ擢《ぬき》んでられて外国までも随従してきたのであるのに、それをこの地に来てから、留学のためにフランス国に留まっていて、必要の御巡回にはかえってお供は二人でたくさんだなどとは、あまりといえば心無い訳だ、また経費の事をどうこうというが、なるほど我々が附いて往けば経費は幾分が掛かるかもしれぬが、そんなに経費を惜しむなら万端何事もそのとおりにすればよい、しかるところ自分らのする事にはつまらぬ事にも人をやったり、せんでもよい贅沢《ぜいたく》をしておりながら、その事は棚に上げておいて、かえって我々にだけ倹約を主張するというのはじつに我々を軽蔑するのであるから、そんな命令にはどこまでも服従することは出来ません」

フランス滞在中

（渋）「なるほど聞いてみればごもっともなことであるが、しかしおよそ事を取り扱うには何事によらず主権者というがあることで、その主権者が物のほどあい加減を考察して、かくなくてはならぬとか、かくせよとかいう命令に従わぬときには、所詮《しょせん》その事の要領は得られぬ道理でありましょう、いまここで各方がいくら不承知を唱えてみたところが、とうてい仕方のない訳ではないか。またどこまでもお附き申そうといわれるのも御情合から見ればさることではあるけれども、全体外国の風習では大勢の供連れははなはだ不体裁で、何国の帝王でも大勢の供廻りを連れ歩行くことは決してない、しからばこたび公子の扈従を二人に減ずるという奉行の考察も、いわゆる郷に入っては郷に従うの趣意で、あながち無理とも思われない。しかるを各方において強いて一同の御随行を主張して、その職にいる人の命令に従わぬと決心しられた以上は、帰朝するより外に仕方がなかろう」

（加）「それだからやむをえず帰国をさしてくれといい立ったのだ」

（渋）「いや、すでにその事は聞いた、いよいよ帰朝とご一決のうえは自分がご同行申して帰ろうと思う」

（加）「そんなら外国奉行に足下から話をして下さい」

（渋）「よろしい、奉行がそのとおりに命ずるならご同行で帰国しましょう。各方も、自分の心に快しとせぬことに強いて服従することは出来まい」

などと談判のうちに、菊地が傍から遮っていうには、

(菊)「今日となっていたずらに帰国するのは残念千万である」

(渋)「帰国が残念なれば命令に従うより外に仕方はあるまい」

(菊)「けれども奉行のいうことが無理だから」

(渋)「それは各方が分からぬというものだ。奉行のいうことが果して無理ならば従わずに帰国するとか、あるいは帰国は残念だから命令に従うとか、結局二者の中一にこれにおれで、あえてかれこれ拘泥《こうでい》するには及ばない事でありましょう」

(菊)「それじゃ仕方がないから申し合わせて三人残って跡は帰ろうか」

(渋)「それは至極妙案であるから、速やかにその相談を遂げて、帰る人と残る人とをお定めなさい」

と勧告してみたが、なかなか相談が纏まらぬから、また語を継いで、しからば三人ずつお供をするとして、これからスイス、オランダ、ベルギーで一回、次にイタリア、その次にイギリスと、順次に随行の交代をするということにしたならば、たいてい各方の望みも足る訳、また奉行の方も三人ずつなら許諾するであろうと思う、さすれば各方も帰朝するには及ばないから、こう極められたらどうじゃといったれば、一同もようやく同意してはじめて相談が行き届いたから、その趣を逐一奉行御傅役へも申し通じてその承諾を得、無事にこの葛藤が解けました。

多忙を極めたヨーロッパ滞在

スイスへの巡回は八月の初旬で、それからオランダ、ベルギーの両国をも歴覧せられて、九月の中旬にフランスへ帰り、その月末になってまたイタリアに旅行した。この時には外国奉行およびその掛かりの役々は随行しませなんだ。

イタリアの巡回は十月の末に終わって、その二十三日にフランスへ帰り、さらに十一月の初めからイギリスへ巡回されたが、パリへお還《かえ》りになったのはその月の下旬でありました。

当春フランス国へ到着のころには外国奉行の一行も打ち交って博覧会はもちろん諸方の見物または礼典に列するなど、ほとんど余暇もない有り様に経過し、また八月ごろからというものはかの各国の巡回で、国々の名所旧蹟《きゅうせき》を遊覧したり、あるいは国王への聘問《へいもん》応答「進物を携えて互いに訪問し合うこと」などにて、面白く世話しくその日を送ったが外国方の人々は各国巡回の前後に皆帰朝してしまって、ようやく閑暇になったから、そこで十一月の末に至って留学の緒に就くことが出来た。

さあこれからは最初の目的のとおり修学一途ということで、語学の教師を雇い入れて稽古を始めることになった。その人々は公子と山高と自分と、かの七人の扈従の者で都合十人であったが、助教師には随員中の山内文二郎という人があって日本語でフランス語の翻訳をしていたが、この山内もほどなく帰朝したによって、その後はそのころフランス国留学生のうちで小出涌之助という少年が最もフランス語をよく解するので、これを公子のお相手に命じたことであった。

さて公子の修学課程というは、毎朝七時から乗馬の稽古に往かれて九時に帰館になって朝飯を仕舞われると、九時半に教師が来る、それから午後三時まで語学や文法などの稽古をして、三時に課程が済むとまた翌日の下読み、作文、暗誦《あんしょう》などいう都合で、なかなか余暇はありませなんだ。

自分はその間に日本へ出状するとか、日記を録するとか、その他御旅館内の俗事は皆一身に引き受けて弁ずることであるから、じつにいささかの余地もないほどに繁忙を極めたことでありました。

大政奉還の報せ

各国の巡回が済んで留学の順序が極ってから一、二箇月経て、御国よりの命があって、山高は御傅役を免ぜられて公子に属する事務官は自分の独任となり、また扈従のうちにも病気で勤仕に堪えぬ人が出来て二人帰国させたから、御旅館内もしだいに人少になりゆきました。

ところでこの歳の十月中に日本の京都において大君が政権を返上したという評判が

フランス国の新聞に出てから、さまざまの事柄が続々連載されてくるのを見たが、御旅館内外の日本人はもちろん、公子に附添のフランス国士官（この人はコロネル・ビケットといって公子が留学となりし時にフランス帝から御附添として遣わされた人で常に御旅館に止宿して学問のお世話をしていました）までが皆虚説であろうといって、一向に信じませなんだが、独り自分は、かねて京都の有り様はよほど困難の位地に至っているから、早晩大政変があるに相違ないということはこれまでにもすでにしばしば唱えておったことであるから、右の新聞紙を信用して他の人々にもその事を論弁しましたが、やがてその翌年［慶応四年／明治元年／一八六八］の一月ごろになるとおおいに御国から報知があって、去年の十月十二日に将軍家には政権を朝廷へ返上になって、朝廷もこれをお聞き届けになり、薩摩と長州との間柄も一致して幕府に当たるという有り様であるとのことだによって、このうえはいっそう急変を見るであろうと憂慮しているうちに、三、四月になると、正月の初めに鳥羽《とば》口で幕府の兵と薩長の兵と戦をはじめて幕兵が敗走したによって、将軍家は大阪城を立ち退かれて海路より江戸へ御帰りになり、謹慎恭順の御趣意を幕府の諸士へ御示諭《しゆ》のうえ、水戸へ御退隠になったという一部始終の報知に接しました。

誠に数千里を隔てた海外にあってかかる大変事を聞いたときの心配というものはなかなか言語に絶した次第であった。

そのころパリ府に滞在の外国奉行は栗本《くりもと》安芸守という人であったが、この人も去年政権返上の新聞が出た時にはしきりに虚説を主張されたが、自分はこれに反対で実説に相違ないというので、その時には大きに討論もしましたが、その後おいおいと凶報が来たについて栗本氏は色を失い、自分に向かって、

「何故に足下は最初からこの報知を実説と認めていながらいささかも驚愕の体のなかったのであるか」

などと問われたこともあったが、

「じつは自分も一月の下鳥羽戦争は、予想の外に出てあまりといえば幕府が兵略に暗くかつその所置の拙劣なることを悲憤慷慨しました。もとより兵略などは論評する身ではないけれども、すでに戦うという以上は、兵庫、神戸等咽喉《いんこう》の地を扼《やく》せずしてただ大阪のみを守り、そのうえ兵を京都に出して後先見ずに事を起こし、ついに朝敵の名を受けるというは拙策とやいわん愚昧《ぐまい》とやいわん、歯牙《しが》にもかからぬ話だ」

などと痛論したこともあったが、すでに事の済んだ跡ではありかつまた川向うの争論で、なにほど切歯しても扼腕しても、微しの甲斐もありませなんだ。

留学継続の画策

さて前にもいうごとく幕府衰亡とすれば、向後民部公子の留学はどうしたらよいか、

この際にわかに帰国せられたとて、将軍家は謹慎恭順して朝命に遵うという御趣意であってみれば別段公子の尽くすべき事柄もあるまいから、むしろこのままに長く留学せられて、責めては一科の学芸にても卒業のうえにて帰朝せられた方が御得策であろうと思慮を定めたが、それにしてもまず第一に注意せねばならぬことは経費の節減であるから、前の御傅役山高が免職の後もなお留学していたによって、その事を委細に協議したうえで五人の御扈従をさらに三人帰国させて、残りは二人とし、公子の外に自分と御相手の小供と都合五人とすれば、留学の経費も格別の高を要せずに維持することが出来得るから、ほぼこれに決意をしました。

　全体民部公子のフランス国行については、最初外国奉行の一行が御付添申した時は博覧会の礼典に関係したことであるから、その経費も同じく外国係の方で取り賄《まかな》いをしたが、その後各国の巡回も済んでパリに御留学と定まってからは、毎月五千ドル宛《ずつ》をもって引き続いて御国から送金が来たによって、勉めて倹約してその中から大分剰余が出来たから、そのうえにもいっそうの節略を加えておよそ二万両ばかりを予備金としてその年の二月ごろにフランスの公債証書と鉄道債権とを買っておきました。

　それから日本の模様の委しく知れたのはその年の三月であったが、新政府の外国掛かり伊達《だて》宗城《むねなり》、東久世《ひがしくぜ》通禧《みちとみ》二人の名前をもって、民部公子へ向けて、今般王政復古に付きそこもとにも帰朝せられよという公文が届いたから、その時自分が栗本に談《はな》すのには、所詮この場合に民部公子が帰朝せられたとて仕方はない、もっとも先ごろ公子から前将軍家へ再三御手書をもって建白なされたことがある、その大意は、殿下［徳川慶喜］がさきに大阪を御立ち退きになって関東へ御帰城になったのはじつにたのもしくない思し召しである、またたとえ御帰東なされたとて何故速やかに兵を挙げて京都に向かう御手配はなされぬのであるか、今日の朝廷というはつまり薩長二藩であるから、これを討滅するにおいてさまで困難ということもあるまい、もしまた最初から真に朝意を遵奉して恭順を事とするの思し召しならば、何故伏見《ふしみ》下鳥羽の戦争を開かれしや、すでに戦端を開いた以上は万不得已《やむをえざる》ことであるからいわゆる強き者の申し分はいつもよくなるものというフランスの諺《ことわざ》に従って断行したならば勝ち遂げぬということはあるまい、という主意であった。

　さりながらこの建白の用捨はもとより予期することは出来ぬから、民部公子を今帰朝させてこの大混乱の間に彷徨させることはいかにも得策でない、責めて今四、五年も留学せられて一技に長じ一芸に熟したうえで帰朝せられたならば一廉《ひとかど》の御用にも立つであろう、外国へ来ておらるるこそ幸い、禍乱を避けてその間に学問の修業が出来るというもので、じつに天来の僥倖であるから、ぜひともそうしたい、ところで第一に心配せねばならぬことは金である、この金の工夫については外に良策もないによって一番貴君を煩わさねばならぬ、その次第というは、今日は幕府もすでに瓦解《がかい》したことであるから、貴君がこの地に滞在しておられたとて外国奉行の職任もその効能はあるまいによって、速やかに帰国せられたうえで、貴君から直接に会計専任の有力家にご相談されたならば、たとえ混乱した幕府でも四万や五万の金額を得ることはさほど難事でもあるまいと思われる。

また現にイギリスとフランスとに留学している二十名あまりの生徒においても、向後経費の仕送りが覚束ないから、早く帰国を命ずるのが得策であるし、これを帰国させるにもその旅費の用意が必要であるが、これらは一時民部公子の予備金から支出しておくようにしよう、ゆえに貴君は一日も早く帰国せられて送金の計画を願いたいと、丁寧反覆して談示をしたところが、栗本も大きにこの説に同意を表しました。

ヨーロッパ滞在の断念

栗本の帰国した後、フランス国留学生はその頭分の栗本貞次郎《ていじろう》に相談して民部公子の予備金から旅費を支出して残らず帰国させ、また英京ロンドンの留学生は川路太郎《かわじたろう》、中村正直《なかむらまさなお》［敬宇］の両人へ照会して帰国の事を問い合わせたところがそれ以前よりこの連中の方へはいささかも送金がないから、よんどころなくイギリス政府へ出願して帰国旅費を請求したところが、イギリス国政府においては、この留学生をば帆前船に乗り組ませて喜望峰《きぼうほう》を経て日本へ送り帰す手筈であるということを返答してきたから、自分は早速ロンドンへ出張して、川路、中村に面会したうえで前願を取り消し、帆前船云々の事を謝絶させて、この連中も同じく公子の予備金から旅費を支給してフランス国郵船に乗り組ませて帰国させたことである。

今の清《しん》国公使の林董《はやしただす》氏、文学博士外《と》山正一《やままさかず》氏などはこのイギリス国留学生の中でありました。

栗本の帰国したのはその年［慶応四年／明治元年／一八六八］の三月ころであったゆえ、あるいは約束の金を送り越すかとじつは心で待っていたけれども、六、七月ころになっても手紙さえも届かなんだ。

しかし幕府の勘定所からさきに送り出した五千ドルずつの月費は四、五月ごろまで受け取ることが出来たから、かの英仏留学生に帰国旅費を支給してもなお公子の留学費は二年間くらいは十分に支えることが出来る勘定であった。

万一この限り日本から送金のないときには、速やかに旅館を売却して極小さなところに蟄居《ちっきょ》し、さらにいっそう人数を減じ、公子と自分とその外二人くらいにすれば四、五年も維持してなにほどか修学も出来る考えであったが、なおまた幾許《いくばく》かの留学費を準備しておこうと思って、旧里の父に書状を寄せて送金の事を請求したことであったが、間もなく日本で水戸の君公［徳川慶篤《よしあつ》］が死去されて民部公子がその御相続という事になったので、先般帰朝した扈従の井阪と服部の両人が公子御迎のためにその年の九月にフランスへ来たから、もはや公子留学の企望も全く尽き果てたによって、やむをえず帰国の支度に取り掛かって、フランス帝への告別、外務省への談判から旅館の始末、諸什器《じゅうき》家具等の売却に至るまで、当時パリにおいて幕府から名誉領事を委嘱してあったフロリヘラルト［ポール・フリューリ＝エラール］という人に託して悉皆《しっかい》整理したから、ともかくも帰国して、幕府の衰亡の有り様をも目撃しかつは一身の方向をも定めようと思うて、九月の末にフランス国を出立して、航海無事に横浜に入港したのは十二月三日でありました。

まず今晩はこれで止めて置きましょう。

巻之四

明治元年の帰国

今晩お話を致すのもやはり自分の履歴であります。

前回はフランスからやむをえず帰国と決して明治元年の十二月はじめに日本へ帰着したところまでお話をしましたが、元来自分がフランスへゆくということになりましたのも一橋公が将軍家を御相続になったからの事で、自分の身の上は、一橋家においていささか用いられてやや事をなすの端緒を開いたのであったが、その中に一橋公が将軍家を相続なさる事になった。

このことは表面からみるとたいそうなご幸栄であるけれども、そのじつは極めて危険な位地になられた訳であります。

また自分の一身上とても幕府へ召し連れられて御直参となるのは栄達には相違ないが、それも尋常一様の小役人では何たる事の出来るものでもなく、さればとてこの先幕府で要地を得ようというにはなかなかほど遠いことであるから、自分の身はともかくものうちには幕府の命脈が続くまじとじつに失望の極に陥りました。

ところが幸いして民部公子［徳川昭武］の附添を命ぜられてフランスにゆき、一方には国家の乱を避け一方には外国の形勢を知ってかたわら修学の道を得ることであるからこのうえもない都合のよい運に向いてきたのでいかにも心嬉しく思いました。

さりながらそのころしきりに苦慮していたのは国家の現状で、かくのごとく幕政の衰微を来した以上は、いずれ近きうちに一大政変を見るのは必然の勢いである、さてその政体がいかように変化するということに至っては考え能《あた》わざるところであったというものの、いずれにしてもこの政体の変化をするにしたがってますます関係を深くするのは外国の交際であろうということは、その時たいがいに気がついた。

さあそう気がついてみると、向後外国の学問がますます必用になってくるに相違ない、ところで今度の外国行はあたかもその機先に処する好方便を得たのである、ゆえに今日からその志向を定めて充分の修業を積んでおいて、いよいよ外国学が要用であるという時に臨んで帰朝したならばずいぶん国家の用に立つことであろうと思い設けたから、フランス国留学となった日から公子にも勉学の事を御勧め申し上げて、自分も一意に励精したけれどもまだ言語も充分には出来ず、わずかに文法書の一端を読み得るくらいになったところで早くも御国の政変が起こりて朝廷から帰朝の命が来ました。

ついては速やかに帰朝するは至当の事であるが、しかしながらただ単に留学のためとみればそのままに滞留して修業をしておられたからといって別段公子に厳譴《げんけん》もあるまじと思惟《しい》して、いろいろ経費の節略などを工夫して長く留学の計画をしましたけれども、公子水戸家御相続ということから万事の経営も皆画餅《がべい》に属してもはや留学の意念も尽きはて、無拠《よんどころなく》帰国の準備も匆々《そうそう》にして御国へ帰着したのは、明治元年〔一八六八〕の十二月三日でありました。

主を失った幕臣たち

さて日本へ着してみると、暫時でも幕府の人となって海外旅行の留守中に主家が顛覆した次第であるから、江戸が東京となったばかりでなく、百事の変革は誠に意外で、幕臣はあたかも喪家の狗《いぬ》のごとく、横浜に着した時にもその取締りの官吏からいろいろ身分を尋問せられ、見るもの聞くもの不愉快の媒ならざるはなしという有り様でありました。

やがて上陸してみると杉浦愛蔵《あいぞう》が出迎いに来ていて、懇切に世話をしてくれ、その他水戸藩から公子のお迎いに来た人々もあって、公子はすぐに東京へお越しになり、自分は公私の荷物を船から受け取るなどいろいろの用事もあったによって、その晩は横浜に一泊と定めて杉浦と共に横浜に居住の友人を訪問して、久々にて日本の居宅に坐して日本の食事をなし、過ぎ越し方の日本の談話をしたのは、さすがに不遇の身にもいささか愉快を感じたことでありました。

少しく話があとへ戻りますが、公子の一行がフランスを出立して以来航海中は別に不都合の事もなく、各碇泊《ていはく》地から乗り組む人々について御国の風説を聞くのを第一の務めとしていましたが、香港へ着船した時に初めて会津落城の事を聞き、また日本の海軍は榎本《えのもと》［武揚《たけあき》］氏の指揮によりことごとくその軍艦を引いて箱館《はこだて》［函館《はこだて》］に行ったということを聞いた。

またその以前に聞き及んでいた会津が盟主となって奥羽《おうう》諸藩が連衡合従して官軍の討手に抵抗するという一条は、所詮充分なる約束が行われず、その兵隊とても規律厳粛というほどではなかろう、ことに将軍家は謹慎御待命中とのことだからいわば首領のない軍兵であるによって、いくら多勢でもとても薩長の力の強い勢いの盛んな兵隊と拮抗《きっこう》し得ることは出来ぬであろうと推察していたが、果して香港へ着いた時に会津落城の事を聞きました。

しかしそのころ海軍の全権を有した榎本武揚という人は、旗本中では第一流の人傑であるとかってその友人から聞いていたし、またその時分にオランダで製造した開陽《かいよう》丸《まる》という軍艦は当時第一等の堅艦で、その他、回天《かいてん》、朝陽《ちょうよう》、長鯨、三ケ保などという諸艦も、諸藩の軍艦に比較すればよほど優等に位することでもあり、かつ名望も経験もある榎本がこれを指揮しているのであるから、空しく降服するようなことはなく、必ず何か事をなすであろうと思っていた、ところが、今香港へ来て聞いてみると、海軍はすべて箱館へ行ったということだから、これはいかなる軍略に拠ったものであるかすこぶる解しかぬる次第であると思いながら上海へ来てみると、同処の旅館にドイツ人のスネールと長野《ながの》慶次郎《けいじろう》とが止宿しておった。

　このスネールという人は、戦争の間、会津藩に聘《へい》せられていたが、落城の前に兵器が足らぬというので鉄砲を買いにきたのであって、長野はその通弁として同行してきているということが分かった。

　自分は長野とは前々から知人であったゆえ、民部公子が上海に着して自分も随従しているということを聞き込んですぐにスネールと同道して面会を請うてきたから逢ってみると、長野のいうには、

「薩長などが官軍と唱えて武威を振るって幕府に当たるから、会津が盟主となって奥羽諸侯と合従してこれに敵対しているけれども、兵器が不足で充分の事が出来ぬから、鉄砲買い入れのため当地に来たのである」

というから、自分が長野へ問うには、

「会津はすでに落城したということを香港で聞いているが実説であるか」

と質《ただ》してみたところが、長野のいうには、

「その確報はまだ得ぬ、しかしながらたとえ落城したからといっても残党が多くあるから、ぜひ一度は挽回せんければならぬ。

またこのスネール氏などは外国人ではあるが真に力を入れている。ついては一つ相談があるが、すなわち民部公子の進退で、今すぐに横浜へお帰りにならずに、ここからすぐに箱館へお連れ申して、箱館に雄拠している海軍の首領としたならば、いったいの軍気も大いに張るであろう、ぜひともこの事に同意あるようにしたい」

と、熱心に勧告しられたから、

「それはもっての外の事で、左様の事は出来ぬ、自分においては公子をして左様な危険の地に趣かせることははなはだ好まぬ」

といって、断然拒絶したことがありました。

箱館の渋沢喜作への手紙

さて前にもいうとおり日本へ帰ってきて、その翌日、横浜の友人に面会して、箱館の様子を聞いてみると、同姓の喜作も同地に往っているということ、そうして榎本を始めとして大鳥圭介《おおとりけいすけ》、松平太郎、永井玄蕃頭、小《お》笠原《がさわら》壱《い》岐《き》守などいう幕臣のおもだった人々も皆箱館に集って、大いに地方の政事を改め、ようやく武備を整え、いわゆる兵食を充実して後に内地まで押し出すという軍略だとの風説であった。

その風説というも、横浜へは外国船が通知するによっておおよその事は皆手に取るように知れるとの事であるから、その時自分の思うには、

「それではとうてい望みのない話だ、果して風説のような軍略ならば、箱館に集った人々はいながら破潰亡滅を待つと一般の話で、じつに気の毒千万である。

　昔から亡国の遺臣が集合して恢復《かいふく》を図ったことがしばしばあるが、いつでもやり遂げたことはない、しかしながら疾雷《しつらい》［急な雷］耳を掩《おお》うに遑《いとま》あらずというように短兵急接に敵の要所を襲うとか、または空虚を衝《つ》くとかして敵勢を動揺させて形勢に変化を生ずるの機に乗じてよく進退をしたならば、あるいは万一を僥倖することもあろうが、今聞くとおりの軍略では、所詮覚束ない。

　ことに集合の人々を見るに、その間に君臣の大義があるでもなく、申さば烏合の衆であるから、たとえこれを統御する人はいかに人傑なるにもせよ、一時はともかくも始終のところにおいてよくその命令に服従するものではない。烏合の衆をもって彼の食を足し兵を足してしかる後にというがごとき持重策を立てるのは、あたかも力のたらぬ角觝《すもう》が土俵際に引き受けて保とうとすると一般で、決して勝利を得ることは出来ない。

　今箱館の人々は幸いに海軍の力があるから、あるいは不意に京阪を襲うとか、あるいは東京、横浜を衝くとかいうように、そこここと出没して要所要所を要撃して、い

わゆる霹靂《へきれき》［雷鳴］その端倪《たんげい》［事の始終］を視る能《あた》わずというがごとくもっとも鋭敏に運動したならば、各藩の兵気も防禦応援に徒労して人心自ら擾乱《じょうらん》するに相違ないから、天下の事もあるいはまた知るべからずともいうべしだが、その健足を持ちながら、空しく坐臥して持重策を講ずるというのは自ら敗を招く道理で、極めて拙策と謂わざるをえんことである」

と考定したによって、早速一通の書状を認めて、箱館にある喜作の手へ送達することを横浜の友人へ託しました。

その書中には詳しく前の理由を述べて、さてせっかく久々の面話を楽しみに帰国したところが、貴契も箱館行だと聞いて誠に失望して遺憾千万である。かつまた箱館へ集合した人々の未来は前にいうとおりの結果であろうと思考するから、その趣を榎本氏へも伝えられたし、また今日の形勢ではもはやお互いに生前の面会は望みがたいことであるによって、このうえは潔く戦死を遂げられよと懇《ねんご》ろに申し送りました。

父との再会

それから両三日は荷物の取扱その外の用事を足して杉浦と共に神奈川宿に逗留していて、十二月の六、七日ごろに東京へ帰ってきて、だんだんと様子を見聞してみると、維新の騒動について、彼の友達は脱走したとかこの親戚は死んだとか、いろいろに変化している。

　また故郷にいた時共に大事を謀《はか》った尾高長七郎はと聞いてみると、その年の夏、幸いに出獄はしたけれども、自分が日本へ到着する前に死去したとの事、その弟の平九《へいく》郎《ろう》は自分が昨年フランスに行くについて見立養子という名義で相続人にもらって養子届をしてあった、これは幕府の制度は、外国行の者は万一外国において死去する事あらんも測られざれば、見立養子をなすを要することとなりしが、この平九郎も、このたびの騒動についてその実兄の尾高惇忠や同姓の喜作などに随従して諸々方々の戦争に出合い、ついに飯能《はんのう》宿［現・埼玉県飯能市］近傍の黒山《くろやま》というところで討死をしたという話で、じつに見るもの聞くもの皆断腸の種ならざるはなしという有り様であった。

　そこで我が一身はと反省してみると、海外万里の国々は巡回したというものの、何一つ学び得たこともなく、空しく目的を失うて帰国したまでの事であるし、また同姓の喜作は箱館に往って死生のほどもはかられず、その他の親友も多くは死去または離散の姿で、じつに有為転変の世の中であると嘆息の外はなかった。

　元来幕府を討滅するということは、我々がその先鞭《せんべん》を着けようとしたのであるが、一旦機会の齟齬《そご》してから、今日はかえって幕吏の末に列して亡国の臣となったのはじつに残懐至極ではあるが、あえて自分の過誤失策ともいいがたいによって、世の成り行きとあきらめてその身の不幸を慰めるより外はありませなんだ。

それはともかくも、過る亥年［文久三年／一八六三］の冬故郷を出て六年の星霜《せいそう》を経過し、今年ようやく東京まで帰ってきたものだから、久しぶりで両親にも逢い故郷の様子も見たいと思って、その月の中旬に故郷へ行くということをかねて父の許《もと》まで文通しておいたところが、父はその前に東京へ尋ねてこられた。

父の尋ねてこられたのは柳原《やなぎはら》の梅田という剣術道具を拵《こしら》える家で、従来懇意にしたから、この家にて父と面会しました。

父は自分の世に轗軻《かんか》したとはいうもののまず無異で帰ったのを深く喜ばれた様子であったが、しかし時勢の変遷について自分の身が零落した有り様をみて、喜びのうちにもなんとなく憂いを含んでおられたが、さすがに厳格の性質であるから、やがて詞を正して諭されるには、

「其方はすでに吾が子でないからあえて指図するにも及ばぬことであるが、将来其方が処世の方向については、従来の愛情によって一応聞いておきたい事もある、これから先はまずいかように身を処する覚悟であるか」

と、いかにも深情なる尋ねであるから、自分は感涙を呑《の》み込んでこれに答えていうには、

「今から函館へいって脱走の兵に加わる望みもなければ、また新政府に媚《こび》を呈して仕官の途を求める意念もありません、責めてはこれから駿河へ移住して、前将軍家が御

隠棲《いんせい》のかたわらにて生涯を送ろうと考えます。それとても彼の無禄移住といってそのじつは静岡藩の哀憐《あいれん》を乞い願う旧旗下連の真似は必ず致しませぬ、別に何か生計の途を得て、その業に安んじてよそながら旧君の御前途を見奉ろうという一心である」

と告げたところが、父もやや安心の様子であったが、また言われるには、

「海外万里の地にいて御国の変遷に出逢ったのだから帰国するについてもさまざま窮迫もしたであろう、この後とても一身の定まるまでは衣食に事を欠くもはかられんと思うたから、いささかながら金子を持参したから」

といって、懇切に示されました。

　自分は深くその慈愛の厚情を謝しながら申すには、

「じつに御恩恵は謝するにあまりありますが、今日の身の上はあえて窮乏というほどでもありませぬ、ゆえにそのご心配を受けるには及びませぬ。じつは京都において一橋家に勤仕の時から深く節倹を心がけて、少額であるけれども余財を生じ、またフランス滞在中も、公子の随従であったから別に自分の経費はなし、毎月の給料から自分の衣服を作るばかりでその外の費用は勉めて倹約して残しておきましたから、別に目下の窮困はありませぬ。ただし先ごろフランス国から書面をもって送金の事を願いましたのは、公子を長く彼の地に留学させ申すにはその経費が少し不足であろうと掛念したからの事でありました。その事ももはや過去となったによって、今日はなんの必

要もありませぬ」

と、詳しく現状を述べたところが、これで父も全く安心せられて、なお四方《よも》山《やま》の談話をして、かつ近日のうちに自分も故郷に帰着することを約束して、父は帰郷されました。

その後二、三日を経て故郷に帰り、久々にて父母妻子に面会し、閭里《りょり》近隣の人々にも逢いて互いに無事を悦びましたが、両三日の逗留で、十五日ごろにまた東京へ帰りました。

進退を思案する

自分が民部公子に昵近したのは、海外航行からフランス御滞在中はもちろん、二箇年近く始終お側にあって万端のお世話いたし、前将軍家またはその他への御書状なども皆自分がその草案を認めたほどであって、御稽古の事はさらなり御衣服より御食物または御遊興の事までも、何一つとして自分の取り扱わぬ事というはなかった。

また常に古来賢君良将の嘉言《かげん》善行を引例とし、近くは父君烈公［徳川斉昭］の御遺績なども打ち交ぜて朝晩に御教導申し上げたことであるから、すこぶる親密の御間柄となりました。

それゆえ公子においても自分をお慕いなされて、何事も自分に御話のないうえは御所存が決着せぬという有り様になって、フランスから帰ってくる途中などでも水戸藩というものは前々から騒動の多い藩であるから、余が帰って相続をするにもこの先が思いやられる、ことに今日では余が頼みに思うほどの藩士も少ないから、其方も日本へ帰ってからはとにかく水戸まで来て遊んでくれと、誠に懇切な御内意なども承ったことでありました。

帰国の後も小石川の御屋敷で公子から御話が出たによって、そこで自分もよくよく考えてみるのに、向後は全体いかにこの一身を処置するという点についてはずいぶん窮した場合で、別に衆人に勝れた才芸があるでもなし、また恩顧を蒙った君公は現在駿河で御謹慎の身の上、しからば同志の親友はといえば箱館で賊徒の名を受けて討手の官軍を引き受けてしきりに戦争をしている。

当時朝廷に立って威張っている人々はいずれも見ず知らずの公家か諸藩士か、または草莽《そうもう》［在野］から成り上がった人ばかりで、知己旧識というは一人もない。熟ら既往の事を回顧してみると、幕府を倒そうとしてさまざま苦慮した身が反対に倒されて、亡国の人になってほとんどなすべき道を失ったのだから、残念でもあるがまた困却もした。

さればといって、目下羽振りのよい当路の人々に従って新政府の役人となることを求むるのも心に恥ずるところであるから、たとえ当初の素志ではないにもせよ、一旦に前君公の恩遇を受けた身に相違ないから、いっそ駿河にいって一生を送ることにしよう、また駿河へいってみたらなんぞ仕事があるかもしれぬ、もしなんにもする事がないとすれば農業をするまでの事だと、初めて決心をしました。

静岡藩への出仕

かく決心した以上は一日も早く出立しようと思って、故郷から東京へ帰ると間もなく駿河へ向けて旅行しましたが、その旅行の前に、フランス滞在中の諸計算を整理して荷物その他の始末をつけ、水戸に属する分は水戸藩へこれを引き渡し、また静岡藩の政庁に申し立ててその許可を得て、フランス国から持ち帰った残金のうちをもっておよそ八千両ばかりの金額で鉄砲を買い上げ、これを公子が水戸へお越しの時の土産に充てたが、なおまだその残金があったによって、それらの計算を明瞭に記帳して物品の取り片付けをしておいて、駿河へいった時にこれを静岡藩庁の勘定所へ引き渡しました。

またその時に民部公子から、

「前君公への直書を持っていって、前公に拝謁したら、今日までの経歴その他の事どもを詳しく申し上げてくれ、この手紙の中には、先般京都において懇命を蒙った留学の事もその目的に達せぬうちに不測《はからず》も御国の大変に遭遇してやむことをえず帰国はしたけれども、今日の場合では拝謁の事さえ心に叶わぬから委細の事は渋沢をもって申し上げるから云々と認めておいたによって、御無事の御様子を拝して、仰せ事があったならば再び水戸へ来てそれを伝えてくれよ」

と、くれぐれも仰せ含められた事でありました。

さて東京と静岡とはわずかの行程であるから、その月の二十日過ぎに静岡へ到着しました。そのころ静岡藩で全権の役人は中老職の大久保一翁《いちおう》という人で、その上に平岡丹波《たんば》という家老職の人もあったが、これはただその名ばかりで、実際政事の権は大久保一人の掌中に帰していました。

また前公の御附には梅沢孫太郎という人がおった。この梅沢という人は原市之進と同じく水戸の出身で、原と共に一橋家の用人となっていたが、前公が将軍家御相続の時に幕府の御目附に栄転して、幕府顚覆の後も今に至るまで始終扈従していたのである。

さて静岡着の後、すぐに大久保に面会してフランス国滞在中の概略を述べて、民部公子の御書状を同氏の手から前公へ執達の事を請い、公子の御伝言をも申し述べたところが、大久保は逐一これを領承してすぐに御聞に達しました。

勘定組頭に命じられる

そのころ前公には宝台院《ほうだいいん》において御謹慎中にて、同所にて御逢があるによって出頭しろという通知が来たから、静岡着の翌々日の夕方から宝台院に伺候して、緩々前公に拝謁を遂げ、各国巡回中の実況から公子フランス国に御留学の御様子および東京において御申し含めの事どもまで落ちもなく言上して、そのまま旅宿に逗留していたが、何も外に用事がないからぶらぶら市中の見物などして遊んでいるうちに、一日過ぎ二日過ぎ、三日目になってもなんの沙汰もないから、どうしたことかと思って梅沢へいってまだ御返事は出ないかと聞き合わせてみると、いずれ追って御沙汰があろうというからそのつもりで待っていると、四日目になって突然藩庁から自分に出頭しろという達しがあった。

すぐに出頭したところが、勘定所へゆけという。なんだか分からぬがまず行ってみると、袴羽織では困るから礼服を着て来いという。旅中だから礼服は持たぬと答えたところが、御用召だから礼服でなければならぬという。

よんどころなく有り合わせに他人の礼服を借り着して中老の詰処へ出ると、静岡藩の勘定組頭を申し付けるという辞令書を渡された。よくよく自分は勘定組頭に縁が深いと見える。

それから勘定所にいって勘定頭の平岡準蔵《じゅんぞう》、小栗尚三《しょうぞう》の両人に面会して、

「自分は存じ掛けなく勘定組頭を仰せ付かったが、全体フランスから帰るとすぐに民部公子の直書を持参して前公へ上げてあるからその御返事があるはずで、梅沢へその様子を尋ねていましたところがその御沙汰はなく、突然今日の拝命ありがたく仕合わせではあるが、前公から公子への御返事があるであろうから、それを拝受して一旦復命した後であればともかくも、その事を果さずに今日の拝命ははなはだ迷惑だから御請けは致しかねます、なにぶん早く御返事を伺って水戸まで往きたいから、その事の御取り次ぎを願いたい」

というと、平岡が、

「委細承知した、早速聞いてみよう」

というのですぐに中老部屋へ聞きにいって帰っていうには、

「水戸への御返事は別に手紙を遣わすから足下の復命には及ばぬ。藩庁で必用があって勘定組頭をいい付けたのだから、速やかに御請けをして勤仕するがよいという大久保の口上だから、左様心得られるように」

ということであった。

　この返答を聞いて自分は勃然《ぼつぜん》として憤怒のあまり辞令書を平岡の前へ投げ出し、

「へえ左様なら、私はこの請けは出来ぬから御免を蒙ります」

というてそのまま旅宿へ帰ってしまった。すると平岡が、大坪某という勘定所勤仕の

人で自分の知人である者を旅宿へ遣わして、仔細を推問させたから、自分が大坪に対して答うるには、

「中老とか勘定頭とか御役名は立派でも、世間の有り様が見えぬも困ったものだ。自分は今日わずかに七十万石に封ぜられた窮乏の藩禄を貪る量見で来た人ではありませぬ。海外へ旅行したというを慰労する心から百俵か七十俵の禄を下さるのであろうが、それは自分の甘受せぬところである、いかに高貴の人は人情が薄いといっても、これでは前公もありがたくは思われませぬ。昨年民部公子がヨーロッパへお出掛けの時に、博覧会の礼典を済ました以上はすぐにフランス国に留まって学問をするようにとの御直命であった。

それゆえ公子はもちろん私どもまで励精刻苦して、あっぱれ修学の功を積んだ後に帰朝する覚悟であった、しかるに図らずも御国の大変動に遭遇して万やむをえず帰国になった事であります。この場合に至るというはじつに言語に尽くされぬ無念な情も存じているところから、公子には御自身当地へ御出になって親しく拝謁のうえ、御幽情を慰め奉らんとの思し召しであったが、その事もなし得られぬから、よんどころなく御直書をもって委細申し上げられ、そのうえにも洩《も》れたところは篤太夫をもって陳述させるから一日も早く御返書を御渡しになり、それを拝見して御健康の御様子をも同人から委細に承るのを待っておられるとの事で、御親弟の間柄、いかにもごもっと

も千万の御情合と察し上げるのも無理ならぬことと存じます。

しかるをその返書はこちらから出す、其方には当庁で用があるからそのまま勤務しろとは、じつに御情合を御存じないなされ方であります。たとえ前公からその御命令が出たに致せ御側に附いている者がもしも人情と道理をわきまえていたならば、こんな処置は出来ぬものだ、それを知らぬというような人達ばかり揃っているからこのとおりの有り様になって、君は辱められ、国は削られて、その臣下はというと尚生を偸み哀れを請うて、このうえ百万石にもなりたいというのが藩中の智慧《ちえ》を奮ったうえのことだ。

そんな腐れたような人達の揃っている静岡ではこのうえこの地に住居も出来ぬ。また勘定組頭の事は辞表を出すのも腹が立つから書付をすぐに返却したによって別に仔細はないはずである」

と、さんざんに論弁したところが、大坪も持てあまして、

「そんな乱暴な事をいっては困る」

というから、

「自分は決して乱暴を言い張る所存ではないから、大久保へなり平岡へなり、自分が吐露したとおりあからさまに左様いってくれ、そしてもし静岡に置くことが出来ぬというならどこへでも往く」

と存分に言い罵《ののし》って大坪を帰した。するとその晩にまた大坪が出てきて、

「先刻の話について足下が立腹の原因等を承知したから、その趣を大久保に話したところが、これにはだんだん仔細のある事だによって、いずれ大久保から直に話をするつもりだ」

ということであった。

勘定組頭を辞退

果してその翌日、大久保から呼びにきたから行ってみると、大久保のいうには、

「足下の立腹は一応もっともであるが、畢竟は内部の事情を知らぬからである。こちらにもやむをえない訳があって、いっそその話はせぬ方がよかろうと思ったからではあるが、弁解のために一とおり話をするが、全体民部公子より前公へ差し上げられた御直書の御返事はいかが遊ばすおつもりであるかと拙者より前公へ伺ったところが、前公の御意には、別に篤太夫が行くには及ばぬ、追ってこちらから返事を出せばよろしい。

また篤太夫には藩庁で何か職務を命ずる工夫をしろということであったから、なんの筋に採用したらよかろうといったところが、平岡が、京都からの知り合いだといってついに勘定組頭という相談になった訳で、つまるところはすべて前公の御直裁であ

るが、それを足下に立腹されてははなはだ迷惑千万」

という話であるから、なおまた、直に御返書を遣わされぬ訳と自分の水戸へゆくというを御差し止めになった次第を尋ねてみたところが、大久保のいうには、

「足下の身分については水戸から掛け合いが来て、ぜひとも当方へくれということであった。

しかるところ、前公の思し召しは、足下が水戸へ行けば民部公子が厚く慕われるあまり重く用いたいと思われるに違いない。左様すれば水戸の連中の妬《と》心《しん》を引き起こして結局は足下の身に害を生ずる虞《おそれ》もあるし、よしそれほどにないとも、足下が水戸藩のために有用の人となる事は出来ぬから、それよりは当藩に必要があるから遣ることは出来ぬというがよろしい。また足下が民部公子への御返書を持っていくと、しばらくでも留まる、留まれば自然と情合が増す道理であるから、御返書は別にこちらから出すということになったのである、右等の事情が分からぬところから、あまり人情のない処置だと不満に思ったのだろうが、じつは今申すとおりの次第だによって、とくとここを会得するがよろしい」

と、委細の事をはじめて承知して、大きに自分の性急なることとこれほどの失言を慚《ざん》愧《き》しました。

右の一条も話が分かったについて、そこでまた大久保にいうには、

「私はもとより水戸に仕える所存はありませぬから、もはや御返書を頂戴することも望みませぬ。さりながら私は勘定組頭の職に就くことは御免を蒙ります。せっかくの御意はじつにありがたい仕合わせではありますが、少し心に期することがありますから勘定所の勤めは御請けが出来ませぬ。これだけはぜひに御辞退申します」

と、再三再四言い張ってついにその職は免されました。何故に自分が静岡で職に就くことを辞退したというに、自分がこの際静岡へ移住と覚悟をしたのは全く世を捨てて前公の傍に安居を謀った訳である、しかるに今当職を奉ずる時は、すなわち禄に仕えるものとなるのである、すでに世は皇政更始となったから、この藩制とてもまた永久不易とは期することは出来ぬであろう。

それを今日、この藩庁に奉職してその務めに拮据《きっきょ》すればとてその効能は極めて薄弱なことであるし、またたとえこの藩に用いられて要路の人となったとて、それで素志にかなったともいいがたいから、むしろ農商の業に従事して、平穏に残生を送る方が安全であると観念したゆえでありました。

共力合本法の提案

さて自分は、右の志願をもって勘定組頭の職は辞退したものの、この先静岡に住居するには農商いずれの業に従事したらよいかという一段に至ってはすこぶるその採択に苦慮しましたが、そのころ新政府から諸藩へ石高拝借ということを許されました。

これは御一新について金融に著しき窮迫を告げたところから、およそ五千万両余の紙幣を製造して軍費その他の経費を支えたが、その紙幣は民間の流通があしきゆえそれを全国に流布させんがため諸藩の石高に応じて新紙幣を貸し付け、年三歩の利子で十三箇年賦に償却するという方法でありました。けだしこの方法は、前にも申したとおり新紙幣の流通を円滑にしようという意で設けられたすなわち政府の財政方略であります。

そこで静岡藩への割付総高は七十万両ほどであって、その年の末までに新政府から交付せられた金高は五十三万両だということは自分が駿河へ往くと直に人から聞いておったによって、前にもいうとおり、商業にていささか功能を顕したいとさまざま工夫していた際であるから、この石高拝借の事について一つの新案を起こしました。

そのころ静岡藩の勘定頭で平岡準蔵という人は、自分が先年京都で陸軍奉行支配調役を勤務の時に歩兵頭の顕職に居られて数回の面識もあったから、この人に面会して意中の新案を相談に及ぼうと思って訪問したところが、早速の面会を得たから、そこで自分の身の成り行きを詳しく述べかつ

「過日勘定組頭に仰せ付けられた時は不本意に堪えませぬ事情もありましたからはなはだ失礼を致しましたが、畢竟自分は当御藩に籍って俸禄に衣食を謀るという意念は

なく、ただただ前公の厚き恩遇に感じてこの地に参った訳であります。

ことに従来志を同じくした友人なども多くは離散死亡して独り余命を存する場合でありますから、爾来は官途の外でなんぞ一事業を起こして、それに従事していささか国益を謀ろうと考えましたからの事であります。ついては一つの新案が浮かびましたから、御参考までに申し述べようと存じて今日推参した訳であります。

その新案というはすなわち彼の石高拝借金［石高割貸付金］に関係した事で、当静岡藩においての紙幣拝借の高は五十万両以上であると聞き及びましたが、もしこの金を迂闊に藩庁の政費などに支消した時には、静岡藩はその返済方をいかに処置なさる御見込であるか、すでに幕府を廃して王政に復古した以上は、この末、真の郡県政治になるが当然の事と考えられます。

もし果して郡県政治になるとすれば、当藩などは新たに置かれたことであるから、別に余財のあるべきはずはない、その上現在封土は狭し歳入は少なしことに諸事新規という場合でかえって費用は多い姿だから、結局この拝借金返納の余裕は生じますまい、しかる時は一旦政事上の破産をした当藩が再び財政上の破産に陥らねばならぬ訳合であるから、今日からこれを予防するのが肝要と思われます。

それにはこの石高拝借の金高をばすべて別途の経済としてこれを基本に興業殖産の事を発達させ、その運転中に生ずるところの利益をもって返納金に充てる事にしましたならば、藩庁の御利益は申すまでもなく、地方人民の上においてもこの上の幸福はあるまいと考えます。また静岡は小都会ではあるが、ずいぶん相応の商人もあることでありますから、原資金を貸与してその商業をいっそう盛んにすることはあえて難事でもなかろう。

元来商売というものは一人一己の力ではこれを盛んにすることは出来ぬものだから、そこは西洋に行われる共力合本法［株式会社制度］を採用するのが最も必要の急務であろうと思う。

いまこの共力合本法の便利有益を有力の商人に会得させたならば、この地方でも幾分の合本は出来るに相違ないから、この石高拝借金を基礎としてこれに地方の資本を合同させて一個の商会を組み立て、売買貸借の事を取り扱わせたならば、地方の商況を一変して大いに進歩の功を奏することを得るであろう。

しかのみならず、今日静岡藩からその端緒を開いたら、自然と各地へ伝播《でんぱ》して日本の商業においても少しは面目を回復する一端と相なりましょうと思いますから、ぜひこの方法を御採用あるようにしたい。

かつまたその商会の監督はもとより御勘定頭の任として諸般の取扱方を視察せられ、ただその運転方の枢機を自分に一任せらるるように願いたい。さすれば地方の商人中において相応の人才を撰抜《せんばつ》して各部の事務を分担させ、いわゆる協力同心して進歩の効を奏するように処置する見込みであるから、速やかにこの商会設立の事を許可になることに御尽力ありたい」

と詳細に話をしました。

平岡は始終の話を聞いて、

「いやよく分かった、至極面白い新案だ。なるほどこの後の政体は郡県制になるかもしれぬ、たとえ郡県制度にならぬとしても、石高拝借を使ってしまって他日返納に差し支えるようでは困る訳だによって、制度のいかんにかかわらず深く注意をせねばならぬ次第である。ついては今段々話を聞いた足下の新案を熟考してみたいから、その方法を委しく書面にして差し出す事に」

という指図があったから、詳細に方法を認めて、計算書までも添えて平岡の手へ差し出したのは、明治元年［一八六八］の歳末でありました。

静岡商法会所を設立し頭取に就任

明くれば明治二年［一八六九］の春、平岡は右の方法書によってついに藩庁の評議を決して、静岡の紺屋《こうや》町《まち》というところに相当の家屋のあったのを事務所として、商法会所という名義で一の商会を設立し、地方のおもだった商人十二名に用達を命じ、あたかも銀行と商業とを混淆《こんこう》したような物が出来ました。

この商法会所の全体の取締りは勘定頭の任として、自分は頭取という名をもってその運転上の主任となって、勘定所の役人数名を各部の掛員として、これに用達幾名かを附属して業務を執ることになった。

その業務の大要というは、商品抵当の貸付金、または定期当坐の預り金、あるいは地方農業の奨励として京阪その他において米穀肥料等を買い入れてこれを静岡その他の市街に売却し、または地方の村々へ貸与する等の事柄であったが、その原資金というのはことごとく新政府の紙幣、すなわち太政官札ばかりであって、その時分には正金の取引は時の相場によるものとしてあったが、一般の人心が紙幣に習慣せぬのと新政府に安心が薄いという情態とで大きにその価格は低落したけれども、将来を予想してみるのに、ついにはこの紙幣流通のために諸物価はかえって騰貴を示すに相違ないから、今のうちに早くこの紙幣を正金に交換して物品を買い入れておくが利益が多かろうと考定したによって、掛員御用達等とも協議をして、東京では肥料を買い、大阪では米穀を買い入れた。

それはちょうど明治二年の二月であったが、自分はこの月に紙幣を持って東京へ出で、〆粕、乾鰯《ほしか》、または油粕《あぶらかす》や糠《ぬか》などを買い入れ、そのついでの便宜をもって故郷から妻子を召《よ》び寄せて、駿河へ帰ったのは、三月の中ごろであった。

この時大阪へは掛員の矢村小四郎《やむらこしろう》、平島直一郎《ひらしまなおいちろう》の両人、御用達では清水《しみず》港の松本平《へい》八《はち》を遣ってもっぱら米穀を買い入れさせましたが、その肥料も米穀もしだいに直段が騰貴してきたから、米穀は利益があるとみれば時々これを売却し、肥料は駿遠《すんえん》領内の村々へ貸し付けて応分の利益を収めるというまでに運びがつき、また市内でも預け金などするものがおいおいに増加して、やや当初の目的に達するようになってきた。

ところでその年の五月ごろ、藩庁から、商法会所として藩の資本で商業をするのは朝旨に悖《もと》るから事実はともかくもその名称を改正しろという内意があって、いろいろの評議をしたうえで、常平倉《じょうへいそう》［米価安定のために米を貯蔵する倉庫］という名称に改めました。これは大久保が漢の時代に行われた古例を引いて命名したのであるが、肥料の貸付も米穀の売買もすることであるから、真の常平という趣意には応じがたくして、つまりその名を替えたまでであります。

その歳の六月ごろでありましたか、昨年のフランス出立の際に同地の名誉領事のフロリヘラルトという人に委託しておいた民部公子の旅館の貸料を取り戻し、および家具その他の什器を売却したからということで、その代金を添えて新政府の外務省へ書状が来たについて、そのために自分は外務省から呼び出されておよそ一月半ばかり東京に逗留した。

その事というはフランスにおいて売却を委託しておいた旅館の貸料または家具什器類はいずれも民部公子一己の私有物で、旧政府には少しも関係はせぬということを説明した、ところが、その話がなかなか面倒であって、かく書面を出せとかこの証明書を作れとかいういろいろの注文があったが、つまり自分の申し立てどおり私有物の認可を得て代金を受け取ったが、その金額は一万五千両ばかりであったと記憶しています。

さてその用事が済んだから、自分は再び駿河へ帰ってもっぱら常平倉の事務に尽力しましたが、諸事おいおい整理してきたから、今二、三年を経たならば堅固で有益なる商業会社が成立するであろうとあらかじめ企望をして、せいぜい注意していました。

大蔵省への出仕

ところがその歳の十月二十一日に、朝廷からの御用とあって、そのころ太政官に弁官といって大弁、中弁、小弁という官職があったが、その弁官から自分に宛てた召状が来て、早速東京へ出ろということであると、藩庁から通達を受けました。しかし自分はこれまで取り掛かった事務も多いから

「至急に上京は出来ぬ、何とぞ半ヶ月も御猶予を願いたい」

といったところが、

「いやそれはならぬから直様出京しろ」

と大久保一翁から厳達があって、自分も大いに落胆しました。

大久保一翁

なぜというに、ここまでの丹精をもって、新創の事ながらもややその端緒についた商会の事を負担して、いろいろ前途に企望もある場合だから、

「自分はこれで一身を終わる精神でいる、それゆえいまさら朝廷へ仕官することなどは好まぬ、なる事なら藩庁から御免を願って出京を辞するようにしてもらいたい」

と大久保へ内請したけれども、

「それは決してならぬ、もしも藩庁から右等の請願をしたら、それこそ静岡藩は朝旨に悖って有用の人才を隠蔽するという説を受けて、つまり藩主の御迷惑となることだから、なんでも朝命を奉じて勤仕をしろ」

との事であったから、やむをえず一応出京して御用召に応ずることに決心しました。

そこで常平倉の事務については自分が出京の留守中にはかようかように取り扱われたいという事を掛員一同へ委しく申し残して、静岡を出立してその歳の十二月初旬に東京へ着き、太政官へ出ると、思いも寄らぬ大蔵省租税司の正という職を仰せ付けられたから、すぐに大蔵省へ出頭して拝命の事を披露したけれども、当時、大蔵省には一人の知友もない、またその職務とても少しも実験のない事だから、どうしてよいかさらに様子が分からない。

そこで自分も独りでおかしくなって、全体何者が自分を推挙したのか、誰が自分の名を聞き込まれたのか、あまり方角違いの事であると思うた。しかし早く御免を願って静岡へ帰ろうと決心はしたが、その四、五日は風邪気で、石町《こくちょう》の島屋という旅宿に平臥《へいが》していて、十二月七日にはじめて出勤したけれども、もとより不経験の職掌だから妙案も奇想も出ようはずはない。

まず大蔵省で権勢のある人は誰々であるかと尋ねてみると、卿というは伊達の老公［伊達宗城］で、これは門閥によってこの位地におられるものと推察した。その次は大輔《たゆう》、少輔《しょうゆう》で各一人ずつ、大隈重信《おおくましげのぶ》と伊《い》藤博文《とうひろぶみ》という人で、大隈は肥前［佐賀藩］の出身、伊藤は長州藩だとの事、省中すべての事務は多くこの両人の管理に帰して行われる由であるから、自分は一日大隈大輔の宅を訪うて、身の上の略歴を話して、
「じつは駿河でかくかくの計画をしてもっぱら従事している事であるから、いささかも経験のない今日の職務にいるのはすこぶる迷惑するによって、速やかに御免を蒙りたいと思う、もちろん辞表を捧《ささ》げる心得ではあるが一応事情を陳述しておくから、早速の御許容を願う」
といった。

しかるにその日は大隈大輔が多用で緩々談話する時間がないからさらに十八日に来いというてその日は別れて再び十八日に大隈の宅へいっていろいろ談話したが、大隈のいうには、

「辞職なぞといわずに、駿河の事務を片附けてそのうえで十分大蔵省に勉励せらるるがよい、足下が事を知らぬというけれども、知らぬといえば誰でも実験のあるというものは一人もない。

今足下の履歴を聞くに、やはり我々と同じく新政府を作るという希望を抱いて艱難《かんなん》辛苦《しんく》した人である、されば出身の前後はともかくも元来は同志の一人であります、畢竟維新の政府はこれから我々が智識と勉励と忍耐とによって造り出すもので、ことに大蔵の事務については少しく考案もあるから、ぜひとも力を戮《あわ》せて従事しろ」

と懇切に説諭せられて、いまさら強いて辞退も出来ぬ事になったから、しからば自分にも愚説がある、それを御採用あるようにしたいといって、ここではじめて大蔵省に奉職するという意念になった。

これがフランスから帰国して朝廷の官に就くまでの履歴であります。

これから大蔵省在職中にもずいぶんさまざまの変化があって、面白いことも苦しいこともありましたが、官途の事は、たとえ過去の事でも委しくいうと当たり障りがあるが、略して話せばさほど長くはなりますまいからそれは後席に譲りましょう。

巻之五

亡国の臣から新政府の役人へ

前回までにお話をした顚末は、最初農商の身からにわかに浪人となり浪人から一橋家に仕官してついにヨーロッパに行き、やむをえざる事から帰ってきて、静岡に幽棲《ゆうせい》する意念であったが朝命辞すること能《あた》わず現政府に奉職した時までの経歴にて、自分の身の上についてもっとも変化の多い時分のお話でありました。

ことにそのころはいわゆる少壮客気の熾《さか》んな時でもありまた時勢の変遷もすこぶる急劇で、意外の事どもが多かった。ゆえに席上の過去談でも、聞く人までが面白い感じを持つようなものでありますが、これからのお話は変化も少なく、勇壮活潑《かっぱつ》の事などはありませぬから、辛抱してご聴聞を願います。

さて前回お話の終わりは、朝命に応じて静岡から東京へ出で、大蔵の租税正を仰せ付けられたが、もとよりその事務にはいささか経験もなし、ことに静岡でもっぱら計画した商会の企望を棄てるのも遺憾であったから、速やかに辞職して帰国しようと思って大隈大輔まで内意を吐露したところが、だんだん懇切の忠告もあったによってしばらく朝廷に奉仕することに決意したところまでありましたが、さてなんにしても合点のゆかぬ事というは、誰が自分を推挙して今日の場合になったのであるかという一事であります。

なるほど、幕府を廃して新政府を立てようというが自分の初志で、それがためにはずいぶん艱難困苦もしたことであるが、その廃立の機会を待つの暇もない急阨《きゅうやく》に遭遇して、やむことをえず一時の権宜をもって一橋家に仕官したが、それが縁故となってついに幕府の禄を食むことになり、中心不愉快に堪えんところで彼の洋行一件が起こり、わずか二年ばかりの留守中に見事幕府は顛覆してこの新政府が立ったので、かくしようという初志は二、三強藩の力によって行われたけれども、この身は現に亡国の臣となり果てたのだから、意想の反対はじつに夢幻の感がある。

かようの境界に陥った場合だによって、たとえ初志はともかくも表面上は歴然たる旧幕臣で新政府からみれば正反対にいる身分、ことに今日の朝廷には一人の知己もない身の上であるから、かたがたもって今日の任命は何人《なんぴと》の推薦ということが詳らかならぬ訳であったが、後に聞けば、全く大蔵卿の伊達正二位がかって自分の名を承知しておられたのと、そのころ別に面識はなかったが郷純造《ごうじゅんぞう》という人もどこでか自分の事を聞き及んでいたところから、つまりこの任命の事に及んだのであったということが分かりました。

かようの訳で、その推薦とても十分の信認を受けたこととも思われませんから、大隈〔重信〕に面会して切に辞職の事を請求したのである。しかるに大隈のいうには、「この維新の世となって真成の国家を創立するには、当世有用の人々が非常の奮励努力をもってまず第一に理財なり法律なり、軍務・教育なり、その他工業、商業とかまたは拓地・殖民とか、また大蔵省の事務については、貨幣の制度、租税の改正、公債の方法、合本法の組織、駅逓《えきてい》〔郵便や交通運輸〕の事、度量の制など、その要務はなかなか枚挙する遑《いとま》もないくらいである。

そうして今日この省務に従事している人々は足下も僕も皆同一で、決してこの新事務について学問も経験もあるべきはずはないから、勉めて協力同心して前途の成功を期する外はない。

ゆえに今足下のいう駿河に起こした新事業というも、これを日本全体の経済から見る日には誠に瑣細の事だから、その小を棄てて大なる方に力を尽くすのが日本の人民たる一分からいっても相当する訳であろう」

と、理を推し言を尽くして説得しられたによって、自分もそれでも強いてとは言われず、またその説もいちいち肯綮《こうけい》に当たってもっともな事と思って、翻然として思いかえしたから、しからば辞職して駿河へ帰る意念を止めて朝廷に微力を尽くしましょうといって、その日はそれで別れを告げました。

大蔵省の改造策

その後再び大隈を訪問して、

「過日の御説諭について自分も意を決して十分勤める覚悟はしましたが、元自分はわずかに一橋家に二、三年仕官したまでで、その後は海外に遊んで二箇年ばかりの日子を経過し、なんにも実験がないところで今日突然と朝官に列したことであるから、今大蔵省の組織を見てもその善悪も分かりは致しません、しかしながら現今目撃した有り様では、過日御説を承った諸般の改正はとうていなし得られぬことであろうと考えます。

何故と申せば、省中はただ雑沓《ざっとう》を極むるのみで、長官も属吏もその日の用に逐われてなんの考えをする間もなく一日を送って、夕方になればさあ退庁という姿である、この際大規模を立てて真正に事務の改進を謀るには第一その組織を設くるのが必要で、これらの調査にも有為の人才を進めてその研究をせねばならぬから、今省中に一部の新局を設けて、およそ旧制を改革せんとする事、または新たに施設せんとする方法・例規等はすべてこの局の調査を経てそのうえ時のよろしきに従ってこれを実施する、という順序にせられたいことであります」

と述べたところが、大隈も大いにこの説に同意の様子で、
「じつは拙者も毎日彼のとおり雑務に騒動するのみでは充分の改良が出来ないから、改正掛を置きたいという考えをもっていたが、幸いに足下の心付けもあるから速やかにこれを置くことに取り計ろう」
と明言しられましたが、直に太政官へその届をして、その歳の十二月末にこの事の令達が出ました。

さてその改正掛の役員は多くは兼任の人々で、租税司からは自分が命ぜられ、監督司からも両人、駅逓司からも何人という姿でそれぞれ任命になり、自分がその掛長を命ぜられて改正局の事務に取り掛かることになりました。

無程《ほどなく》その年も暮れて明治三年［一八七〇］の春となったが、この改正掛の任務を完《まつた》くしようとするには局中に有為の人才を要するとて、さらに大隈に申請して静岡の藩士中から、前島密《まえじまひそか》、赤松則良《あかまつのりよし》、杉浦愛蔵、塩田《しおだ》三郎《さぶろう》などいう人々を前後引き続いて改正掛へ登庸になりましたが、その他にも文筆を能するもの、技芸に長ずるもの、洋書の読める人などもそれぞれ推撰《すいせん》して一局の人員が都合十二、三人になって、そのうちには各自に得意の説もあり執務も自から捗取《はかど》ってきて、すこぶる愉快を覚えました。

諸制度の近代化に着手

まず第一に全国測量の事を企て、したがって度量衡の改正案を作り、また租税の改正と駅伝法の改良とはもっとも緊急の問題であるから、勉めてその法案の調査に注意し、その他貨幣の制度、禄制の改革または鉄道布設案、諸官庁の建築等まで、その緩急に応じて討論審議を尽くししだいに方案を作ったことであるが、なかんずく全国測量の事に至っては、着手の順序から経費支弁の方法までも詳細に調査を了《おわ》りました。すべてこれらの要務についてはいずれもその施設案を具してその筋へ建議または照会になりましたから、大蔵省の事務がにわかに多きを加うるようになってきた。

そのころ鉄道問題はもっとも一時を動揺したが、その反対説というのは、大隈・伊藤［博文］の両人が大蔵省にいて力を合わせ、外国人に借金して強いてこれを布設せんとするはじつに国家の大計を誤るものであると、異論百出して在官の人々さえもこれを非議する有り様となったから、改正掛においては力を極めてこれを弁駁《べんぼく》してせいぜい布設を促したことであった。

それから租税の事、これはぜひとも改正を要するから、充分の調査をしろと、大隈、伊藤も企望せられ、自分も租税正の職掌上しきりに考慮を尽くしてみたが、なかなか面倒なものであって、誰も困る困るというものばかりであったが、つまり物品で収税するのを通貨で収むるようにするという目的を立ててその調査に着手しました。

駅逓法の改正

またそのころの難問題で、いずれも苦心したのは駅逓の法であった。今日の若い人は知らぬ事だが、旧幕府の制度には御伝馬、助郷というものがあって、これがために村々でははなはだ難渋をしました。

いまその概略を申せば、たとえば一諸侯が国道を通行する時には、その通路の宿駅から相当の人馬を出して駅伝する仕組みで、中山道の深谷にはその近傍の何箇村、また次の本庄《ほんじょう》にも同じく最寄りの何箇村と定助郷の名あるもの、並びに加助郷の名あるものからおのおの相当の人馬を弁ずるのである。

試みにその一例を申せば、ここに加賀宰相が中山道を経て江戸へ参覲《さんきん》するとき、深谷宿において人夫千人、馬百疋《ぴき》を要するといえば、本助郷が十箇村で七百人と七十疋、加助郷が十箇村で三百人と三十疋を出すという割合で、その通行のある時に合羽籠を持ったり、宿駕籠を担ったり（この宿駕籠というものは竹を曲げて板を張り、その上に布団を敷き、両人してこれを担うので、極めて軽便で無造作な駕籠であります）、また小荷駄馬を牽いて荷物を運ぶものもあり、鎗や長柄を持つものもあり、具足櫃《ぐそくびつ》を背負うものもあり、いろいろの労役に服して通行の大小名を駅伝するので、もちろん相当の賃銭を取って農間の働きにする方法だが、その初め江戸に幕府が開けたころは、沿道の村々へこの助郷を命ずるのはかえって一の救助法だというところから、その宿駅に縁故の多い村が本助郷もしくは加助郷の名を受けて縁故の少ない村落はこの助郷に加入することは出来なかった。

さてその賃銭は慶長《けいちょう》小判で定まっていたけれども、その後元禄《げんろく》・寛永《かんえい》のころには漸々と貨幣が粗悪になってきたから、これではならぬというので八代将軍［徳川吉《よし》宗《むね》］が享保《きょうほう》年中にはじめてこれを改正したけれども、全く復古したというではない。しかるにその後代になってからもまた再三改鋳してあるいは真字《しんじ》小判とか、草字《そうじ》小判とか、または保字《ほじ》判とか、二分判とか、安政《あんせい》・文久のころに至るまでたびたび改鋳があって、その都度金質に幾分ずつの粗悪を呈したによって、したがって物価も騰上してつまり享保度に定めた御伝馬の賃銭は安きに過ぎて堪えられぬというので村々の苦情になっていました。

もとよりその時分には人力車もなく、馬車もなく、鉄道などは夢にもみたことのないころであるから、大小名通行の際にその供人の足が痛めばぜひとも宿駕籠を出して駅伝をせねばならぬ定めだから、助郷村の難渋というものはじつに五畿七道［日本全国］に通じて苦情のないところはなかった訳で、時にとっての難題であるからこれも改良せねばならぬという評議で、すなわち改正掛においてその方案を立てた。

その時に前島が駿河から出ていって、幸いにその事を担当して適当の方法が出来たから、前島はすぐに駅逓権正に転任してこれを実施することになりました。

かくのごとく政治上の改正は何事も改正掛で取り調べてそれぞれ意見を立て処分方案を作って大蔵省からしきりに政府へ出すから、そのころ大蔵の威権というものは各省を傾けるほどになって、はなはだしきは大隈などはとかく各省を圧倒するなどといって嫌忌されるようになりました。

金融制度の研究

また貨幣改鋳の事もその前から一の要務問題となってすでに大阪に造幣局を作り、また貨幣の本位を銀にて立てるという評議は定まっていたが、この事は本省の事務中においてもっとも重要な事だから、格別精密の研究をせねばならぬ。

また公債というものは欧米各国ではもっぱら行われているが、我が邦《くに》ではどうあろうか。紙幣はすでにこれを発行して流通はしているがその引き換えの方法はどうすればよいか、諸官省各寮司の配置並びにその事務取扱の順序はどうすれば便利であるか、などという事柄をば、米国に人を派して研究させるようにせられたいと伊藤少輔の考案が出て、それを改正掛で審議して文案を作り、それから政府へ建議することになった。ところが明治三年［一八七〇］の十月、その議が容れられて伊藤がアメリカに行かれることになり、芳川顕正《よしかわあきまさ》と福地《ふくち》源一郎《げんいちろう》［桜痴《おうち》］とがその随行を命ぜられました。

井上馨

それからこの一行がアメリカへいって段々現行の法規、条例等を調査して、公債の方法は斯々《かくかく》でその理由は云々、また紙幣の引き換えは全国の国立銀行を創立させてこれによって金融の便利をつけ、併せて紙幣兌換の事を取り扱わせ、その銀行の条例はかように制定せられたい、また貨幣問題については、かつて横浜に支店のあった東洋銀行《オリエンタルバンク》の主任者英人ロベルトソンの建白によって、東洋は銀貨国だから銀を貨幣の本位にするが適当であるということに一定しておったが、さてアメリカに来てみるとアメリカも金が本位に立ってあり、ヨーロッパの国々も多くは金貨を本位としてあるから、本位貨幣は金に定めるのが文明国の通例だによって、日本も金に改定しられたい、また政府の紙幣引き換えの方法については、アメリカで一八六〇年ころに多く紙幣を増発したために基価が下落して大いに国家の困難となったが、ついにナショナルバンクを立ててようやく交換法を附けた時の歴史と手続とを調査して詳細の事を申し越され、また諸官省の職制、章程などが充分に整頓しておらぬから職掌の界限も明了でない、したがって責任の帰着するところが定まらぬによってアメリカの職制、章程を調査したところがこのとおりであるということまで、すべて大蔵省へ向けて具申になりました。その文書の往復はいずれも改正掛で取り扱ったから、大隈へ書き送った事柄には自分の連署したものが多くあったように記憶しています。

前にいう各般の事務は改正掛において調査するものであるが、すべて重要の事柄だによって、即時に実施の運びに至らずして明治四年［一八七一］の春夏となって伊達［宗城］正二位が大蔵卿を辞職しられて、大隈も参議に転任になり、大久保利通《としみち》君が大蔵卿の後を承け、そのころまで大阪の造幣局にいた井上馨《いのうえかおる》君が大蔵大輔に任ぜられて東京へ来られたから、その前伊藤から来た書状はもちろん取り調べ書類なども井上の一覧に供して、これまで調査した銀行の創立、諸官省の制度、公債証書の発行などいずれも相談に及んだが、まず速やかに貨幣の制度を定めてその条例を発布するがもっとも急務であるということで、その草案を改正掛で自分が担任して取り調べに従事していました。

ところが四年の五月ごろになって、伊藤がアメリカから帰国せられて、銀行条例制定の事、公債証書発行の事、および諸官省の官制制定の事は切にその実施を急がれましたから、井上も時機を見てこれを行わねばならぬという考えで、なおまたその順序方法等の調査を改正掛へ督促されるようになってきました。

廃藩置県

かれこれするうちにやがて廃藩置県という政略上の大問題が起こって、それがため朝野の間に議論がよほど喧《かまびす》しかったが、ついに七月中旬に至ってこの事が決定して、全国へ布告になりました。

そもそもこの廃藩置県ということは、その前から薩摩、長州などの雄藩が率先して封土奉還とかまたは藩籍返上とかいう願書を続々奉呈する勢いであったが、当時国家の柱石元勲といわれた西郷［隆盛］、木戸《きど》［孝允《たかよし》］、大久保［利通］などの間においてとかく協議が調わぬために発表に至らざりしがようやくその議も一致してこの布告を見ることになったのであります。

さてこの布告の発する場合に際してもっとも注意を要する一事は、そのころ諸藩に行われていた藩札の引換法に関する布達である。

いまこの廃藩の布告がすでに発した後において仮にその引換を拒むと見られよ、その極、ついに竹槍席旗の騒動を見るに至るは必然でありましょう。

もしまた前もって朝廷において引き換えるという時にはたちまちその価が騰貴して、その間において僥倖の利を射るものが多く出来てこれまた一の弊竇《へいとう》［欠陥］を造るの虞《おそれ》があるから、なにぶんにもこの藩札引換の布達は、廃藩の布告とその間髪を容れざるものである。

ゆえに大蔵省においては速やかにその交換の方法を予定しておいて、廃藩の布告と同時に全国へ令すべしという事になって、七月十三日は休日であったけれども、自分は特に出勤してその調査をしたことでありました。

この廃藩置県の大号令と共に大蔵省の事務はますます繁忙を加えて、なかんずく廃藩の後始末を整理するのがじつに非常の困難であった。もっとも至急を要せねばならぬ事柄だから、自分は井上の指揮に従ってわずかに両三日の間にその方法を立案して、数十枚の処分案を条記し、これを井上の手許へ出したことがある。

その処分の大目は、藩々金穀の取締りから負債の高、藩札の発行高、または租税徴収の方法、その他各藩においていろいろ施設中に属する事業の始末等までも関連していて、なかなか面倒のものでありました。

また公債証書発行の事も、この廃藩の処分に際し諸藩において地方から借り入れてある負債を年度によって区分をつけ、そのほど遠き分は全くこれを棄捐《きえん》させ、維新前後の区分によって新旧二種に分けて公債証書を附与するものとして、ここではじめて公債証書の発行を見ることが出来ました。

また彼の各官庁の職制、章程も、伊藤の米国から持ち帰られたのを翻訳して大体の要領を得たから、これを政府に具申して諸官省の職制を立つることを促し、まず速やかに大蔵省から実施するがよいというので、自分がその取り調べを担当して、三日三夜私宅に居て徹夜で調べ上げ、それを政府に上申して実施することになった。

それから簿記法の調査も出来たが、すなわち今諸官省で用ゆる簿記法の要領もその時に定められたのである。

引き続いてまた銀行条例の調査を自分の手に引き受けて頻《しき》りにこれを考案したけれども、いまだ十分の要領を得ることが出来なかった。

ついに実業を志す

これより先に大阪の造幣局に用事があって、大隈、伊藤、吉田《よしだ》清成《きよなり》などの人々と同行して大阪まで旅行したことがあったが、その帰り路において熟ら将来日本の経済を考案してみるに、この末、政府においていかほど心を砕き、力を尽くして貨幣法を定め、租税率を改正し、会社法または合本の組織を設け、興業殖産の世話があったとて、今日の商人ではとうてい日本の商工業を改良進歩させる事はなし能《あた》わぬであろう、ついてはこの際自分は官途を退いて一番身を商業に委ね、不及ながらも率先してこの不振の商権を作興し、日本将来の商業に一大進歩を与えようという志望を起こしましたから、大隈、伊藤にもその意を吐露して、辞職の事を相談に及んだところが、両氏ともその志に大いに賛成したが、今日足下の辞職を聞き届けるときは大蔵省においてはなはだ差し支えの筋もあることだから、今少し見合わせろという返答であった。

自分は明治二年〔一八六九〕の冬大蔵省の租税正に任ぜられてから、たびたび累遷してそのころは大蔵権大丞《ごんのだいじょう》の現職にいて、省務の全体に関係もあり、ことにその前年から通商司の跡始末を自分に命ぜられていたが、この通商司というは明治元年に大蔵省中に置かれて、東京と大阪とにおいて有力の商家を協力させて、為替会社、商社、開墾会社などの諸会社を創立させ、合本営業の端緒を開いたのであるが、なにぶん新事業ではあり、管理の人もその事に暗いところから、常に損毛が多くてついに衰頽《すいたい》に及んだによって、これを整理するために自分にその兼任を命ぜられていたので、東京

大蔵省時代

大阪の商業家とも時々面会して、業務上についていろいろ談話もしてみたが、旧来卑屈の風がまだ一掃せぬから、在官の人に対する時にはただ平身低頭して敬礼を尽くすのみで、学問もなければ気象もなく、新規の工夫とか、事物の改良とかいうことなどは毛頭思いもよらぬ有り様であるから、自分は慨歎《がいたん》のあまり、現職を辞して全力を奮って

商工業の発達を謀ろうという志望を起こしたのであります。

大久保利通との衝突

この大阪行きは明治四年［一八七一］の夏であったが、その年の七月、自分は枢密権大史に任ぜられて一時内閣の史官となりましたが、またその八月に再び大蔵大丞となって大蔵省へ帰任しました。

廃藩置県を行った前後は、大久保が大蔵卿で井上が大蔵大輔、自分は大蔵大丞の職であったが、大蔵省の職制及び事務章程も制定になり、各寮司の仕事もややその区分が立ち掛かったけれども、藩を廃して県にしたとて、すぐに歳入が増すという理もなく、要するに国庫の度支に定限がないところから、必要があればすぐに政府から支出を大蔵省へ命じて、俗にいう「取ったり使ったり」という有り様でありました。

しかるに政府の仕事は何事も進歩を勉むるのみで、陸海軍の費用はもちろん、司法省では裁判所を拡張せんことを謀り、文部省では教育令の普及を謀るという姿であるから、需《もと》むるところは八方でこれに応ずるは一箇所だによって、井上も大いにこれに苦慮したことであったが、大久保はとかく財政には注意せずして各省の需用に応じてその費用を支弁せんとする風だによって、自分は独りこの間にいて特に苦慮尽力をしました。

そのころ自分は切に財政の統理せぬことを憂いて、同僚と合議して歳出入の統計表を作り、もっぱら量入為出［収入をふまえて支出を決めること］の方針によって各省経費の定額を設け、その定額によって支出の制限を定めようと企てたけれども、いまだ歳入の総額も明瞭でなく、正確の統計も出来ないうちにその歳の八月ごろ、政府で陸軍省の歳費額を八百万円に、海軍省の歳費額を二百五十万円に定めるという議があって、大久保大蔵卿はやむことをえずこれに同意せねばならぬということで、そのころ大丞の職にいた自分と、谷鉄臣《たにてつおみ》、安場《やすば》保《やす》和《かず》の三人へその意見の下問があったによって、自分の答えていうには、

明治初期の大蔵省正門

「元来この定額の事はすこぶる企望の至りで、大蔵省においても早く全国の歳入額を明瞭にして、それを標準に各省の定額を立てようという企望でせいぜい努力して調査しつつあるけれども、今日はいまだ正確の統計を見ることが出来ません、ゆえに今政府において軽易に各省の定額を定めると

いうははなはだ不相当なことと存じます。

その訳というは、大蔵省すなわち国庫を支配する場所ですら、現今歳入の統計が慥かならぬ場合であるに、かく軽易に政府から定額を立てるという日には、俗にいう掴《つか》み出し勘定であります。

この際に陸軍でも定額を立て、海軍でも定額を立て、その他各省先を争うて分け取りする姿になっては、量入為出という経済の法度の立ちがたいのみならず、会計の根元は少しも定まることが出来ませぬ。

そのうえ、向後また各省その他において臨時やむをえぬ経費の生じた時には何をもってこれに応じますか、はなはだ不安心の事であります。

それゆえに目下の計は、その入用の度に応じて、切にこれを制限してその支出に応ずるの外に妙案というはありますまいから、定額の事はしばらく御見合わせありたい。ただし一日も早く歳入の総額を知ることに勉強していますから、遠からず正確の統計が出来得るに相違ない、そのうえにて各省の費額を御定めなさるがよろしかろう」

と、自分の所存を詳細に述べた。

しかるところ大久保はいと不興気に、

「しからば歳入の統計が明瞭になるまでは陸海軍へは経費を支給せぬという意念であるか」

との誠に意外な詰問が出たから、自分はさらに詞を継いで、

「いや決して陸海軍の経費を支出せぬという意味ではありませぬ、もちろん、陸海軍がなくては国を維持することの出来ぬということも存じています。しかし今大蔵省は一歳の歳入統計が出来ぬ前に、支出の方ばかり心配してしかも巨額の定額を立てるのは、第一に会計の理に悖ってすこぶる危険の処置であろうと思惟して腹蔵なく愚見を述べたのであります。もとより御採用の有無は大蔵卿の御胸中にありましょう」

といってその席を退きましたが、この時からまた官途を辞するの念を再発しました。

辞意を翻して大阪へ赴任

その訳は、大久保は今国家の柱石ともいわれる人で現に大蔵省の主権者でありながら、理財の実務に熟せざるのみならず、その真理さえも了解しがたい、井上は切に拮据して営経しつつあるが、独力でどうともなし得ざるであろう、しかのみならず大丞以下の職員は多く大久保の幕僚であるから、井上の趣旨を遵奉してその職に勉強して指揮に従うことは甘んじない、しかる時は大蔵省は向後不規則な会計事務を取ってついに永続せざるのみならず、世間の識者に笑われるような始末に陥るの外はない。今日百事改良ということは政府でも各省でもすべて一般の通論であるが、ただその

事務を拡張することばかりに注目してこれに伴う経費のいかんを省みず、入用とみればー時にこれを要求するという傾きになってきて、いわゆるこれを求むるの力は強くこれを抑ゆるの力は弱しという勢いだから、とうてい維持し得ることは出来ぬであろうと観念したによって、そこで海運橋なる井上の邸宅を訪うて面会を請うた（井上はこの時海運橋の三井家所有の邸宅に住居しておられた）、早速面会を得たから、

「自分はぜひ辞職と覚悟をしたによって明日にも辞表を出すから速やかに聴き届けられたい、自分はとうてい永く大蔵に奉職することは出来ない、忌憚なくいう時は大蔵省に望みが薄い、貴君がかくまで省務に苦慮尽力なさるのも友誼《ゆうぎ》上からいうとはなはだ気の毒千万と思う、今日の姿では大蔵省の会計を整頓してゆくことは自分には目的がないと考えるから、むしろこの望みの薄い職務を辞して、過日陳述した望みの多い商業社会に尽力する所存である、現今の有り様ではいやしくも学問があるとか気力があるとか、智慧があるとかその他一芸一能あるものはことごとく官途に進むという傾きで、民間に人物は少しもないから、ついに上下の権衡を失って国家の実力を発達することが出来ぬ。

　ゆえに自分は明日辞表を呈する決心であるが、平生の知遇に対してあらかじめ一言する」

といったら、井上は大いに不同意で、

「足下の意見は一理あれども、今日はまだその時機とはいわれぬ。

　大蔵省の事務多忙を極める今日に当たってにわかにその要職を辞するというは、少しく穏当を欠く挙動と謂わざるを得ん。なにぶんにも辞職の念を翻していっそう勉励あるように希望する」

と、懇《ねんご》ろに説諭もあったが、自分においてはすでに決意して申し出たことだからいろいろ抗弁して強いて請求したところが、井上がさらに自分に示していうには、

「なるほど足下が彼の各省の定額論からして将来を掛念するのはじつに道理至極だが、大蔵省の事務を真成に皇張することを得て日本の財政を整理する一段においては乃公《だいこう》［我が輩］少しく方案もあるから、遠からず実施するであろう、それゆえ足下の退任もしばらく猶予していて、この際大阪に往って造幣局の事務を監督しろ」

と、いかにも城府を開いた懇篤の説諭を受けたによって、ついにその意に従って辞職の事を中止して大阪へ出張することにしました。

　そのころの造幣局長は肥前人の馬渡俊邁という人で、井上、伊藤の後を承けてこの歳の八月ごろに任ぜられたのである（造幣局創立のころは井上馨が大蔵大丞で局長を兼任しておられたが、この夏大蔵大輔に転任した後は暫時伊藤博文が局長であったが、これも八月ごろ東京へ転任したから馬渡がその後任となったのである）、かように局長の交迭もたびたびあって、自然と事務も整備に至らぬところから、それを督励する

ためにこの大阪出張を命ぜられたので、すなわち九月下旬に東京を出立して大阪へ赴任しました。

この際東京・大阪に一つの新事務が起こりました。それは御一新［明治維新］前、すなわち文久、慶応のころに諸藩において二分金の贋造《がんぞう》をしたため、御一新後に至ってこの贋金のために外国人から厳しく談判を受けて、やむことをえず新政府においてその交換を引き受けたことがあったが、この時分までもその贋金が世間に流通しているから、通用の二分金と紙幣すなわち太政官札との間に価格の差を生じて、二分金を札に交換せんとする時には百円について五円以上の打歩を出すという有り様だから、大蔵省では兌換券を作ってそれを発行して二分金を集め、造幣局において新貨幣に改鋳する時は、独り貨幣改鋳の整理を得るのみでなくその間にまた大なる利益を生ずる見込みがあるから、速やかにこの事を実施せられたしと、かつて自分が大蔵省へ建議してすぐに採用を得たからその発行に従事したが、この事務は大阪にも必要があるというのでこの事も兼任しろとの事であった。自分が大阪の滞留は一箇月余であったが、造幣の事務から兌換券製造発行の用事までもほぼ整頓したによって十一月の十五日に東京へ帰任しました。

この帰任前に東京では大使欧米派出という問題が生じて、岩倉《いわくら》［具視《ともみ》］が正使に、木戸、大久保、伊藤などがその副使を仰せ付けられ、その外随行員および各種の政務を調査するため十数人の理事官を命ぜられて、大使に随行して欧米へ派遣するとの事で、その出立は十二月の末と定まりました。

父の永眠

さて十五日に東京へ帰ったところが、その月十三日に旧里の父がにわかに大病だといって帰着したその晩に急飛脚が来たから、即刻にも旧里へ出立すべきはずのところが、なにぶんまだ大阪滞在中の復命もせずかつまた賜暇の手続も経ねば私に旅行することは出来ぬから、一夜を千秋の思いで翌日早朝に井上に逢って大阪の模様を陳述して、すぐに親病気看護のため帰省の許可を得て、即時に東京を出発し、大雨を凌《しの》いで行程を急がせたが、中山道の深谷宿までいったらその夜の九時ごろになった。

それから深谷の杉田で夜食をして、旧里の家へ着したのは夜の十一時過ぎであった。父の病気は十三日の夜から発して一時は脳の刺撃が強くてほとんど人事不省の大患であったというが、この夜自分が着したころは大いに容体が回復して気力もいささか生じた様子で、自分が看護のために来たのをすこぶる喜ばれました。

さりながら実に由々しき大患であるから、いろいろに治療の手当をして昼夜看護をしたが、父は自分も這回《このたび》はよほどの重症と思われた様子で、後々の事など懇切に遺命しられました。

その翌十八日の朝までは別に変症と見えなかったが、その日の昼ごろからまた人事不省となられたから、これぞ一大事であるとなおさら心を砕いて医薬に手を尽くしたけれども、いかにせんしだいに危篤に瀕《ひん》して、ついにその月の二十二日、六十三歳を一期に長眠されました。

一族の愁傷は申すまでもないが、自分においてはじつに終天の遺憾で、慟哭《どうこく》の至りに堪えられなかった。

憶い回らせば九年前に旧里の家を辞して後は、父も老年ながら極めて健全で、家業の製藍はもちろん、農桑の事までも自身に担当して怠らず世話をしられ、気力は少しも昔年に異りなくて、自分が東京に住居の後は、たびたび老後の摂生を勧めて逸居を請うたけれども、いつまでも厳格で、官民位地を異にするなどといわれて、おりおり東京へ来られても、自分の家に寝食しられたことさえわずかに四、五回くらいの事で、その容貌《ようぼう》といい、動作といい、いかにも老健質であったから、このたびの大患はじつに思いも寄らぬ驚愕で、別して悲歎《ひたん》を極めたが、さればといって一旦幽明を異にした以上はなにほど旻天《びんてん》に号泣したところがとうてい回生の術《すべ》はないと観念して懇ろに葬儀を営み、万端事果てて帰京したのは十二月初旬でありました。

さてこれは後の話であるが、おいおい日を積み月を重ぬるにしたがって懐旧追慕の情はますます深切になってくる、しかるに父の墳墓は故郷にあって、自分は東京にいて仕官の身であるから、時々展拝の暇も自由ならぬ仕合わせだによって、その翌年に東京の谷中《やなか》へ招魂の碑を建設して歳時の饗祭《きょうさい》に便利を得るようにしました。

全体父の性行は第一回において少しばかりお話をしたが、あれでは首尾が連続したとはいわれぬから、今ここでその碑文を暗誦しますからお聴きなさい。

翁諱《いみな》は美雅、渋沢氏、通称市郎、晩香と号す。武蔵国血洗島村の人、世農、考《こう》諱は敬林君、妣《ひ》高田氏、実は同族諱は政徳君の第三子なり。敬林君の後を嗣ぎ、その長女を配す。翁幼より学を嗜《たしな》み、慨然として特立の志あり、而して思慮周密、一事もいやしくせず、およそ耕稼生産の道より尋常瑣事に至るまで、必ず反復審思して、実際に本づく。これをもって施設成算に差《たが》わず、家藍を製す、品を為すもとより精《くわ》し。翁に至りて研究ますます到り、名遠近に伝わり、その業大いに盛にして、家産優を致す。郷人倣《なら》いて以て産を立つる者あるに至る。村は原《もと》半原藩の封内に係る、藩侯土木もしくは不時の費あれば、毎《つね》に翁に財を供せしむ。翁毫《ごう》も難色なし、曰く、財の用は緩急に応ずるにあるのみと、いわんや藩命をや。また親姻故旧に厚し、人あるいは産を失い家を破れば、すなわち諄諄《じゅんじゅん》として誘誨し、ために財を捐《す》てて賑恤《しんじゅつ》し、それに産を復せしむ、故に人皆これを称してやまず。明治四年冬十一月二十二日、病みて没す、年六十三。越えて五日、その郷先兆の次に葬る、号を贈りて藍田青於という。五男八女あり、長男栄一君は大蔵省三等出仕となり、正五位に叙せらる。長女は吉岡十郎に適《ゆ》く。少女は外甥須永才三郎に配して、その家産を委《まか》す。余は夭《わかじに》す。男栄一君東京にあるをもって、招魂の碑を谷中の天王寺に建て、もって行香の便をなす。嗚呼翁の行は家に修《そなわ》り、信は郷里に及び、而して畎畝《けんぽ》の間に老死し、ついに世に著《あらわ》るるなし、まことに惜むべしとなす。しかれども栄一君草莽を擢《ぬきん》で顕職におり、望み属して名馳《は》す、けだし所《ゆ》以《え》あるかな。惇忠の翁における、叔氏の親ありて師父の恩を蒙る。謹みてその行状を叙してこれを表す。

これは尾高惇忠の書いてくれた文であるが、これで何事もその要領が分かって、誦読するうちにも父の面影が彷彿《ほうふつ》として見えるように覚えます。

大蔵省の要職に就く

さてその歳も暮れて明治五年［一八七二］の春となったが、去年大蔵少輔に任ぜられた吉田清成という人が、英国において公債を募集するために洋行を命ぜられました。この公債募集の事は大蔵省で井上が立案したもので、その主意は華士族の禄制を設けて一時にこれを給与し、国庫が永年の負担を免れようという方法であって、その原資に充てるために外国において公債を起こして正金銀の資本を備え、ついに紙幣兌換の事もこの資本にて行い得らるる見込みをもって吉田少輔にヨーロッパ派遣を命ぜられたのである。

吉田が出立の際に、自分は大蔵三等出仕に任ぜられて少輔の事務を取り扱うことを命ぜられました。

これはその歳二月の事で、今歳は大蔵卿の大久保も洋行中であるから、省中の事務は井上が全権で、自分はこれを補翼する次官の任であった。

さて理財の要務というは、まず第一に大蔵省において国庫の歳入総額を詳明に調査したうえで政府は歳出を議定すべきものであるが、そのころでは諸藩の跡始末もしだいに整理の緒について、全国の歳入額も精密とはいわれぬけれどもまず四千余万円という統計も出来たから、ぜひとも政府に上申して彼の量入為出の原則によって各省の政費を節約して、一方においては剰余金を作り、そうして紙幣兌換の制をも設けたいという精神をもって井上は切に勉強しられたが、なにぶん去年以来各省から政費を請求することがますます劇しくなってきて、その年の冬なぞは司法省、文部省の要求においてはなはだしき激請を見るという有り様に立ち至ったから、大蔵省においては所詮これに応ずることは出来ないといってこれを拒絶したところから、ついに各省と大蔵省との間に一種の権限闘争のごとき紛議が生ずる事となった。

その理由は、廃藩置県の当時から大蔵省の事務はいやまし繁多を極めて、そのうえ政費要求の事とても常に大蔵省に向かってその支給を請求せねばならぬところから、自然と命を大蔵省に仰ぐがごとき感情が見えてしだいに大蔵省の権力が強大になってくる姿であったから、各省の主任者は多く不平を唱えてなかんずく司法卿の江藤新平《えとうしんぺい》などは平生井上と相よからぬうちだからもっともはなはだしく攻撃の鋒先《ほこさき》を向けてくるようになった。

このとき太政官は三条〔実美《さねとみ》〕公が首相で、西郷、板垣《いたがき》〔退助《たいすけ》〕、大隈などが参議の職に列し万機輔弼《ほひつ》〔天皇による政治の補佐〕の任におられましたが、三条公は縉紳《しんしん》〔身分の高い人〕なり、西郷、板垣は門閥で、政事上にはすこぶる有力であったが経済の事務にははなはだ疎略であった。

そのうち独り大隈参議はかつて大蔵省の実況をも熟知し、ことに井上との友誼も深いしその主義も相似ているから、太政官にあっても大蔵省のためには尽力して財政改良の事には別して斡旋《あっせん》の労を取られることであろう、と窃《せつ》に望みを維《つな》いでおりました。

国立銀行条例の布告

かくて井上はますます勉強して、出来得るだけ各省の政費を節約させて全体の会計上から歳入の幾分ずつ余してそれを正貨で蓄積する精神でしきりに尽力しられた結果として、概略二千万円余の正貨を得たによって、昨年伊藤が米国から調査してきた国立銀行条例を実施しようという見込みで、その歳の夏ごろから自分にその取り調べを専任されたから、勉強して調査を畢《おわ》ったが、それを政府へ上申して広く天下に布告になったのはその歳の八月二十五日であった。

それより以前に三井組において私立銀行を立てたいといって、三野村《みのむら》利左衛門《りざえもん》から請願したことがあったから、井上に相談してこれを許可しようとしたけれども、そのころからこの銀行条例の取調に掛かったからしばらく三野村に猶予を命じておいたが、そのうち今の条例が出来たによって、いよいよこの条例に準拠して私立の名義でなく国立銀行として創立しようということになって、すなわち現今の第一国立銀行はその歳の秋ごろから計画をしたものでありますが、これを国立銀行とする以上は、独り三井組ばかりでなく、小野組、島田組などといって東京府下において豪家の名あるものとも協同し、その他一般の株主をも募集することになりてそれぞれ相談も行き届き、創立の願いを出して許可を受けたのはその歳の冬でありました。

台湾出征への反対

この歳の十一月ごろであったが、時の外務卿副島種臣《そえじまたねおみ》から台湾征討の事について政府へ建議せられたことがある。

陸海軍の軍人などはその職掌上からしきりにこれを企望して、この建議の行われんことを促しましたから、ついに政府の議となって、各省の主任者を三条公の邸に招かれてこの事の利害を討論させられました。

この時井上は母の喪に丁《あた》って出席が出来ぬということで、自分がこれに参列して、痛くその不可説を唱えて大いに副島と議論しました。

自分の論旨は、今日の日本は王政維新などといってその名は誠に美なるようだが、じつは廃藩置県の後、その政務を顧みれば毫も整理の実が挙がらぬから、国家は疲弊して人民は窮乏に苦しむ最中である。

しかるにこの際事を外国に起こして干戈《かんか》を用いんとするはじつに危険千万な事で、たとえ外征に勝利を得るにもせよ、内地の商工業をこのうえ衰頽させる時は、いたずらに虚名を海外に売るに過ぎぬ事だ、という意味をもって切に反対の意見を述べたが、幸いに政府においても副島の建議を採用にはならずに済みました。

大蔵省辞職

この歳の冬、またもや司法、文部の定額論が起こって、大蔵省ではどこまでもその増額を不可として政府に上申したけれども、政府は言を左右にして司法、文部の請求を擯斥《ひんせき》せぬによって、井上は断然辞職の意を決し、年末に際して出勤せぬから、大蔵省の諸職員は執務の張り合いが抜けてその方向を失うほどであったから、政府においても大いにこれを憂慮しられて、三条公は再三自分の宅へ来られて、井上の出勤を勧誘すると共に自分にも辞職の考えなどを起こさぬようにと、懇ろに説諭を受けましたが、この定額論はわずかに一時の弥縫によってまずその歳は折合が附いたけれども、翌六年に引き続いて、各省と大蔵省との紛議は絶えなかった。

前にも申すとおり、江藤新平と井上との間は別して不折合で、いわゆる氷炭相容れずという仲だから、江藤の意中では全体井上は怪しからん人物だ、ただただ各省を詰めるばかりで、そうして自分が大蔵省を専横するというのはじつに不埒だ、もしこのままにして打ち捨て置く時にはどこまで跋扈《ばっこ》するか知れぬなどといって、ますますその軋轢《あつれき》が烈《はげ》しくなった。

政府でも三条公はしきりに心配しられるが、西郷、板垣は頓着せず、大隈のどうしたのであるか、各省の政費増給を拒絶するという大蔵省の具申書面を政府から却下になったから、井上は自身に政府へ出頭して委曲其理由を陳弁したけれども、各参議はこれを聴き納《い》れぬというので、井上は嘆息のあまり自分へ内話するには、

「もはや大蔵省の事務には絶望した、畢竟この見やすき正当の道理が行われぬというは政府において井上を信任せぬのであるから今さらぜひもない話だが、今一度政府に出て一身の精神を大隈に吐露してみて、それでも政府に採用せられぬ時は潔く任を辞

するより外はない」

とあらかじめその決意を自分に示して、五月三日に再び政府へ出願して泣血論弁しられたけれども、やはりその言は用いられることが出来ずして、その日の十一時ごろに大蔵省に帰って、自分を始めその他の吏員を招いてはじめて辞職の事を発言したうえ、さらに自分に向かって、

「今申し述べたるごとく乃公《だいこう》本職を辞すると決心した以上は速やかにここを退出するが、ついては足下を始め一堂に跡の始末はよろしく御頼み申す」

といって、すでにその席を退かんとするから、自分は急にこれを引き留めて、

「貴君が御辞職もさることながら、拙者もまた思う仔細があるからこの際貴君と共に辞表を呈しましょう、けだし拙者の職を辞すると申すのは今日発意した訳ではない、すなわち一昨年以来胚胎《はいたい》していることで、辞職を請願したのもすでに再三のことだから貴君も御熟知のとおりであります。しかるを今日まで留任したというは、全く貴君が抱持せられた財務改良の主義に感じて一臂《いっぴ》の力を尽くそうと決意したからのことであるが、今に及んでその持論を行われぬ以上は何を目的に貴君の跡に留まる必要がありましょうぞ」

と明言して、ついに井上と袖を聯《つら》ねて大蔵省を去ったのはその日の十二時過ぎであったが、やがて両人とも辞表を政府へ奉呈しました。

建白書の奏上

そのころ自分は深く時勢に感ずるところがあったから、政事上の意見を筆記して一篇の文章を綴《つづ》ったが、字句の不調を免れぬところもあるによって、その潤飾を那珂《なか》通《みち》高《たか》という人に嘱託したが、ようやく脱稿したから、辞表を出した翌日にその稿本を携えて井上を訪問して、両国橋《りょうごくばし》の辺で面会したが、折節芳川顕正《よしかわあきまさ》もその席に居合わせた。

さてその文章を井上に示したところが井上は一読して全くその意見を同じゅうするゆえ、共にこれを建白しようということで、ついにその意見書を両人の奏議として三条公を経て奏上したが、その後間もなく曙新聞がこの書の全文を登載して世間に公にしたところから、江藤新平などの悪みを増して、政府の秘事を世間に漏泄《ろうせつ》したという廉をもって井上は若干の罰金を懲せられました。

されども両人においてはすでに辞職と決心して辞表を奉呈したうえであるから、あえて忌《き》憚《たん》するところもなく、自己の意見は十分人に語ることを厭いませんから、それではよろしくないといって、大隈から手紙を寄来して忠告もあったが、それすら挨拶もせぬほどであるから、政府でも両人の決意を翻すことは出来ぬと察したとみえて、五月二十三日に至って、依頼免出仕という辞令が下りました。

官から民へ

これで全く大蔵省すなわち官途の関係は微しもない身分となったによって、そこで前年から企望していた銀行創立について、三井、小野両家の人々とも協議して、銀行事務を担任することを約束して、その月からこれに従事することになりました。これが自分の官員から商人に転ずるまでの顚末であります。

かように、最初からだんだん歳時を逐うて往事を談話してみれば、商業界に身を委ねて後もまた二十年余りの歳月を経過したから、その間にもまた珍談奇話が多かろうによって、これに引き続いて今日までの往事をも談話して聞かせろとの懇請もありますが、たとえ二十年の久しきを経るとはいえ、商界に入ってからの事は現世であって、これを過去ということは出来ぬから、むしろいわぬ方がよろしいと思います。

よってこの過去談はこれで終局といたします。

青《せい》淵《えん》回《かい》顧《こ》録《ろく》（抄）

＊『青淵回顧録 全』（青淵回顧録刊行会、一九二七年）を底本とし、「雨夜譚」以後の渋沢栄一の代表的な事績が述べられている十四篇を選んで収録した。

＊原典の見出しをもとに小見出しを付し、各節末に収録されている新聞記事の抜粋や編者による解説は割愛した。

＊読みやすさを考慮して新字・新仮名づかい表記とし、代名詞・副詞・接続詞などの一部の漢字語は平仮名に改めたほか、固有名詞の明らかな誤り等は正した。

＊送り仮名や句読点を整理し、適宜改行を加えた。

＊（ ）は原典の注記、［ ］は編集部による注記を示している。

＊建造物外観の写真は、渋沢史料館より提供を受けた。「東京養育院板橋本院の病室」「渋沢家」「晩年」の写真は、渋沢史料館の許諾を得て同館「常設展示図録」（二〇〇〇年）より掲載した。

第一国立銀行創立の前後

実業界に身を投ぜしゆえん

私が官を辞したのは前にも述べたごとく明治六年［一八七三］五月であるが、井上《いのうえ》［馨《かおる》］侯と共に挂冠《けいかん》［官を辞すること］はしたものの、決して井上侯のごとく政府と衝突したために官を辞したのではなく、平素の持論を実行するために、井上侯の野《や》に下《くだ》るるのを機会に私も共に野に下ったのである。それまでとても私は辞職を決意した事は一再に止《とど》まらず、大隈《おおくま》侯、伊藤《いとう》公、井上侯まで辞意を申し述べた事があるが、その都度引き止められてついついこの年まで役人生活を続けてきたのである。

井上侯が辞職さるる際にも、君だけは止まって大蔵省の事務を見るようにされたいと勧められ、三条《さんじょう》太政大臣や岩倉《いわくら》右大臣からも、人を通じて大蔵省の実権を握っている大官が連袂《れんべい》して辞職されては政府で困るから、井上の辞職はやむをえないとするも渋沢だけはぜひ残ってもらいたいという話もあったが、私も情においては忍びなかったけれども、もしこのまま踏み止まってはついに抜き差しならぬようになり、加うるにもしより以上に重用されるような事になっては、結局辞職する機会を失するおそれがあるので、政府に対してはいささか不人情の嫌いがないでもなかったが、意を決して辞職し、再三の勧誘にも辞意を翻《ひるがえ》さなかったのである。そうしてその志すところは我が国商工業界の進歩発達に微力を尽くそうというにあった。

　私が野に下った明治六年ごろの実業界というものはじつに萎微不振《いびふしん》を極めたもので、今日ではほとんど想像もせられぬほどのものであった。ことに官尊民卑《かんそんみんぴ》の風がはなはだしく、秀才はことごとく官途《かんと》に就くをもって終生の目的とし、書生連中もことごとく官途を志し、したがって実業の事などを口にする者もなく、口を開けば天下国家を論じ政治を談ずる有様《ありさま》であった。そういうわけでもちろん実業教育などということはあろうはずもなく、四民平等の大御代《おおみよ》となりながら、商工業者は依然として素町人《すちようにん》と蔑《さげす》まれ、官員《かんいん》さんなどには絶対に頭が上がらなかったものである。

　私はこの実情を見て常々これではならぬと思っていた。人間に階級があってはならぬ、役人であろうと町人であろうと、互いに人格を尊重し合わなければならぬ。ことに国を強くするには国を富まさねばならぬ、国を富ますには商工業を発達せしめねばならぬから、微力ながらも私が商工業に従事して国家の隆盛に力を尽くそうと考えたのである。しかも私は政治家としては適材でないかもしれぬが、商工業の方面に関しては多少自信もあったので、あえて私の長所とは申さぬけれども、ともかく自分の力を十分に発揮し得る方面に向からのが、人間の本分を尽くすゆえんだと考えたのも、私の実業界に身を投ずるに到った一つの理由である。

第一国立銀行

さて、商工業の発達を期するには従来のごとき個人経営では時勢に適合しない、どうしても小資本を合して大資本となす合本《がっぽん》組織すなわち会社法によらなければならぬと考え、もっぱらこの方面に力を注ぐ事とした。この合本法については、私のフランス留学中に彼《か》の国の実際を見聞して、どうしてもこうあらねばならぬものと考えておったので、現に私が帰朝して官途に就く前、静岡に商法会所を興して合本組織の魁《さきがけ》をしたような次第であった。されば合本組織は私の年来の主張であったわけである。

ところでいよいよ会社を経営する事になれば、まず第一に必要なのはその局に当たる人である。明治初年ごろ、政府においても合本法を奨励し、為替会社《かわせがいしゃ》とか開拓会社《かいたくがいしゃ》とかいうようなものを興さしめ、政府が親しく肝煎《きもいり》をして面倒をみたけれども、いずれもその経営よろしきを得ずほとんどことごとく失敗に終わったが、それは要するに経営者にその人を得なかったためである。私は商工業に経験はないけれども、この方面においては当時の民間の人々よりも可能性に富んでいると考えておったし、やってやれない事はないという自惚《うぬぼれ》もあった。これと同時に商工業者の品位を高める事が必要であると考え、自ら率先して『論語』の教訓を服膺《ふくよう》し自ら範を示すと同時に民間実業家の品位を高めようと考えたのである。『論語』は二千四百年以前の古い教訓であるが、吾々《われわれ》の処世上最も尊むべき実践道徳であり、また実業家の金科玉条《きんかぎょくじょう》となすべき教訓もたくさんにある。例えば「富と貴きはこれ人の欲するところなれども、その道をもってせざればこれを得るもおらず、貧と賤しきとはこれ人の憎むところなれども、その道をもってせざればこれを得るも去らず」のごときその一例であって、実業家のいかにして世に処すべきかを明確に説き教えられている。それで私は実業界に身を投ずるに当たって、論語の教えに従って商工業に従事し、知行合一主義を実行する決心である事を断言したような次第であった。

なにしろその当時にあっては、商工業に従事するものには文字の素養ある者はいたって少なく、越後屋だとか大丸だとかいう大きな老舗《しにせ》においてすら、多少文字の知識ある者を四角な文字を知っているからと称して、なんとなくこれを危険視する有り様であったから、他は推して知るべしであって、儲《もう》けるためには不当の駆け引きをする事さえ恥じなかったほどである。こういう時節に正義に基づいて商工業を経営しようと断言したのであるから、世間では「渋沢はあんな事を言っているが、実際その業に従えば、そんな事など出来るものでない」などと蔭口《かげぐち》を言った者もあるそうであるが、私は誠心誠意よりかく決心したのであって、その後五十年間にわたる実業家としての私の行動を振り返ってみても、最初の決心を食言《しょくげん》せずに実行してきたつもりである。この点だけは自らいささか慰むるに足る点であると思っている。

　野に下った井上侯は一時先修会社を起こして貿易などに従事されていたが、まもなく官界に逆戻りして公使となったり、大臣となったりされたが、私は政治を断念して一身を実業界に委《ゆだ》ねたのであるから、その後しばしば政府要路の大官に推薦された事があったけれども固辞して受けなかった。明治三十五年［一九〇二］のごときは、井上侯に伊藤、山県《やまがた》両公から組閣の内意を伝えられ、私に対してぜひ大蔵大臣になってくれと慫慂《しょうよう》されたが、私は断乎《だんこ》としてこれを受けなかった。すると井上侯は渋沢が大蔵大臣を引き受けてくれぬなら、内閣を組織する事は御免蒙《こうむ》ると言って受けられなかったので、伊藤博文《ひろぶみ》公から私は義理責めに会い、辞退する言葉に窮して第一銀行の重役から、「渋沢に今頭取を止《や》められては困る。渋沢頭取は義理人情に動いて、銀行の者さえ承知ならば大蔵大臣になってもよいと申されたそうであるが、それでは銀行が立ち行かなくなるから、悪しからず御《ご》宥恕《ゆうじょ》願いたい」と断ってもらったような事もあった。

後年三井合名の大立物となった益田孝《ますだたかし》男〔爵〕も、吾々と一緒に大蔵省を辞職し井上侯の先修会社におった人で、その後三井物産に転じ実業界の進歩発達に尽くされたが、大蔵省時代からの知《ち》己《き》であるから気心もよく知っており、しばしば提携して事を共にしたが、益田男もまた政界に志を絶って終始実業界のために貢献された一人である。文名嘖々《さくさく》たりし福地《ふくち》桜痴《おうち》居士《こじ》などもかつては吾々と共に大蔵省に働いた事があり、その後野に下ってからも操觚《そうこ》界《かい》並びに実業方面に相当活動されたものである。

第一国立銀行の創立

年来の希望がようやく達せられて、いよいよ実業界に身を投ずる事となったが、私はかねてから日本の実業界を振興せしむるには、大動脈の働きをなすべき中枢機関の整備を急務とし、常にこれを唱道しておった。そうしてこの動脈の働きをなすべきものはすなわち金融機関であって、まずもってこの方面の発達を計らなければ、他の一般商工業の発達を期する事は出来ない。

私が第一に銀行というものに手を染めたのも、この意味を実現せんとしたにほかならなかったのである。もっとも日本最初の銀行たる第一国立銀行は、私のまだ在官中に計画せられ、私が野に下ってからまもなく開業免許を得たものであるが、私は在官中であったにもかかわらず、この銀行創立に関しては非常に密接な関係をもっておったのである。

　そもそも我が国における国立銀行条例の公布されたのは明治五年十一月であるが、これより先、大蔵小《しょう》輔伊藤博文一行が明治三年に渡米して、銀行制度、公債制度、兌《だ》換制度《かんせいど》その他の取調べをなして帰朝したが、明治四年その報告に基づいて我が国にも銀行条例を制定する事となり、当時大蔵省の改正係主任であった私がもっぱら銀行条例起草の事務を担当し、日本の国情に適合せる制度の草案作製に没頭したものである。この銀行条例を制定するについては大蔵省内においても、伊藤小輔の調査に基づき、米国国立銀行法に準拠して取捨選択するがよかろうという説に対し、先に英国に留学して彼地《ひち》の銀行制度を一通り心得ておった吉田《よしだ》清成《きよなり》などは、むしろ英国の銀行制度が我が国には適切であるという事を主張し、この根本問題についてなかなか議論が一致せず、一時は大いに行き悩んだものである。結局米国国立銀行法を根拠とし、これに幾分か英国の制度を加味して制定する事となり、ようやく成案を得て閣議を通過し、これを公布したのは前にも申すごとく明治五年十一月であったのである。

　ごくつまらぬ事ではあるが、ナショナル・バンクという原名を適切に翻訳する事が出来ず大いに困却《こんきゃく》した結果、当時名ある学者の所へ相談に出掛けたりしたもので、その時の案では「金行《きんこう》」とか「銀舗《ぎんほ》」とかその他種々の案もあったが、いずれも面白くないというので結局「銀行」にしようという事になったのであった。今日から考えれば全く馬鹿げたような話であるが、全然新しい制度を採用実施するのであるから、当時においてはこんな事にまで想像以上の苦心をしたものである。

私は国立銀行条例の起草をなしつつある一方において、ぜひとも模範的の国立銀行を設立して他に範を示さなければならぬと考え、銀行条例の草案は脱稿しなかったけれども、大体の骨組みだけは自分の頭の中に出来上がっておったので、明治政府の為替方をしておった三井組、小野組その他の富豪に対して国立銀行の設立を慫慂した。ところが一般の富豪は銀行というものはいったいどういう仕事をするものかも分からず、ほとんどこの勧誘に応ずる者がなかったけれども、三井組、小野組は私の勧めに従って率先して発起人たる事を承諾し、三井、小野両組の代表者が発起人となって明治五年六月第一国立銀行の創立を大蔵省紙幣寮に出願し、まだ銀行条例公布以前であったけれども、同年八月十五日に創立の許可を得たので直ちに株主の募集に着手したのである。

明治五年十一月二十二日の東京日日新聞に、初めてこの株主募集広告を出したのであるが、左にこれを示すこととする。

今般左ノ五名ノ発起人共東京海運橋兜町ニ於テ第一国立銀行ヲ創立シ三百万円ヲ以テ資本金トシ横浜大阪神戸等ヘ支店ヲ置キ博ク事ヲ行ハント欲ス四方有志ノ諸君此ノ社ニ入ラント欲セハ壬申十一月廿日ヨリ新暦四月一日迄東京本店発起人共ヘ株数願書差シ出シ玉フヘシ資本金ハ金資中既ニ二万株即チ二百万円ヲ三井組小野組ヨリ入社セリ壱万株即チ壱百万円は諸君ノ請求ニ応シ分割スヘシ諸君冀クハ協心同力シテ共ニ洪益ヲ謀ランコトヲ

発起人　三井八郎右衛門

同　小野善助

同　三井三郎助

同　小野善右衛門

同　三野村利左衛門

いよいよ株主募集に従事して、東京、大阪、横浜《よこはま》その他の富豪に対して勧誘をしたけれども、銀行事業の性質を知らぬものであるから進んで株式の申込みをする者が非常に少なく、その申込者はわずかに四十名足らずで、金額にして四十四万八百円（四千八百株）にすぎなかった。しかもその多くは三井組か小野組に関係ある者が進まぬながらもやむをえず申込みをなしたというような有り様で、これだけ纏《まと》めるにさえ非常に骨が折れたものである。それでも幸いに三井、小野両組がおのおの百万円ずつを出資する事になっておったのであるから、株式の申込みは予定数に達せず、差し当たって満株にする事は困難であったので、やむをえず資本金を二百四十四万八百円として、第一国立銀行を創立する事となり、明治六年七月二十日に開業免状を得て、八月一日から日本橋《にほんばし》兜《かぶと》町一番地に本店を置いて開業するに到った。これが我が国における国立銀行の嚆矢《こうし》である。

ところで銀行の運用についてはどういう制度を採ったかというに、三井、小野両組とも一百万円ずつの出資であるから、その権衡《けんこう》を取るために、頭取も支配人も両組から一人ずつ出るという有り様で、その他の幹部はもちろん行員のほとんど全部が、三井、小野両組から入って仕事を始める事となったのである。

こういうような順序で第一国立銀行はいよいよ創立開業の運びとなり、従来三井組、小野組、島田組等が取り扱っておった新政府の為替方の事務は全部銀行に移す事となったが、なにぶんにも銀行というものは初めての事であり、頭取、支配人をはじめとしていずれも銀行の実務に暗く、運用の方法に通暁している者なく、あたかも梶《かじ》のない舟にも等しいものであった。加うるに両財閥の聯立《れんりつ》内閣とも称すべき組織であったから、彼らばかりでは勢力争いや利害問題の衝突から内輪《うちわ》破れをする虞《おそれ》があるし、この点は杞憂《きゆう》にすぎぬとしても運用の方法を過って意外の蹉跌《さてつ》を来《きた》さぬとも限らぬ。もしそのような事があってはようやく芽を出したばかりの銀行業の発達を阻碍《そがい》する結果となり、少なからぬ悪影響を及ぼす事となるので、この点に関しては識者の間にも大分心配する者があった。私もじつは産婆役を勤めて第一銀行の初声《うぶごえ》を挙げるまでに漕《こ》ぎつけたのであるが、経営の点に関しては果たしてうまくやっていく事が出来るかどうか窃《ひそ》かに心配していたものである。

折も折とて同銀行の開業に先立って、私は井上大蔵大輔《たいふ》と共に野に下り、一身を実業界に投ずる事となったので、銀行当事者は渡りに舟とばかり私に頭取就任を慫慂したが、私は辞職はしたけれどもなお御用滞在の命を受けておったので、一応は辞退したのである。しかしこの銀行の創立に関しては初めから関係しておった事ではあり、今後の経営に関しても私としては責任を感じておったのであるから、総監役という名儀で頭取の実務を見、銀行経営の一切の責任を負う事となったのである。

銀行条例は米国のナショナル・バンクの制度《システム》を土台として、私が立案し制定したものであり、銀行の業務に関しては他の人々よりもよく心得ておったつもりではあったが、第一世間が銀行の業務を理解せぬのみならず、肝腎《かんじん》の行員さえも本当の意味で銀行の仕事を解する者が少なかったから、まず行員から指導していかねばならぬという有り様で、その苦心はじつに並一通りではなかった。それで私が総監役となるや、第一国立銀行内に銀行事務講習所のようなものを設け、当時横浜の東洋銀行の行員であったサンドという英国人を講師に聘《へい》し、銀行行政をはじめ簿記法のごとき些細《ささい》な事にまでわたって、銀行諸般の業務を行員に練習せしむる事としたのである。現在第一銀行頭取たる佐々木《ささき》勇之助《ゆうのすけ》氏などもその時の伝習生の一人であった。

意外の大打撃とその後の変遷

第一銀行は日本橋兜町に本店を置き、横浜、京都、大阪、神戸《こうべ》に支店を設け、大いに模範を示すつもりで仕事をはじめたが、創業時代の事であって一般世間が銀行の利用法を熟知せぬために、並々ならぬ苦心を要したものであるが、さらに一面においては先の杞憂が事実となって現われ、三井組と小野組との間がとかくシックリ意気が合わぬようになった。両派対立の関係にあるので、この点については初めからよほど心配していたのであるが、銀行の経営については利害を共にしているけれども、一歩銀行を離れると三井組、小野組は互いに対立しておったのであるから、そうした空気が銀行内にまで及んでくるようになった。三井側の人々は渋沢は小野組に対してばかり便宜を与えているなどと云《い》って不平を唱え、小野組ではまた渋沢は三井の方に偏して小野組には冷淡であるなどという苦情を陳《の》べる始末で、その仲に立って巧みに調停し纏めていくという事は一通りならざる骨折りであった。

そこへ翌明治七年［一八七四］七月には、三井組と共に第一国立銀行の大株主たる小野組が破綻《はたん》を現わして、財界に少なからぬ恐慌を来すに到った。元来、三井組はその経営が割合に保守的であったに反し、小野組は非常に進取的であって、実力以上に事業を拡張して華々しく営業しておったが、とかく資金が不足がちなので銀行からも百三十万円内外の貸出をしてあって、その小野組が閉店する事となったのであるから、銀行としても非常な大打撃を蒙るに到ったのである。この善後策については一歩を過れば銀行が潰《つぶ》れるばかりでなく、日本の銀行というものは今後当分の間は芽を吹き出す事が出来なくなってしまう。単に渋沢が失敗するだけの事なら別に苦しくもないけれども、銀行業を挫折《ざせつ》せしめてようやく勃興《ぼっこう》せんとする気運を覆すのは、我が国実業界の発達の上から見てじつに重大問題である。それで私は最善の努力を尽くして善後策に没頭したが、幸いにも小野組の代表者が私の誠意と立場に同情され、田所《たどころ》町にあった為替方の小野善右衛門《おのぜんえもん》並びに瀬戸物《せともの》町にあった貿易方の総支配人先代古河市兵衛《ふるかわいちべえ》の両氏が、進んで私の交渉に応じ、ことに古河市兵衛氏のごときは大決心をもって在庫品を貸金の担保に入れるように取り計らわれたので、結局その担保品を処分しかつ銀行に対する百万円の出資金をもって決済する事とし、銀行の方は資本金百万円を減資して建て直しを行う事となった。幸いに整理の結果は銀行としては三、四万円の損失で事が済んだが、これも畢竟《ひっきょう》、小野、古河両氏の誠意の致すところである。創立匆々《そうそう》意外な蹉跌に遭遇して、私は非常に苦しい立場となったが、またこの試錬は私に尊い経験を与えてくれた。それでその後は貸付金の方法を改めかつ大蔵省に陳情して預金規則に改正を加えるようにし、同時に行員の淘汰《とうた》を断行して旧来の情弊《じょうへい》を一掃し、営業の面目を更新して鋭意《えいい》創痍《そうい》の回復に努めたのである。かくて明治八年八月の株主総会の決議に基づき、名実共に第一国立銀行頭取となったが、なお幾多の変遷を経て明治二十九年［一八九六］国立銀行の期限が満期となり、引き続いて株式会社第一銀行を創立したのであるが、それが今日も現存している第一銀行の前身なのである。

この銀行の経営については、私は創業当時からよほど積極的の考えをもっておった。あえて銀行の利益を無視するというわけではないけれども、銀行自身の利益よりもむしろ日本全体の経済の事を先に考えるという態度であった。すなわち日本の実業を振興せしむるために、銀行を全国的に活用せしめるようにしなければならぬと信じたからである。第一国立銀行が明治十一、二年ごろから奥羽《おうう》各地方に支店出張所等を設置したなども、単に利益の点からすれば不得策ではあったけれども、最も文明の遅れている奥羽地方に銀行の機能を知らしめて、その開発を計らなければならぬという意見から、この方面に手を延ばしたのである。また明治十一年以来、朝鮮に支店を設置したのも、日韓通商上の発達を助長しようという目的にほかならなかったのであった。第一銀行としては利益という点からばかり見れば、これらは確かに不得策であったには違いないが、私は目的が前に述ぶるごとく他にあったので、銀行内部では反対の意見をもっている者もあったが、多少の犠牲は覚悟のうえで自分の意見を実行したのである。

第一国立銀行の創立に続いて、横浜に第二国立銀行、新潟に第四国立銀行、大阪に第五国立銀行（先に大阪第三国立銀行設立の計画があったが、これは中途挫折して実現しなかった）が設立せられ、第一国立銀行を手本として業務を行ったが、最初はいずれも経営が意のごとくならなかったようである。しかし漸次銀行の機能が世間に知られ、これを利用する者が増加するに従って、各地に国立銀行が設立せられるようになり、明治十二、三年ごろには国立銀行の数が百五十余を算するというほどに銀行事業が勃興し、今日とは比較にならぬけれども、我が国金融界のうえに一新時代を劃《かく》するようになったのである。

東京銀行集会所の濫觴

択善会の組織とその事業

明治五年［一八七二］に制定された国立銀行条例に従って、第一国立銀行その他二、三の国立銀行が創立せられるに到った事情は前に述べた通りであるが、さて実際に経営の衝に当たってみると、条例は実地の運用に不便を感ずる点が少なくない。それで吾々は実際の経験に基づきさらに短所欠点を詳細に研究調査して大蔵当局に対し銀行条例の改正を建議陳情したが、大蔵当局もまた吾々の意見を採用し、明治九年に国立銀行条例が改正せられた。この条例の改正が行わるるや、銀行の経営運用上によほど適切なものとなったので、それ以後国立銀行並びに私立銀行の創立がようやく増加し、全国にわたり百数十をもって算するに到ったのである。

かく多数に同業者が増加したので、私は東京における同業者が相集まって親睦《しんぼく》を計ると共に、営業の得失を研究したりその他いろいろの事務上の打合せなどをするために、明治十年に一つの会を組織して択善会《たくぜんかい》と名づけ、第一国立銀行内にその事務所を置いた。択善会の意味は、『論語』の「択《えら》んで善に居《お》らずんば安《いづく》んぞ知るを得ん」という語句に基づいたものであって、組織した会の趣旨もまたそこに存したのである。択善会の例会は毎月一回第一国立銀行内に開き営業上いろいろの打合せをしたり、海外における実際の事情を翻訳して会員に頒《わか》ったり、あるいは銀行紙幣交換の方法を研究したり、不換紙幣《ふかんしへい》の整理について調査を進めるなど、銀行業務の進歩改善を促すうえに少なからず得るところがあった。

明治十一年に我が国において初めて起業公債を募集する事となって、第一国立銀行および三井銀行にその募集事務取扱を命ぜられた際のごときも、私は択善会の会合の席上において起業公債の国利民福の基《もとい》となる理由を説明し、会員たる各銀行が協同してこれを引き受けるようにすべきであると勧誘した結果、加盟銀行もこれに賛成しておのおのその資力に応じ応募し、その結果全国各地の応募額を合し募集額の二倍に達する盛況を呈する事が出来た。これなども択善会の加盟銀行が中心となって募債に応じたためである。

また択善会で毎月一回『択善会録事《たくぜんかいろくじ》』を発行し全国銀行業者と常に気脈を通じて、各地の業務の実況を掲載し、かつ斯業《しぎょう》発達上参考資料となるような事項を掲げ、これを弘《ひろ》く同業者に頒布《はんぷ》したが、なかなか効果があったのでその翌年に『理財新報《りざいしんぽう》』と改題して、同業者以外にも頒布する事とした。その後さらにこれを広く一般に購読せしめて、理財の事を一般国民に知らしめようという議が起こり、明治十二年理財新報を廃刊して『東京経済雑誌』に択善会の録事を掲載する事にした。明治十三年に択善会が解散して、新たに東京銀行集会所を組織すると同時に、一時録事刊行の事は中絶しておったが、明治十八年ごろに至って、『銀行通信録』を発行する事となった。今日最も完備せる経済上の月報として世間に重きを置かるる銀行通信録は、つまり択善会録事にその源を発しているわけである。

　なおその当時にあっては手形取引の便法が一般民間に知られておらず、これを利用する者がはなはだ少なかったので、択善会組織以来手形取引の奨励について、あるいはその支払保証の方法を協定するとかあるいは手形の方式を作って銀行の得意先に配るとか、直接商業手形取引の有利である事を勧説《かんぜい》するなどなかなか骨を折ったものである。しかしその当時においてはなかなか手形取引の便利を悟る者が少なく、依然として現金取引の旧慣を墨守する者が多かったので、吾々の予期するような成績は挙がらなかった。

　かくのごとく択善会は銀行業務を中心として、日本商工業の進歩を計り、併せて国民の経済思想を発達せしむるうえに相当貢献したのであるが、その後東京における択善会のすこぶる有意義なる事を悟って、大阪、九州、四国および中国等に漸次各国立銀行団体が組織せらるるようになり、大いに同業者共同の便を進めるようになった。

この択善会は後年における東京銀行集会所の濫觴《らんしょう》となったのである。

東京銀行集会所成る

択善会がかくのごとき相当の活動をしているに対し、その当時別に銀行懇親会なるものが組織され、この二団体が並立の姿を呈しておったものであるが、それではなはだ面白くないと云うので、明治十三年の夏ごろ両団体が合併して一つの会を組織する事となり、協議の結果択善会および銀行懇親会はこれを解散して、新たに東京銀行集会所を組織し択善会の事務は全部銀行集会所に引き継いだ。私はその委員長に推されたのであるが、当時における銀行集会所は従来の択善会とは大いにその趣を異にし、規約のごときもすこぶる簡単なものであり、毎月の例会なども単に一杯飲んで献酬《けんしゅう》の間に営業上の談話《はなし》をするくらいのもので、いわば同業者の懇親会にすぎないような観があった。せっかく両団体を解散して一つに纏め会員も増加したのに、こんなふうでは情けないと思ったのであるが、その後銀行の数も漸次増加し、地方に本店を有する銀行で東京に支店を設置するものも多くなり、したがって銀行の業務もよほど進歩してきたので、銀行集会所も単に懇親会程度の団体では済まされぬようになってきた。私ばかりでなく他の同業者中にもぜひこの集会所を有意義なものとして、斯業の発展に資するようにしなければならぬと唱える人も出てきたので、明治十五年に規約に大改正を加えて、再び択善会当時のごとき意義ある内容を備うるようになった。

今日の銀行集会所はここにおいて全く鞏固《きょうこ》なる基礎を築くに到ったわけである。私は明治二十九年まで引き続き委員長の任に就き、その後規約改正の結果会長に推されて、自分の力で出来るだけの事は尽くしたつもりであるが、銀行集会所の経営せる諸事業中手形交換所の開設、商業興信所の創立、『銀行興信録』の発行等は特記するに値すべく、その他起業公債、軍事公債等をはじめ諸公債の募集、銀行紙幣交換の整理、不換紙幣に対する善後策、国立銀行紙幣銷却策《しょうきゃくさく》等につきいかに我が国経済界に寄与したかは、私の内心私《ひそ》かに喜んでいる次第である。

手形交換所および興信所の設立

銀行業務の発達するに伴い、手形交換所の必要である事は当然の事であって、私は択善会の組織以来、これが設立を唱道してしばしば加盟銀行に相談したけれども、当時の実業家はいずれも現金取引の旧習を墨守して、手形取引の効用を知るものがほとんどなかったので、他の同業者も時期尚早《じきしょうそう》を唱えて実現するに到らなかった。私はこれではならぬと思いしばしば取引先の実業家を招いて、手形取引の便利な理由やその割引の順序方法等を説いて勧誘したけれども、容易にその普及を見るに到らなかった。択善会を解散して銀行集会所が設立されてからも相変わらず商業手形の利用について勧説《かんぜい》を怠らなかったのであるが、経済界が発達するに従って商業取引もしだいに頻繁となり、さすがに現金取引主義をとって動かなかった人々もその不利を悟り、明治二十年ごろに到って漸次手形取引が行わるるようになった。

東京銀行集会所・銀行倶楽部

　この傾向が漸次顕著となってきたので銀行集会所の加盟銀行に手形交換所の設立を相談したところ、十数銀行の同意があったので、この賛成銀行が申し合わせて手形交換所を創立する運びとなった。音頭《おんど》取《とり》である関係上私がその創立委員長に推されたので、ニューヨークの手形交換所の規定を参酌《さんしゃく》し、これに基づいてその年の暮に交換所設立の完成を見て、東京銀行集会所内にその事務所を置いた。これが今日の東京手形交換所の第一声を挙げたところである。

　ところがその組織がやや不完全であったために、実地に運用するうえにおいて面白くない節もあったので、明治二十四［一八九一］

の春に一旦《いったん》これを廃止し、改めて第一銀行その他十数行が申し合わせをして、規定に根本的改正を加え、組織方法を一新して交換事務を開始する事となった。この改正によって交換所の機能を十分発揮する事が出来るようになり、一般金融社会に有益なる機関たる事が知悉《ちしつ》せらるるようになったので、その後加入を申し込む銀行が続々現われ、明治三十年ごろには組合銀行の数は日本銀行をはじめとして三十余行に及び、代理交換を委託する組合外の市内銀行本支店を合わせて約百二十行を算するに到り、完全に手形交換の機能を発揮するに到った。

手形交換所の機能が発揮されるにつけても、取引先の信用調査その他銀行関係業務について、調査機関を設くる必要を見るに到ったので、私は手形交換所の組合銀行に諮《はか》って興信所の設立を相談した。それは明治二十五、六年ごろの事である。当時にあっては私の説に賛成する者もあったが、また時期尚早を唱える者もあり、他方においては興信所の事業を担当するに最も適当な人物を得る事が出来なかった等の関係もあって、これが設立の運びには到らなかったが、明治二十七、八年戦役の後、諸般の事業がにわかに勃興して、商工業界はいよいよ多事なるに到ったので、大いに興信所の必要を感ずるに到った。そこで東京銀行集会所組合の有志、並びに日本銀行、横浜正金銀行等の協議に基づき、組合銀行中のおもだった人々を発起人として興信所設立計画を進め、二十九年の七、八月ごろ興信所の設立を見るに到った。これがすなわち東京興信所であって、我が国における興信所の嚆矢をなすものである。

不換紙幣の整理問題

東京銀行集会所の加盟銀行が中心となり、不換紙幣の整理に尽力した事は忘れてならぬ功績の一つである。その顚末《てんまつ》の概略を述べると、明治十年以降、不換紙幣の価格が下落して物価が著しく騰貴《とうき》し、貿易は逆調を呈して正貨がしきりに海外に流出した。これがため金利の騰貴がはなはだしく明治十三年に到りてはほとんどその極に達したので、識者の間にこれが救済策についていろいろ論議された。私は特にこの問題について心配し、明治十三年六月十四日に京浜間《けいひんかん》の銀行業者の集会の席上において、これが救済に関する一の具体案を提示し、この方法を政府に建議せんことを発議したのである。

当日会同した同業著は私の説明を聞いて、「銀行にとっては既得の権利を自ら進んで失う事となるのであるが、これによって兌換制度を確立する事が出来るならば、国家百年の大計のために忍んでその説に従う事としましょう」と同意した。しかし事は極めて重大問題であるから、さらに慎重に研究したうえ、同月の二十一日さらに会同して確定議とする事となり、その日は散会したのである。当時の大蔵卿大隈侯はこれに反対の意見を有せられ、吾々銀行業者間にこの事あるを聞知《ぶんち》するや、極力これが妨害を試みられたのである。これがために一旦同意した銀行中で脱退を申し込む者も出《い》で、協議が容易に一致するに到らず、七月九日の会同においてはついにこの建議は中止せざるを得なくなった。

ところが翌十四年大隈侯が野に下り、松方正義《まつかたまさよし》公が大蔵卿の椅子を襲わるるに到るや、公は敢然として不換紙幣の整理に手を染めらるるようになったが、その整理方案は大体において私の先年提議した案と一致したものであった。当時、官民有力者の間には松方公の財政政策に反対する者がすこぶる多く、盛んに議論を闘わしたが、私は第一線に立って松方公の政策遂行支持論を主張し同業銀行者を説き伏せるのに骨を折った。かくて政府においても断乎として紙幣銷却の決心を固め、明治十九年一月より政府紙幣の兌換を開始し、明治二十三年をもって紙幣整理処分を完結するに到ったのである。

東京商業会議所の由来

会議所の起源とその事業

私が民間に下った当時、東京会議所というものがあった。この東京会議所は以前、東京営繕会議所と称せられたもので、今日で申せば財団法人のような組織となっており、道路、橋梁《きょうりょう》の修繕、養育院事務、共同墓地事務、ガス灯および街灯事務、商法講習所事務等を管理経営しておった。これはいわば旧幕時代の江戸町会所《えどちょうかいじょ》の後身ともいうべきものであって、寛政年間、松平定信《まつだいらさだのぶ》が老中時代に、一種の共同蓄積制度を設けて、これを町会所に保管せしめておったのである。明治五年に町会所が廃止された結果、その共有財産は一旦東京府庁の管理するところとなったが、元来これは東京市民の共有財産であって、政府の所有に帰すべき物でないという趣旨から、営繕会議所を設立してその共有財産を引き渡し、その事業として市中の道路、橋梁等を営繕する事となったもので、その後必要に応じて養育院、共同墓地その他の事業をも経営、管理するようになったものである。

私は明治七年に共有金の取締りを嘱託されかつ営繕会議所の委員に任命されたが、実際その仕事に携わってみると、従来の規定では不備の点がすこぶる多いので、他の委員とも協議してその改正方法を案出し、これを東京府知事に建議したのである。幸いにこれが採用せられて、明治九年の初めに規則が改正され、その結果会頭、副会頭、録事、各業務の課長を置く事となり、私はその会頭兼業務課頭取に選挙された。しかし会議所の事業は非常に広汎《こうはん》にわたっているし、とうてい従来の共有金のみをもってしては将来長く継続する事が出来ないのみならず、さらに府庁の事業と会議所の事業とが相背馳《はいち》するような事が往々ありがちなので、これでは市民の利益を増進することは出来ないと考えて、会議所関係者の会議に諮ったうえで、東京会議所の事業は全部これを府庁に引き渡し、かつ管理にかかる共有金は府庁において管理するようにし、会議所においては単にその収支の決議に与《あずか》るようにした方が、時勢に適応したやり方でありかつ市民の真の利益を図るゆえんであるという事に意見が纏まって、直ちにその事を府知事に稟申《りんしん》した。

当局も正当な申し出であるためこの建議を採用する事となったので、明治九年の四、五月ごろ、事業の一切と財産とを府庁に引き渡し、その後は単に収支の議決をなすと同時に府知事の諮問機関《しもんきかん》のような役目をする事となった。ところがその年の暮近くになって区町村総代人選挙法が定められ、その規則に基づいて東京府が総代人を選挙する事となったので、勢い東京会議所はこれと相抵触《ていしょく》する事となってきたから、存続の必要がなくなり、協議の結果翌明治十年に解散してしまったのである。

東京商法会議所時代

東京会議所がなくなった代わりに、総代会議というものが招集せらるる事となったわけであるが、これは従来の会議所とは自《おの》ずから性質を異にし、共有金の議決などはこの会議に付するとしても、一般商工業の利害に関係ある事柄に対しては、その利害得失を諮問する事が出来ない。従来の東京会議所の議員はいずれも東京府下における名士紳商《めいししんしょう》であったから、したがって世間でもこれを重く見ており、府知事も商工業に関する事はすべて会議所に諮問し、会議所は民間の実情に基づいて意見を開陳しておったので、府知事のためには最も必要なる顧問の役目をしておったのである。

それが今度解散されたのであるから、府としても少なからず不便を感じたようであるが、吾々実業家としてもお互いの聯絡《れんらく》を図り、商工業の発展に資するうえにおいて、有力なる団体のないのはじつに心細い次第であった。東京会議所の存立しておった間はさほどまで深くも感じなかったが、いよいよ解散になってみると痛切に商工団体の必要が感ぜられた。欧米諸国には商業会議所というものがあって商工業者の中心となり、斯業の発展並びに利益の擁護に努めているから、我が国にもその制度を採用しほぼ同様の団体を組織しなければならぬと考えるに到った。時の工部卿《こうぶきょう》は伊藤博文公、大蔵卿は大隈重信《しげのぶ》侯であったが、いずれも私が在官当時から引き続き親交のある方ではあるしかも相当進んだ考えを持っておられたから、この事を相談したところが、両氏とも非常に賛成されて、進んでその団体組織に尽力せらるる事となった。一実業家の私が唱道しただけでは、これが実現はなかなか困難であったろうが、工部卿、大蔵卿等が先に立って誘導される事となったのであるから、私の希望は意外に早く進行し、その年（明治十年）の暮に東京商法会議所設立認可を府知事まで請願する運びとなり、翌年三月に許可せられ、しかも木挽《こびき》町に商法会議所を新築して無償でこれを交付され、年千円の保護金をも下付される事となったのである。

そこで吾々同志は市内における有力実業家に会員として加入するよう勧誘したところが、御上の御声がかりがあったのも与って力あったと見え、直ちに数十名の加入者を得るに到った。それで商法会議所内には内国貿易、外国貿易および運輸船舶の三部を置き、その後工業並びに農業の二部を加え、会員中から委員を選挙してこれを分担し、大いに会議所の実を挙ぐるに努めた。私は推されてその会頭になったが、副会頭には益田孝、福地源一郎《げんいちろう》の両氏が選挙され、各部の委員も当時の民間実業界における一流の人々のみであったから、すこぶる有力な商工団体となり、他方においては政府当局の商工業方面に関する有力な諮問機関たるの実績を挙ぐるに到った。今日の東京商業会議所の濫觴は、遠く昔に遡《さかのぼ》れば江戸町会所に発したと見られぬでもないが、本当の意味における商業会議所の起こりは、この東京商法会議所をもって創始と見るのが至当であろう。

　東京商法会議所はその後幸いに順調の発達を遂げ、東京全市のためには最も必要な機関の一つとなった。もっとも商法会議所の創立に際しては、吾々発起人は欧米諸国の商業会議所に倣《なら》って、およそ商工業に関する利害得失の調査、審議および答申、建議等は申すまでもなく、各業者間に紛議等の起こった際は調停の役をも勤めようという気組《きぐみ》であったのであるが、なかなかその点までには力が及ばず、また調査、統計のごときも、すべての機関が完備しておらなかったために、絶対に正確を期するという点にまでは到らなかった。発達せる今日の実状からすれば、事業の内容等もすこぶる貧弱であった誹《そし》りは免れぬであろうが、当時の実際から見ればこの程度のものでも、前に述べたがごとく重要なる機関の一つとして相当活動したものである。

　かくのごとくしてせっかく順調の発達を遂げてきた商法会議所は、明治十四年に農商工諮問会規則が発布せられた結果、中途にして挫折するの余儀なき窮境に陥った。この規則によれば新たに諮問会を設立しなければならぬわけであって、商法会議所の存続はこの規則に抵触する事となる。そのうえにこの諮問会規則の公布後まもなく、政府からの補助金も廃止せらるることとなったので、これがため商法会議所はわずかにその名を存するのみで、ほとんど中止閉鎖の状態となり、全く有名無実のものとなってしまった。せっかく発達しつつある商法会議所が挫折したのであるから、私にとっては遺憾このうえもなかったのである。各会員中にも私と同様に心配する人が多く、どうかして商法会議所をこのまま存続させたいと思い、諮問会規則の改正を建議したが、一旦はついに徒労に帰した。しかしあくまでも初志を貫徹しなければならぬというので、吾々同志は熱心にこの運動を継続し、ついに要路の大官を動かして、吾々の年来の素志《そし》を達する事が出来た、すなわち明治十五年の五月に、先の農商工諮問会規則は廃止さるる事となり、同時に各地方の便宜に従って勧業諮問会並びに勧業委員を設置する事を得る旨布告されたのである。

吾々商法会議所の役員および委員は早速この二つに基づき会議所の組織を変更し、新たに東京府下十五区聯合《れんごう》商工会を設立する事となり、万事がすべて都合よく進み、その年（明治十六年〔一八八三〕）の十月東京商工会が設立さるるに到ったので、これと同時に従来の東京商法会議所を解散し、従来の会議所で取り扱ってきたすべてを東京商工会に引き継いで、名称は変わったけれども実質においては一旦有名無実となった商法会議所が復活するに到ったのである。

再度更生して基礎定まる

東京商工会の組織については、当時の東京府知事芳川顕正《よしかわあきまさ》氏が非常に尽力せられた。あるいは東京市のおもだった諸会社の代表者および各組合の総代を一堂に集めて勧誘し、あるいは商工会の組織内容について適切なる案を示され、または今後諸種の便宜を与うる事を明言せられるなど、非常に親切に商工会の組織を援助されたのである。しかもその発会式の当日のごときは特に大蔵卿松方正義、農商務卿西郷従道《さいごうじゅうどう》、警視総監樺山資紀《かばやますけのり》、東京府知事芳川顕正の諸氏をはじめとして、政府の大官も多数臨席せられ民間団体の発会式としては当時において空前と称せられたほどの盛典であった。

かくて東京商工会は幸先《さいさき》よい産声を挙げたのであるが、内部の組織も以前の会議所時代のものに改善を加え、会員には各商工組合よりその大小に応じて一人ないし数人の代表人を選出し、またおもだちたる会社においてはこれまたその規模によって適当の人員を代表

東京商業会議所

者として選出する事とし、これらの人々を会員とする事とした。これは一般投票によって選挙するという事にしては、その資格を定めるだけでも非常に面倒であるし、かつその面倒を忍んでこれを行うとしても、かえって適当の人物を得る事が難しい虞《おそれ》があったので、会員の選出法をこのように改めたのである。またその経費も以前は各会員が負担したのであるが、このたびの改正規約においては、会員はすべて各会社および各組合の代表者であるから、この意味において選出会員の人員に応じて、これを選出した会社および組合がその経費を負担することとした。そうしてその事業としては諸官衙《しょかんが》の諮問に応ずること、常に諸般の調査を行うて十分の材料を備え、いつにても商工業界の事情を明らかにするように出来ることおよび常に商業の景況、工業の景況、金融の景況、運輸の景況等を報告して、経済界の動きを示すと同時に斯業の発展に資せんとするにあった。

東京商工会は明治十六年から明治二十三年まで持続した。その間において商工会自身も相当活動したが、時勢は刻々に進んで東京商工会のごとき組織をもってしては、漸次時勢の要求に応ずる事が出来ないようになった。どうしても欧米諸国における商業会議所と同一の機能を有し、同様の地位を築き上げるようにしなければならぬようになってきたのである。この空気はしだいに濃厚となり、全国各地の商工会においてもその必要を痛感するほどになったが、農商務当局においてもまたこの実状を認め、明治二十二年に商業会議所条例の起草をなし、これを東京商工会はじめ全国各地の商工会代表者に内示してその意見を求むるに到り、条項の各条については相当異論もあったが、大体の骨子についてはいずれも大賛成であったので、農商務当局はさらにこれに修正を加え閣議に提出し、明治二十三年の九月にいよいよ商業会議所条例が発布された。そこで吾々有志は直ちに商業会議所の設立準備に着手し、同年十月設立認可を得て商工会の一切を継承し、今日の商業会議所の基礎をなすに到ったのである。

各地の商工会もまたこれに倣《なら》って商業会議所を起こし、漸次発達して今日においては全国各地の大都市にはほとんど商業会議所の設立せられておらぬ土地はないほどになったのであるが、その今日に至るまでには時勢の進歩に促されたことはもちろんであるけれども、事の成るは成るの日に成るに非《あら》ずして、その縁因は遠く昔に端を発しているのである。回顧すれば東京商業会議所のごときも、その前身時代である商法会議所は一旦廃止の余儀なき運命に陥った事もあり、商工会時代においても予期のごとき成果を収むるにすこぶる困難を感じた事もある。さらに商業会議所条例が公布されて現行法のごとく改正されてからも、いろいろの障害に遭遇して大いに苦心した事も少なくなかった。東京商業会議所の創立に当たっては私が会頭に選挙され、益田孝男が副会頭となられ、中野《なかの》武営《たけなか》氏その他の人々も役員として大いに尽力されたが、往時を振り返ってみればすべてが夢のように思われる。

実業教育の創始と沿革

明治維新前後の教育

明治初年の我が国の教育制度というものは寔《まこと》にお話にならぬくらい微々たるものであった。明治六年に学制が公布せられ、全国に小学校が出来る事となったけれども、これとても寺小屋式のものに毛の生えた程度のもので、いわんや実業教育などという事は全く顧みられぬ有り様であった。ただに実業教育が顧みられぬばかりでなく、商人には学問が不必要だというので、相当の学問ある者はかえって嫌われたほどのものである。今日の状態から考えると全く今昔の感に堪えない。

はなはだ古臭い話ではあるが、私どもの少青年時代に受けた教育は、ことごとく漢籍による支那《しな》の学問であった。旧幕時代には一般に漢籍が教育の全部のごとく信ぜられておったから、江戸はもちろん、地方においても教育のある人といえば漢籍の出来る人で、まず四書五経《ししょごきょう》によって修身《しゅうしん》、斉家《せいか》、治国《ちこく》、平天下《へいてんか》の四大眼目を学び、これによって世に立たねばならないとされたもので、主君に仕えるにしても、社会並びに朋《ほう》友《ゆう》に接するについても、地方政治に携わるうえにおいても、結局の目的は天下を平らかにするというところにあった。したがって今日とは違うけれども、とにかく政治方面に関する教育は幾分か発達しておった。しかし科学的教育、例えば物理とか化学とかは学ぼうにもその道がなく、またそんな事について考える人もほとんどなかった有り様である。もっとも医学とかまたは天文、地理、歴史等は多少あったが、これとてももちろん漢学でいずれも治国平天下の流れを汲《く》むものであった。

また人間としての教育についてはいわゆる六芸《りくげい》たる礼《れい》、乗《じょう》、射《しゃ》、御《ぎょ》、書《しょ》、数《すう》を学ぶべきものとされておったにすぎない。されば当時四民のうえに立つ政治的教育方面はあったけれども、農、工、商等に従事する者の教育というものはほとんど皆無であって、わずかに『塵劫記』という書によって算術の初歩を学ぶとか『商売往来』により商売の道を知る程度にすぎなかった。加うるに支配階級である武士は、生産殖利の事については自身では少しも心配せず、単に他人の作った物を徴収すればよいという観念をもっておった。

これが封建時代における大体の制度であったのである。私どもはかような幕府時代に成長したのであるから、もちろん実業教育などは受けなかった。しかも私は攘夷論《じょういろん》者《じゃ》の一人であったから、いわゆる食わず嫌いで、外国の事情などはあまり重んぜなかったが、医術の事だけは西洋の方が進んでいるから、毛唐人《けとうじん》の方が偉いと思っておった。その後一橋家《ひとつばしけ》に仕えるようになってから、実際の経験に従い軍隊の事もまた西洋式にせねばならぬと深く考えるようになった。ところが図らずも民部《みんぶ》公子《こうし》〔徳川昭武〕の御供をしてフランスに留学する事となり、欧洲《おうしゅう》各国を親しく視察してみると、世界の有り様は吾々の想像したことと全然違っており、商工業のごときは日本におったころ私の夢想だもしなかったほどに進んでおり、学理もすこぶる緻《ち》密《みつ》に研究されており、ことにフランスやイギリス、イタリー等で機械工場や兵器工場を見て、その進歩の著しいのに驚いてしまった。実際私はこれらの事はほとんど知らなかったから、見る物聞く物驚嘆の種ならざるはなかったのである。

中にも鉄に関する工業の発展ぶりにはことに感心し、その必要の観念を強く惹《ひ》き起こしたのであった。これと同時に日本における商工業の力が真に乏しいという事を切実に痛感して、日本の国を富まし国勢を盛んならしめるには、政治の事ももちろん必要ではあるが、まずもって西洋の進歩せる制度文物を我が国に輸入して、商工業を盛んならしめなければならぬと考えたのである。フランスにある時、幕府が倒れたために、予定の学問を修業する事が出来ずに帰国したのであるが、ともかくこの実地《じっち》見聞《けんもん》によって、帰朝のうえは商工業界に一身を投じて、国を富ませ実業家の地位を引き上げようという固い信念を抱くようになった。帰朝後一時大蔵省に出仕したが、明治六年に断然辞職したのはいわばフランス留学中の素志を行わんとするがためであって、私はこれによって年来の希望に向かって第一歩を踏み出す事となったのである。

私はこういうような信念をもって実業界に身を投じたものの、一般世間では私の説に共鳴する者は至って少なかった。一般商工業者は単に金さえ儲ければよいという域を出でないで、実業教育などを顧みる者はほとんどないし、識者の間にも進んで商業教育の必要を説く者などは見当たらなかった。しかし私は欧洲における実地の見聞から、どうしても商業教育が進まなければならぬと考え、新しい商業教育の必要を痛感し、商業には商業地理もあれば商業史もあり、広い意味から科学も、法政経済も心得ておらなければ、今後世に立つにはとうてい外国人と肩を並べていく事が出来ないと考えて、窃かに焦慮しつつあったのである。しかしながら世間一般の空気は依然として封建時代と異ならず、学問を修むる者はことごとく官吏を目的とし、政府の役人になる事を無上の光栄としている有り様なので、私自身が商工人の地位の向上などを考えても、なかなか力が及ばなかった。それについてその当時の一般の気風を察知するに足る適切な一つの挿話《はなし》がある。

官海を辞してからまもない事で、ちょうど私が東京会議所の会頭として東京瓦斯《ガス》局《きょく》の事業経営を委嘱されておった時の事であるが、当時瓦斯局の技師をしておったベルジンというフランス人を日本技師と取り換えようと思い、この方面の技術の出来る人を物色し、高松豊吉《たかまつとよきち》博士の周旋で帝国大学応用化学科出身の某工学士を採用する事となり本人ももちろん応諾した。しかるにその後に到ってその工学士が私を訪問し、「今後瓦斯局の経営はどうなりますか」という質問をしたので、私は「将来は民間の事業として経営するはずである」と答えたところ、「そうですか、それではせっかく入所のお約束を致しましたが、私の希望と反しますから辞退致します」と言い出した。私は不審に思いながらその理由を聴いてみると、某工学士の云うには、「私の学問したのは名誉を得たいからであります。民業には名誉がありません、したがって民業に従事するという事は私の学問をした趣旨に反するから、遺憾ながらお断り致す次第であります」と答えた。じつに意外な事を聞くものであると思ったから、私は私が引き続き大蔵省におればやがては大蔵卿にもなれる地位にあったが、国を富まし国勢を伸張するために進んで実業界に身を投じたのであって、官吏となって名誉を得るよりもむしろこの方面に尽くすのが、国家に貢献するゆえんである事などを懇々と話してその辞意を翻させようとしたが、その男はどうしても私の言う事を聞かない。「貴方《あなた》はそういうお考えであるかも知れませんが、私達はそうは思いませぬ。貴方は変わり者であるからその道を進まれるがよろしいでしょうが、そういうお考えをもって私どもを律せられては困ります」という答えであった。

　これは単にこの人のみがかかる考えをもっておったばかりでなく、当時は一般にかような考えをもっている者が大多数で、したがって商工業者は非常に蔑視《べっし》されておったのである。官海よりもむしろ民間に幾多の人材を輩出している現今の状態と比べて、じつに雲泥の相違がある事をこの一例によっても十分推察される事と思う。

商法講習所の設立と廃校決議

実業教育を振興せしめて実業家の知見を高め、その地位を向上し、これによって我が国の商工業を発達せしめなければならぬという考えを抱いておった事は、大体前に述べたごとくである。ちょうど明治七年ごろ、当時米国にあった森有礼《もりありのり》氏から、時の東京府知事大久保《おおくぼ》一翁《いちおう》氏に宛てて、米国における実業教育の盛んである事はじつに想像以上であるが、日本にもぜひ同様のビズネス・スクールを建てたいと思うから、なにぶんの助力をお願い致したいと頼んできた。

ところで大久保知事もだいぶ進んだ考えをもっておって、森氏の企ては至極結構な事であるからぜひ実現させたいものであると思うが、なにぶんにも東京府には資金がないので府として援助する道が見《み》出《いだ》せない。そこで大久保知事は一日私を訪問して相談されるには、旧幕時代に白河楽翁《しらかわらくおう》が江戸の人達に節倹を勧めて蓄積した金が共有金という名義で残っており、貴方がその共有金を保管しておられるが、これを利用してビズネス・スクールを設立するのを援助してはどうかと話し込まれた。その共有金というのは江戸町会所の時代に積み立てたもので、それを東京会議所において引き継ぎ保管しており、私がその会頭として保管の任にあったのでこういう相談に与ったのである。

私はかねて実業教育の必要を感じており、どうかして秩序ある実業教育を施したいと考えておった際なので、直ちに同意して関係者の会議を開き、その計画に賛成する必要ある理由を陳べたところが、幸い他の役員も同意されたので、学校の費用は一万円ぐらい入用であるという事であったから、とりあえず共有金の中から八千円ばかりを出して助力する事とした。そこで大久保氏も非常に喜んだが、ことにビズネス・スクールを設立する事を提議した森有礼氏は、意外にスルスルと補助費が出たので、自身でも一万円ばかり工面して、翌年の夏ごろに京橋《きょうばし》の尾《お》張《わり》町に商法講習所という小さい学校を開き、商業教育に経験あるホイットニーという米国人の教師を雇うて授業を開始し、約一年ばかり経営したのである。この商法講習所は学校というよりもむしろ家塾《かじゅく》といった方が適切であるような小規模の物で、生徒も三十人足らずの少人数であったが、これがともかくも我が国における商業教育専修の学校が出来る最初であったのである。

ところが森有礼氏はまもなく特命全権公使に任ぜられ支那に赴く事となったので、学校の世話をする事が出来なくなった。それで廃校するのは惜しいし、誰か跡を引き受けて経営する人はないかと私に相談を持ち掛けられたが、官立とする事は最も望むところであるけれども、当時にあっては全然その望みがないし、経費の関係から府立学校とする事も不可能であったので、一時東京会議所が管理して経営する事となし、私が管理の責任者となった。しかるに明治九年に到って東京府庁が管理する事となり、その年の五月京橋の木挽町に校舎を新築し、新たに矢野《やの》二郎《じろう》氏が所長に任ぜられて、いっそう内容を改善して経営する事となった。この経営については大体は府庁でやるけれども、直接の世話はやはり東京会議所でする事となったので、私自身は教育には縁の遠い方であるから、秩序立った教育上の意見はなかったけれども、ごく大雑把な考えだけはもっておったので、なるべくその意見を実現するように骨を折った。

森有礼

このようにして我が国の商業教育はようやく芽を吹き、おいおいは相当の実績を挙げうるだろうと期待しておったところ、明治十二年の春になって商法講習所はほとんど挫折せんとする大きな傷手《いたで》を負うた。それは東京府会に商法講習所の経費として五千円ばかりを要求したに対し、府会議員の知識があさはかであって実業教育の何者たるかを解せざる者が多かったのと、かつ一般世人も教育の必要、なかんずく商業教育の必要を熟知する者がなかったために、府会においてこの経費に大削減を加え約半額の二千五百円を支出する事に修正したのである。予算を半減されては商法講習所の維持はもちろん不可能だから、このままに放置しては廃校の余儀なきに到るは当然の帰結である。せっかく伸びかかったのを嫩葉《ふたば》のうちに摘み取るような事があってはならぬと考え、私は各方面の有志を説いて寄付金を集め経費を補充してようやく維持する事が出来たのである。

　このように商法講習所は非常に虐待せられたけれども、辛うじてその後一、二年は維持する事が出来た。しかしながら明治十四年ごろ、商業教育に理解のない府会議員は、ついに商法講習所は不必要であるというのでわずか一、二票の差をもってではあったが、商法講習所の経費を否決し、廃校の決議をなすに到った。明治十二年の時は経費を半減されたのであるが、このたびは廃校の決議をしたのであるから、ほとんど手の着けようがなかった。それで私はどうしてもこれを生かさなければならぬと考え、東奔西走して商法講習所存続の必要を説き、要路の大官にも会って意見を開陳し、農商務省に対しては補助金下付の建議をなし、あらゆる方法を構じて講習所を存続せしむる事に力を注いだのである。吾々が農商務卿に提出した建議の全文を左に掲げることとする。

謹テ按スルニ商法講習ノ事ハ商業拡張ノ基礎ニシテ、其学校ノ緊要ナル猶農学校ノ耕耘ノ道ニ於ケル工学校ノ製作業ニ於ケルカ如シ。本邦開港以来内外ノ商業漸ク開進シ、方今ニ迄ンテハ其ノ商勢全ク昔時ト一変セントスルノ気運ニ際セリ。然リ而シテ其商估タル者間々或ハ大ニ其体面ヲ革メタルモノナキニ非スト雖モ、孰々全般ノ実況ヲ通観スルニ尚旧套ニ因依スル者多ク其規模未タ以テ今日ノ時勢ニ適セリト云フヘカラス。是他ナシ我国古来商業講習ノ如キハ只家庭ノ口授ニ委スル者多クシテ亦真正ノ商法学校アリテ之カ真理ヲ闡揚シ、之カ方法ヲ修習スルコトナキニ職由スルナリ。

惟ミルニ我政府ハ夙ニ工部大学校ヲ工部省中ニ設ケラレ、又農学校ヲ駒場ニ置カレ、今又将ニ職工学校ヲ文部省中ニ新設セラレントスト。其農工ノ業ヲ訓導督励セラル、ヤ実ニ厚シト謂フヘシ。然リト云フトモ独リ商法学校ニ至リテハ未タ措テ顧ミラレサルモノ、如キハ本会カ常ニ遺憾トスル所ナリ。

夫レ農工商ハ富国ノ原素ニシテ其偏廃スヘカラサルハ固ヨリ論ヲ待タス。若シ之ニ反シテ彼此軒輊スルアラハ仮令農業工芸ハ共ニ進歩シテ殖産ノ道ヲ得ル事アルモ、販鬻ノ途其宜ヲ得サルカ為メ或ハ却テ他ノ二者ヲ妨害スルニ至ルハ之ヲ古今ノ商業歴史ニ徴シテ彰著ナルモノアリ。

曩ニ我政府カ農商務省ヲ設置セラレタル趣旨蓋シ亦此ニ外ナラスシテ、農工商ノ三者互ニ相聯歩シテ共ニ開進スルヲ期図セラルニ在ラン。果シテ然ラハ商法学校ヲ設クルノ今日ニ急務ナルハ決シテ他ノ二校ニ譲ラサルヲ信スルナリ。是本会カ茲ニ其建設ヲ要望スル所以ナリ。

今ヤ本会カ商法学校ノ建設ヲ欲スル事前条ニ述フルカ如シ。而シテ其学制ニ於テモ亦聊カ其見ル所ナクンハ非サルナリ。蓋シ商法ノ学タル其教則高尚ニ過ル時ハ却テ実地ニ適セサルノ弊アリ。若シ卑近ニ失スル時ハ又其秩序宜ヲ得ル能ハス。是ヲ以テ今日ニ適応スルノ制タラン事ヲ切望スルナリ。固ヨリ閣下ノ明鑑能ク其衷ヲ折セラルヘシト雖モ敢テ茲ニ本会カ曩キニ東京府知事ヨリ東京商法講習所教則改良ノ事ヲ委托セラレタルニ当リ、調査シテ之ニ復命シタル教則一編ヲ副呈ス。是聊カ滄海ニ一滴ヲ添フルノ微意ナリ。伏シテ思フ、閣下幸ニ本議ヲ採択セラル、ヲ得ハ国家ノ慶蓋シ焉ニ過ルモノナカラン。頓首謹言

東京商法会議所会頭

明治十四年七月十五日　渋沢栄一

農商務卿河野敏鎌殿

幸いに農商務当局も吾々の誠意を諒《りょう》とし、約一万円ばかりの補助金を農商務省より賦与されることとなったので、辛うじて講習所の授業を継続することが出来たのであっ

た。

官立移管と初代校長矢野二郎氏

農商務省からの補助金によって商法講習所の命は一時取り止める事が出来たけれども、こんな事ではこの後安心して維持経営していく事が出来ない。府立として存続する事が出来なければ、ぜひとも官立としてその基礎を確立しなければならぬと考え、この事について識者の意見をも質《ただ》し、政府要路の大官を問うて自分の存意を陳べたところが、政府としても商業教育の必要は認めているけれども、従来経営し来った府において必要なしと認め、ついに廃校の決議までした学校を直ちに官立として政府が直轄するというわけにはいかぬが、もし民間においてどうしてもこの学校を継続する必要ある事を具体的に示すような方法を構じたならば、政府においても大いに考慮する余地があろうというような話であった。

いかにももっともの事ではあるし、学校存続の必要は言うまでもない事であるから、私が音頭取となって東京市内の富豪有志を説き廻《まわ》って、学校の基本金寄付方を勧誘し、東京府知事もまた陰《いん》に陽《よう》に基金募集について尽力されたのでその成績は意外に良好で、三万円近くの寄付金を纏める事ができたのである。吾々はこれに力を得て、政府方面に対しても直轄学校とするように運動したが、宮内省においても特にこの基金に対して五百円を下賜されるという特別の思召《おぼしめ》しもあり、民間有志の熱心のほども基金募集の結果によって証拠立てられたわけなので、政府当局も大いに意を動かして明治十七年の春に農商務省の直轄として経営する事となり、名称も従来の商法講習所を廃して、東京商業学校と改称した。

しかるに非常に都合の良い事には、明治十八年に到って内閣官制が改正となり、我が国に初めて現制度のごとき内閣組織が実施さるるに当たって最初の創立者である森有礼氏が文部大臣となったので、以前の縁故からしてもまた従来の森氏の持説からしても、学校をそのままにしておく事は出来ぬというので、その後まもなく文部省の所管に移し、神田一橋《かんだひとつばし》外に新校舎を建設し、経費のごときも大いに増加して諸般の改善充実に努め、ここに全く面目を一新するに到った。高等商業学校と改称したのは文部省の直轄となってから一、二年後の事であって、これが現在の東京商科大学の前身である。すなわち今日の東京商科大学というものは、明治八年に森有礼氏が商法講習所を創立したのがその濫觴であって、その後一時東京会議所が経営して個人経営から法人の経営に移り、さらに一旦東京府庁の経営するところとなった。

かくて明治十四年に到って一旦廃校の運命に陥《おちい》ったのを政府の補助金と民間有志の尽力によってその命脈を繋《つな》ぎ、明治十七年になって一時農商務省の直轄学校たるに到ったが、さらにその翌年文部省の管轄に移り、他の大学とは別途の官立学校として相当の施設をなすようになってその基礎が定まったわけである。後年商科大学に昇格したのは時勢のしからしむるところであって、当然過ぎるほど当然の事であらねばならぬ。

商法講習所の産声を挙げた時は森有礼氏の経営するところであったが、明治九年府の経営に移って以来矢野二郎氏が所長に就任し、官立となってからも引き続き校長として同校に勤続し、明治二十六年の春に辞職するまで前後十八年間同校の経営発展に対して非常に尽力され、ことに中途廃校せられんとした際のごときはほとんど寝食を忘れて東奔西走された。東京商科大学が今日の盛大を来《きた》すに到ったについては、矢野二郎氏の力が与って大なる事を忘れてはならぬと思う。

大学昇格運動の回顧

東京高等商業学校は、前申すような波《は》瀾《らん》に富んだ経歴を経て、ある時は潰《かい》滅《めつ》せんとしてようやく維持し、ある時は一旦絶命の宣告をさえ与えられて起《き》死《し》回生《かいせい》の春に会し、ようやく官立学校となってその基礎定まるに到ったのである。爾《じ》来《らい》各地に商業学校が設立せられ、現今は官公私立の商業学校が屈指に遑《いとま》ないほどとなり、商業教育の異常の発達進歩を見るようになったのは、誠に喜ばしき次第と云わなければならぬ。

さて高等商業学校は官立となってその基礎が定まり、私も大いに安心をしたのであるが、その後に到って帝国大学には法文理工農等の各種の学部があるにもかかわらず独り商業の部門がないから、当然これを設置するの必要があると考え、またぜひとも出来なければならぬはずのものであると考えるようになった。そうしてそれには東京高等商業学校を大学に昇格するのが最も捷径《しょうけい》であり、かつ至当であると思うて各方面の人々にもこの事を主張した。この私の主張に対しては非常に多数の賛成者があったが、中には高等商業学校に力を尽くした人々で強硬に反対する人もあった。益田孝男などは最も有力な反対論者で

「商人は威張ってはならぬのに、学問を尊重して高尚《こうしょう》な学理を授けると、いたずらに気位が高くなる弊がある。商業教育を普及せしめる事は結構であるが、現在以上に高尚な学問をさせる事はますますこの傾向を助長するに違いない。商人には虚名などはなくともよいから、ことさらに商科大学などを設ける必要はないではないか。」

という意見であった。しかし私はこれと全然正反対の意見をもっておったのである。すなわち

「実業家には見識が必要である。舜《しゅん》も人なり吾も人なり、という考えがあってこそ実業界は発達していくのである。蹂躙《ふみにじ》られても軽蔑《けいべつ》されても利益を得さえすればよいという態度では、今後世界の檜舞台《ひのきぶたい》に立って大いに競争していくような事は出来るものではない。」

という意見だったのである。さらに私は

「実業家も負けぬ気の強い、忍耐力も奮発力もあるようでなければならぬ。正当の理由がないのに、実業家だからといって他に一歩を譲るような心掛けでは困る。経済、理財の事は決して卑下すべき性質のものでない。一国の政治についても財政経済がその根本であって、かつ国民が財政経済について理解するところがなければ、その財政を整える事すら出来なくなる。また理財なくては一国の兵備も行えぬわけである。だいぶ古い例えではあるが、彼《か》の大閤秀吉《たいこうひでよし》が小田原《おだわら》征伐をやった時、大軍が押し寄せるので関東地方の米の値段が高くならなければいいがと心配しておった。しかるに徳川家康《とくがわいえやす》は早くも米価騰貴を察知して、関西から大量の米を移送してきたので、かえって米価が低下したという事である。これはあえて徳川家康が経済の学問をしたというではないが、つまりかかる点にま

東京高等商業学校

で明らかであったがために行い得たのである。今日はその当時と異なって産業の盛衰は一国の消長に関係する最も重要なものであるから、生産殖利の業に携わる者を蔑視するのは間違いであるのみならず、むしろ国民教育については義利合一主義の下に最もこの教育に力を注がなければならぬ。」

というのが私の信念で、老人《としより》の冷や水の嫌いがないでもないが、私は老齢を顧みず第一線に立って大学昇格を主張し、かつその実現に努力したのであった。しかるにこの大学昇格問題の熾烈《しれつ》となった当時の文部大臣小松原英太郎《こまつばらえいたろう》氏等は、商科大学必要論に対してむしろ反対の意見を抱かれており、帝国大学の方に法科の一部として商科大学を置き、一橋の方は高等商業学校のままでおこうとしたので、学生がこれに対し反対運動を起こし、同校卒業生も挙《こぞ》ってこの運動を支持したので、ついにこの明治四十二年の大騒動となった。私はちょうどその年米国に行く事になったのであるが、約半年ばかりはその善後策について大いに奔走したものである。その際は遺憾ながら大学に昇格するに到らず、折衷案をもって一段落を告げたのであったが、その後数年にして多年の希望が実現せられ、東京高等商業学校は商科大学に昇格して今日に及んだ。

私は商法講習所創立の当初よりその相談に与り、あるいは相談役として微力を尽くし、ある時は経営管理者となり、さらに同校の商議委員となって、数十年来直接間接に同校に関係してきた。自分で申すのもおかしいことであるが、実業教育の振興を切望するところから多年丹精した功空しからず、五十年後の今日現在のごとき盛大を来して、同校卒業生が実業界の各方面において盛んに活躍し、我が国実業界のために貢献しつつあるのは真に私の歓喜に堪えない次第である。私は決してその功を誇る意味でこれを話すのではないが、我が国実業教育の歴史を一通り申し述べるために、思い出のままをありのままにお話ししたのである。

東京市養育院の沿革

養育院の濫觴

東京市養育院は現在においては、日本屈指の一大慈善事業として知られているが、そもそも養育院の創立されたのは明治五年の十月であって、私はその創立後まもなくこの事業に関係し、今日に至るまで引き続き院長の職を汚している。もとより私はいたって微力ではあるけれども、自ら手塩に掛けて育てただけに、今日の盛大なる状態《ありさま》を見るにつけても、その間における曲折波瀾がそぞろに思い出だされるのである。

この養育院の濫觴は遠く徳川幕府時代にその源を発している。すなわち寛政時代の老中松平定信によって設けられた寄場と、深川鶴歩《ふかがわかくほ》町に設けられた救護所《きゅうごじょ》と、名奉行大岡越前守《おおおかえちぜんのかみ》の在職中に創立された小石川御薬園《こいしかわおやくえん》の養生所《ようじょうしょ》とがそれである。江戸時代における石川島《いしかわじま》の寄場は免囚《めんしゅう》および浮浪者の保護場で、救育所《きゅういくじょ》と養生所は鰥寡孤独《かんかこどく》にして他に頼る途《みち》のない可憐《かれん》の窮民を収容救済する機関であったのである。

ところが明治維新の際に兵乱の影響を受けたのと、旧制度破壊の犠牲となって、これらの慈善救済の機関も破滅の悲運に遭遇した。すなわち明治初年に東京遷都が実行せらるるや、幕府瓦解《がかい》の余波は江戸市中を非常の混乱状態に陥《おとしい》れ、働くに職なく、食うに糧なき窮民が一時に激増し、飢えて途に横たわる者が数知れぬという有り様であって、その惨状はじつに名状すべからざるものがあった。ここにおいて当局者もこれを放任しておく事が出来ないので、町会所に命じてその救済策を構ぜしめた。三田《みた》の薩摩《さつま》屋敷および麴町《こうじまち》紀尾井《きおい》町に設けられた救育所は、すなわちこれによって起こったものである。町会所の由来は先に述べたからここに繰り返して申さぬが、町会所には俗に七分金《しちぶきん》と称する江戸市民の共有金があったので、これを窮民救助の資に当てたわけである。今一つの原因は明治三年にロシアの皇族が日本に来遊されるについて、東京市中に乞食《こじき》が多くて困るから、これらの乞食を処分しなければいけないというので、路傍や門戸に出没する乞食を狩り集めて、非人頭《ひにんがしら》の車善七《くるまぜんしち》に取締りを命じたが、大勢の乞食を任せて捨てておくわけにもいかぬから、やはり町会所の共有金から費用を出して一時を糊塗《こと》したのであった。明治五年に町会所を廃して新たに営繕会議所を設け、町会所時代の共有金をもって市民の諸修繕費や救恤《きゅうじゅつ》の基金とする事になり、同年九月に当時の東京府知事大久保一翁氏は営繕会議所に命じて、市内における窮民救助の方法を計画せしめた。そこでいろいろ協議の結果窮民を救うには第一に仕事を与えなければならぬから、新たに工場を起こし窮民を雇い入れる事、この工場に一時に全部を働かせる事は困難であるから、別に日雇い会社を起こし人夫供給の道を構ずる事、不《ふ》具《ぐ》癈疾《はいしつ》、老幼等の全然働く事の出来ぬ者のために収容所を設くる事の三ヶ条を決議して府知事に答申したのである。

この三ヶ条はいずれも採用せらるる事となり、とりあえず旧加州《かしゅう》邸に収容所を設け、市内に彷徨《ほうこう》する百四十余名の老若男女および不具癈疾者を収容したが、次いで上野《うえの》の護国院《ごこくいん》の建物を購入して、これに修繕を加え全部をここに移した。そうして東京府養育院と命名し、経営は営繕会議所の資金をもって支弁する事となったのであるが、これがすなわち今日の養育院の出来上がった初めなのである。

しかるに東京会議所は明治八年にその事務を府庁へ移して新たに公選民会を起こす事とし、その結果翌九年五月に会議所の諸事務を府庁の方に返還したので、養育院は府庁の直轄となったけれども、明治十二年までは依然としてその経費を共有金から支出しておった。明治十二年に到って地方議会が開設せられ、それ以来は地方税の支弁に移す事となり、その後二、三年は何事もなかったが、明治十五、六年に到って図らずも養育院廃止問題が起こり、危うく葬り去らるるところであった。

育児上の一発見

私が民間に下った翌年すなわち明治七年の秋ごろに共有金の取締りを命ぜられた。

次いで営繕会議所の委員を命ぜられ、これが東京会議所と改称されるに到ってその会頭に推されたが、こういう関係から私は養育院の監督を嘱託されたのである。養育院の事業に対してはもちろん経験などのあろうはずはないが、社会政策としてかくのごとき事業はぜひとも発達せしめなければならぬとの考えはもっておったので、忙しい私の身体として養育院の事業に関与する事は、単に一身上から見れば不利ではあるけれども、社会のためと思うて進んで院長をお引き受けしたわけである。

　それで実地視察のために初めて上野の収容所に行ってみたが、その実状を見て全く情けなく感じた。創業の際ではあり、経費も十分ないから万事が不完全であるのはやむをえないが、上野の養育院には風癲《ふうてん》、白痴《はくち》、発狂者等いずれも混同しており、すこぶる乱雑を極めている。いかに無料で収容しているにしても、これではあまり心なき仕方であると考えたので、まず第一に救養方法を区別する事とし、収容者のうち、子供、老衰者、一時病気で生活の道を失った者の三類に区別し、働ける者には職業を与えるように骨を折り、子供に対しては相当の教育を施す事にした。ことにその中でも子供の事についてはいろいろなる研究を遂げた。

　なぜかというに養育院に入院する子供の多くは棄児《すてご》であるからである。とかく棄児の発育が十分でなく好結果を得るに困難である事は、事物の進歩せぬその当時にあってはむしろ当然とされていたのであるが、それは主として食物と住居の悪影響が原因となっていた。そのころ養育院に収容した子供は、私の眼から見れば特に悪いように思われた。細民窟《さいみんくつ》の子供に比較しても発育が悪いし、挙動が活潑《かっぱつ》でないし、なんとなく気の重いところがある。栄養不良のためではないかと思って、この点も研究してみたがそうでもない。どうも不審であると思うてさらに研究を進めた結果、ようやくその原因を発見した。一般世間の温かい家庭に育つ子供を見ると、拗《す》ねる、跳ねる、甘えるという自由さがある。笑うのも泣くのも自分の欲望を父母に訴えてこれを満たし、あるいは満たさんとする一つの楽しみから出ている。しかし養育院の子供にはそれらの愉快がなく、楽しみがなく、また自由さもない。それに誰を頼ろうという対象者もないので、自然に行動が不活潑となり、幼いながらも孤独の寂しさを感ずるようになる。それが延《ひ》いては子供の発育に大関係がある事を知った。それでこれらの子供を順調に発育させ、伸び伸びとした気持ちで世の中に出るようにさせなければならぬと考え、それには家族的の親しみと楽しみとを享《う》けさせるのが最も肝腎であると思った。

そこで書記の一人にいわば親父の役をするように注意させ、毎日煎餅《せんべい》や薩摩《さつま》諸《いも》等をその書記の手から与えて、しだいに子供らと接近させるようにし、時にはこれらの子供の遊び相手となって親しみを増させるようにしたのである。この方法を実行してみるとなかなか成績が良く、今まで沈みがちであった気持ちも直り、発育の方も以前よりはよほど良くなってきた。そしてついには子供らも親のようにその係の者を尊敬し、喜ばしい時も悲しい時もまたなんやかやの不平なども、すべて遠慮なく訴えるようになった。その成績が良いのでその後引き続きこの制度を採用しているが、この点は私が幼童者を取り扱う点についての一発見であるというても差し支えないと思うている。

無情な府会と養育院の独立

養育院の事業はその創立当時は規模も小さく、経費もさまで多額を要しなかったが、その後しだいに収容者が増加したので、したがって経費も多く要するようになり、明治七、八年ごろからは年々一万七、八千円から二万円近くの経費を要するようになった。また上野の収容所は手《て》狭《ぜま》を感ずるようになったので、明治十四年に外神田《そとかんだ》和泉《いずみ》町の旧藤堂《とうどう》邸の東部に移ったが、明治十五年の東京府会においては、養育院の経営を廃止した方がいいという議が起こり、この説がすこぶる有力となった。当時の廃止論者は府会議長沼間《ぬま》守一《しゅいち》、議員益田《ますだ》克徳《かつのり》その他であったが、廃止の理由はかくのごとき慈善事業は自然に懶怠《らんたい》の民を作るようになるから、むしろ害あって益なきものである。かかる事業に多額の経費を投ずる事ははなはだよろしくない、すべからく廃止してその経費を他の有用なる方面に利用すべきであるというにあった。議員の人数は三十人ばかりであったが、府会においてもだいぶこの廃止説に傾き、ついに調査委員を設けて実地に踏査視察をなす事となった。

私は各調査委員を歴訪して、社会政策のうえからその廃止すべからざる理由を力説し、大いに意を翻さそうと努めたが、調査委員等も和泉橋《いずみばし》の養育院を実地見聞しその愍然《びんぜん》たる状態に同情したと見え、その年だけはようやく養育院の経費を認める事となり幸いに廃止を免れたけれども、翌十六年の府会においては調査委員等を設けもせずに疾風迅雷的に廃止の決議をなし、一時に収容者を放逐して閉鎖する事も出来ないから、爾後《じご》は絶対に新収容を停止し、すでに収容している者に対しては出来るだけ出院を促して経費を減額すると同時に、一、二年の後には全く閉鎖する事となった。その当時の府知事は芳川顕正氏であったが、私は早速芳川知事を訪問して、

「東京府会はじつに無情である。先には商法講習所の廃校を決議し、いままた引き続いて養育院を廃止するというのは、あまりに惨酷《ざんこく》な処置ではなかろうか？　府会がそれほどまでに無情であるならば、万《ばん》やむをえないから今後は養育院を独立せしめて経営するの策をとらなければならぬ。」

と論じたが、それにしても全然府庁の手を離れて経営するについては、基金の準備が先決問題であるから、この点については私どもも大いに苦心した。そうしてその計画についていろいろ画策したのであるが、一方養育院の実際の事業については府会の決議を無視する事が出来ないので、新たに収容する事を見合わせ、かつ入院者も漸次外に出すようにし、大いに規模を縮小する事に努めたので、明治十八年の初めごろに

は収容者の数が約百五十人ぐらいに減じた。しかしこの連中はほとんどことごとくが不具癈疾者、もしくは老衰者、幼弱者、病者等であって、いよいよ養育院を閉鎖する暁においては、これらの寄る辺ない哀れなる人々は、道路にその屍《しかばね》を横たえるの悲惨なる結果に陥るほかはない。それで私ども同志はしばしば会合して協議した結果、この年の二月に府知事に建議して、府会が泉橋の養育院の地所を売却するとの議があるから、その代金を養育院の基本金として交付せられたいと申し出たのである。この時東京府知事に提出した建議書は左のとおりである

済民恤窮ハ治民必要ノ事務ニシテ全国ノ主府タル本府ノ如キ若シ此ノ施設を欠ケハ、即チ貧困者依ル所ナク、凍餒目下ニ迫リ餓莩街頭ニ横ハルノ惨状ナキ能ハス。此ノ如クナレハ其ノ布政豈宜ヲ得ルモノト云フヘケンヤ。故ニ明治ノ初ニ当リテ今ノ養育院ヲ上野山内ニ設置セラレ、後之ヲ泉［和泉］橋ニ移シ以テ今日ニ至ル。其間数々沿革アリト雖モ要スルニ府下窮乏困厄ノ者ヲシテ頼テ以テ道路ニ斃ル、ノ結果ヲ免レシメタルハ本院与テ力アリトス。明治十五年府会ノ議決ヲ以テ此ノ済恤ノ事ヲ漸次廃棄スヘキモノトセラレ、爾来在院ノ無告者ヲ将テ務テ之カ出院ヲ促シ、僅ニ残留スルモノハ病羸ニシテ一身起臥ニ勝ヘ難キモノニ過キサルノミ。今ヤ既往ニ回顧シテ将来ヲ推考スレハ此ノ済恤ノ事タル到底今日ニ廃棄ス

可ラサルモノナリ。然ルニ本院ノ如キ僅ニ病羸ヲ残留シテ其他ノ無告者ヲ顧サルノ観アルハ、蓋シ府会ノ議決ニ因リ地方費ノ支弁ニ係ルヲ以テ然ラシムル所ニシテ、是ヲ本院設置ノ旨意ニ背カサルモノト謂フヘケンヤ。今従来ノ経験ヲ以テ仮ニ本院収養ノ窮民ヲ百五十人トシテ一歳ノ費途ヲ概算スレハ、其ノ金額総計四千五百円ニ満タス。本院又従前ヨリ行旅患者及棄児ノ為ニ其費用ヲ収メテ之ヲ撫育スルノ例アリ。此ノ費用ノ内幾分ノ剰余ヲ生スヘキヲ以テ今其予算ヲ設ケテ、前ノ四千五百円ノ内ヨリ之ヲ除クトキハ、其費額実ニ三千八百円未満ニシテ足レリトス。因テ以為ラク此ノ済恤ニ供用スヘキ原資金若干ナルモノハ曾テ府庁ニ存在スルヲ以テ今又本院現在ノ地所家屋ヲ売却シテ其代金ヲ以テ此原資ニ加フルコトヲ得ハ、其原資ヨリ生スル所ノ利子ヲ以テ必ス前項ノ費額ヲ支フルヲ得ヘシ。果シテ此ノ如クナレハ本院ハ全ク地方経費ニ依ラスシテ永ク府下ニ存立シテ治民必要ノ具ニ任シ、庶幾クハ布政ノ万一ヲ裨益スルヲ得ヘシ。因テ別紙概算書ヲ添ヘ謹テ此ニ建議ス。誠惶頓首

東京府養育院長　渋沢栄一

東京府知事芳川顕正殿

元来この養育院は市民の共有財産で始めたものであって、明治十二年以後は地方費

から支弁したけれども、本来の性質からいえば共有金は一般市民のものであって、地方費に繰り入るべき性質のものではないから、その売却金は当然養育院の方に交付せらるべきものであるというのが吾々の意見であった。

府知事も幸いにこの建議を容《い》れて府会に諮った結果、府会においては調査委員を設けて実況を調査する事となったが、ついに吾々の建議は府会を通過し、明治十八年七月以後全く府庁の手を離れて独立する事となった。かくて和泉橋の土地を売り払い、東京本所長岡《ほんじょながおか》町に手ごろの建物があったのを買い入れて、これに増築して引き移り、東京府庁からは約三万五千円ばかりの基金を交付されたので、これを基礎としてさらに一般から寄付金を募集し、その資金の利息をもって経費に充《あ》て、引き続き私が院長として経営の衝に当たった。寄付金募集については勧化帳《かんげちょう》と称する帳面を作り、この奉加《ほうが》帳《ちょう》をもって毎年寄付金募集に努力したものであるが、養育院に対する同情者が意外に多く、明治二十年ごろには基本金が十万円を超えるに到った。また貴婦人有志によって養育院婦人慈善会が設けられ、鹿鳴館《ろくめいかん》、華族会館、あるいは歌舞伎座等において毎年慈善市《バザー》を催し、その益金全部を養育院に寄付され、また婦人慈善会に倣って養育院慈善会が組織され、養育院の事業を大いに援助された。

養育院の基礎確立す

明治二十二年東京市に初めて自治制を施《し》く事となった。その当時までは養育院も有志の団体で維持してきたのであるが、内務省の布令《ふれ》によれば、市の営造物としてその管理に属するものもすでに定まった基本のあるものは、市がその基本を勝手に流用する事は出来ないという制度であった。したがって養育院も吾々が共同事業として経営するよりも、これを東京市の事業として経営した方が将来のために万全の策であると考えて、他の関係者ともいろいろ協議した結果、いずれもその方がよろしかろうという事になったので、この旨を当局に交渉したところ、郡部および市会の協議により満場一致をもってこれを市において引き受ける事となった。すなわち東京市養育院は明治五年の創立以来明治十一年までは共有金をもって支弁したが、明治十二年から十八年までは府の事業として地方費をもって経営し、十八年七月以後は全然官庁の手を離れて民間の独立経営に移ってこの年に到ったのであるが、さらに明治二十三年になって東京市の管理するところとなり、市の別途の事業として従来増殖せる基本金の利息をもって特別会計法により経営する事となったのである。

すなわちこれで養育院の基礎も全く安定するに到ったわけである。養育院においては明治十六年以後行路病者《こうろびょうしゃ》の治療を担当する事となり、さらに十八年以後棄児、遺児、迷児等の保護も引き受ける事となったのであるが、おいおいと事業が拡張されるに従って、本所長岡町の本院は漸次狭隘《きょうあい》を告ぐるに到り、明治二十四、五年ごろに到っては、ほとんどその始末に窮する有り様となった。元来長岡町の本院は予定人員百五十人を収容する見込みで設計したものであるが、基本金の増殖に伴い収容者が増加するに到ったので、その収容人員は常に二百三、四十名を算する状態にあった。このほかに行路病者および棄児等を加えると常に六百名を収容するの有り様だったので、建て増しや何かをして一時を弥縫《びほう》したけれどもとうていやりきれなくなってしまった。それで市会の決議を経て、明治二十六年に大塚辻町《おおつかつじまち》に一万坪余の土地を購入し、ここに本院を建築する事となったが、皇后陛下におかせられては特別の思召しをもって、移転建築費に二千円を御下賜《ごかし》になり、さらに一般有志の寄付を募ったところ幸いに寄付金も集まり、明治二十九年の春にこの新しい養育院に移転した。

その後明治三十一年一月、英照《えいしょう》皇太后崩御につき、帝室より各府県に対し慈恵救済《じけいきゅうさい》金《きん》の御下賜があって、養育院に対しては約一万七千円ばかり下付されたので、私はこの御下賜金《ごかしきん》を最も有効に活用したいと考えていろいろ協議した結果、養育院内に感化《かんか》部《ぶ》を起こし不良少年の感化に当たる事となった。そうして本院に附属する保育所は、明治三十三年七月に千葉県安房《あわ》郡勝山《かつやま》に設けたが、明治四十二年三月同郡舟方町《ふなかたまち》に新築し収容児童をここに移転せしめた、養育院の安房分院がすなわちこれである。さらに明治四十一年十二月、東京府下巣鴨《すがも》村にあった真宗中学の土地校舎を購入して児童全部をここに移した。巣鴨分院がすなわちこれである。また別に四十一年三月に購入した巣鴨分室があって、収容者の一部をここに収容する事となった。また井《い》ノ頭《かしら》の御料地を拝借し感化部の学校を新築したが、井ノ頭学校がすなわちこれである。その後都市の発展その他の関係から本院を府下の適当なる地に移転する議が起こり、現在の板橋《いたばし》に土地を選定してこれに引き移り今日に到ったのであるが、私は今日でも毎月本院並びに分院に顔を出し及ばずながら微力を尽くしている。

「慈善」に対する意見

――渋沢子爵の公共事業に貢献された事は今さら呶々《どど》するまでもないが、かつて雑誌『太陽』記者に対して慈善事業に関する談話をされた事があり、子爵の慈善事業に対する真意がこれによく現われているから、左にこれを抄録する事にする。（編者）

皆さんのような操觚者《そうこしゃ》の方に近ごろ私が研究してもらいたいと思う一事がある。それはほかでもない、慈善という事である。近来、社会問題という事が外国でしきりに研究せられ、日本でもこの事に身を注ぐ者がだいぶ多くなってきたようであるが、この慈善という事は社会問題として重要なる事柄である事は皆さんもご承知の事である。そこで私は明治二十四年来、ほとんど三十年近い間養育院の事についていろいろ心配致し、東京市の養育院であるか、渋沢の養育院であるかと云わるるぐらいにしきりに諸方の有志に寄付を願うて、今日ではどうやらその基礎も定まるという場合に向かいましたが、また一面においてこの事業を改良し、整頓《せいとん》するためには将来の希望がはなはだ多いのである。それについて私は他人が掛物とか屏風《びょうぶ》とかその他の書画《しょが》骨董《こっとう》に金を出すと同様に、慈善事業に金を費やす事をもって一種の道楽と思うているぐらいである。しかしこれは自分一人でいくら心配しても出来るものではなく、ぜひとも世間一般の有志に向かって助力を乞わなければなりませぬが、それについて研究しなければならぬのは、今申す慈善という事の性質についてである。

　全体この慈善という事は、孔孟《こうもう》の訓《おしえ》で申せば広く衆を愛するという事で、博愛《はくあい》謂之仁《これをじんという》とか、惻隠之心仁之端也《そくいんのこころはじんのたんなり》とかまたは汎愛衆而親仁《ひろくしゅうをあいしてじんにしたしみ》とか、樊遅問仁《はんちじんをとう》、子曰愛人《しいわくひとをあいす》とかいうと同じく、つまり仁という事であり、また仏法の方からいうと、慈悲、慈愛、衆生済度《しゅじょうさいど》、一切衆生を化して皆仏道によらしむとか、または草木国土、一切成仏等と云うて、あたかも耶蘇《やそ》で云う平等主義、一視同仁《いっしどうじん》主義と同じく、人間の幸福をなるべく同一にしたい、それには幸福に富んでいる者が不幸の者を救うという事である。そこで力を公共のために尽くし、不幸な者に対して

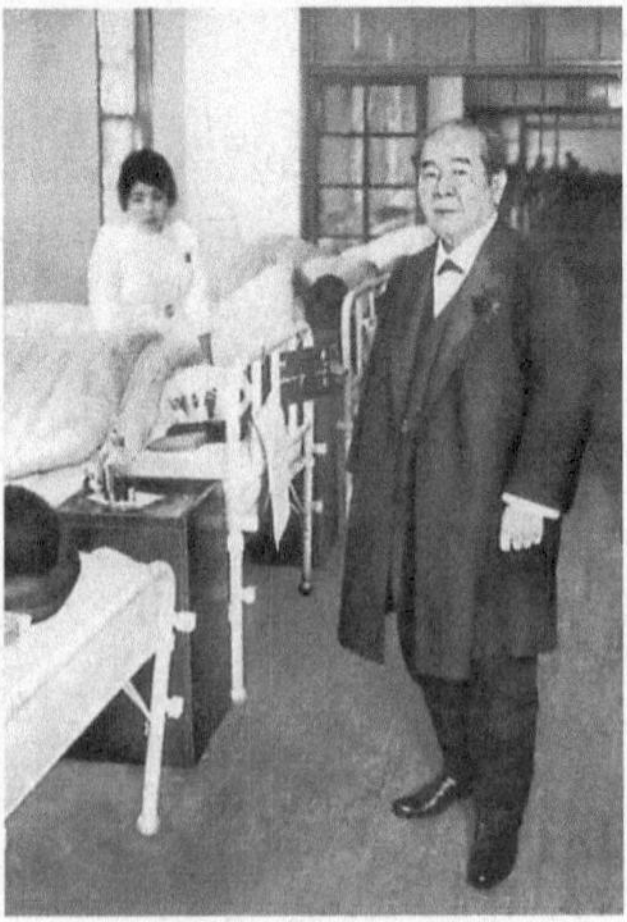

東京養育院板橋本院の病室

慈善という事が起こってくるので、儒教でも仏教でも耶蘇教でもみんなその軌を一にして、究極の目的はここにあるもののように思われる。こう考えてくると慈善という事は結構な事であって、決して悪い事ではないと私は信ずる。しかしながら私の今研究を願いたいというのは、宗教上の見地からでなく、社会上から見ての事である。従来、社会上から慈善という事にはだいぶ反対の議論が行われている。それは不幸の者に対して恵み与えるという事は、博愛済衆《はくあいさいしゅう》の趣旨には適《かな》うかもしれぬが、とかく人間を懶怠に導きやすい。なぜかといえば、世間のいわゆる不幸な者の中には、避くべからざる不慮の災厄にかかってここに至った者もあるが、また自暴自棄の結果自ら求めて不幸の地位に陥る者も決して少なくない。しかるにこれを社会が救うという事になるとますます自暴自棄の弊風《へいふう》を助長して、自分は懶《なま》けてそれがために貧乏となっても、その時は社会が救うてくれるから別に心配はいらぬというようになり、各人の勤勉心を沮《そ》喪《そう》せしめ、社会の発達進歩を妨害する事となる。富者が貧者を賑《にぎ》わして、貧富の懸隔をはなはだしくせぬというのは立派な論であるけれども、その論旨を広めると社会主義となり、世の中は懶け得るという事になる。他人よりも多く働く者はつまり他人のために働くというような結果となり、子孫のために美《び》田《でん》を買うても皆他人に取られてしまうような事になる。慈善の意義を極端に拡げるとこうなるのであるから、慈善という事はよろしくないというのが反対論の大体である。

なるほどこの論も無理でないようにも思われる。しかし徳義のうえからいうと、小児が井戸に陥ったのを見ていながら救わぬでもよいものだろうか。人間は本来平等の者である、しかるに一方は飽食暖衣《ほうしょくだんい》してなお余りあるのに、一方は飢餓に瀕《ひん》して苦悩を訴えている、この場合にも他人は他人で、吾は吾であるというて、少しも惻隠の心を起こさなくともよいものであろうか。私はやはり社会政策のうえからいうても、貧窮のためにようやく不良の心を助長して社会に害悪を及ぼすような人々を、慈善事業によってこれを未然に防止する時は、他日斧《おの》を用いなければならぬ者も嫩葉のうちに摘み取ってしまう事が出来ると思う。犯罪者の統計についてその原因を調べてみると、その大部分は貧窮からきている。論より証拠、世の中が不景気で米の値段が高い時はきっと罪人が殖《ふ》える。そうするとこの罪人は自働的というよりは、じつは他働的に生ずるもので、社会の油断から罪人を多く作るのであるというても失当ではあるまい。加うるに一旦罪人となれば、その人の遷善改過《せんぜんかいか》が容易でないのみならず、社会は警察費や監獄費の負担を増し、良民が減って不良民という厄介者が増す事となり、国家という見地から見ても不経済な事このうえもない。しかるに慈善事業を起こして罪人を未発に救済し、不良民を多く出ださぬように努めたならば、ただに道徳上から見て当然であるばかりでなく、社会政策のうえからも効果がある事であるから、私はこの意味において慈善事業の盛んに起こる事を希望している一人である。

外国の実際を見るに、先進各国はいずれも驚くべきほど多くの力をこの方面に用いており、中には死後の財産を残らず慈善事業に寄付するなどと遺言をする者もあるぐらいで、貴婦人達は慈善会のために力を尽くす事がその唯一の仕事のようになっている。ちょうど私が維新の前に徳川民部公子に随行してフランスに留学しておった当時の事であるが、ある日パリー居住の陸軍将官の夫人の名で書面が参り、「今年の冬はよほど寒いようであるから、パリー市街の貧民を暖かにしてやりたいと思う。ついては来る何日に某所へ来てぜひ何か買って下さい」という依頼が書いてあった。私らはその時分にはまだ慈善市《バザー》というものを知りませぬから、不思議に思うて他の人に聞いてみますと、それは特殊の紳士方に依頼して義《ぎ》捐金《えんきん》を出してもらい、それを貧民院等に寄付するので、何か品物を買いにきてくれというのは、そこに何か品物を販売しているから、慈善のために高く買い上げてくれというのである。必ずしも行かなくともいいから、何ほどか義捐金を出してやればいいという事であった。そこで民部公子などの体面としては何ほどくらい出せばよかろうと聞いてみると、普通一般の義捐額は多いので四、五百フランから少ないのは五十フランぐらいであるという話であったから、その時は確か百フランばかり寄付してあったと記憶する。ところがその後何か品物を送ってよこして、礼状に添えてこの品物を買い取って下さった事にしたと通知してきた。それで初めて慈善市《バザー》という事の性質が解り、なるほどこれは博愛済衆の趣旨に適うて良い事であると感心したような次第であった。その後も彼地ではたびたび寄付を勧誘してきたので、そのたびごとに民部公子はこれに応ぜられたが、私はその当時日本に帰ったならば、ぜひともこういうような習慣を作りたいものと思ったのである。

　明治元年にフランスから帰朝してからは、私の身の上にはいろいろな変遷があったが、明治六年役人を廃《や》めて民間に下るとまもなく、養育院の事を世話する事となった。そのころは最初は旧幕時代の江戸市民の積立金で経営したのであるが、その後東京府の経営に移ったが、明治十五、六年ごろに至って府会が金を出さぬ事になって、養育院は廃止される運命になった。その時私は大いにこれを憂えて各方面に奔走し、有志者から義捐を求め、年々その規模を拡張したが、近来になって東京市の事業となり、また先年英照皇太后陛下の崩御に際し、東京市へ御下賜になった慈善の資本の一部も養育院へ申し請ける事になったので、これを基本にして感化部を置きたいというのが現今の希望なのである。こういうようなわけで、養育院も今では土地建物を時価に換算して約十万円ほど、公債証書で二十万円ほど、両方合わせて約三十万円ばかりの基本財産が出来ているのであるから、今日の規模に止《とど》めれば独立せられぬ事もないが、養育院を完全な物にするには、どうしてもこれを三部に分けなければならぬと考える。すなわちその一は老衰の貧民、その二は行路病者、その三は棄児および窮児を容れる感化部である。その中で最も大切なのは窮児および棄児を収容する感化部であると思う。これは前途に多くの望みのある小児で、将来は立派な国民となるものであるから、気息唵々《きそくえんえん》たる引取人のない行路病者や、老衰者等と同一の所に養うのははなはだよろしくない。それからこれまで養うているのはほとんど棄児であるが、感化部においては市中を徘徊《はいかい》している不良少年を収容して、これを教養したいと思うのである。今日東京市中において宿無しと称せられる不良少年で、掻《か》っぱらいとか、靴拾いとか、もっと幼稚なところで物貰《ものもら》いの看板に使われている者らは、いずれも将来社会に害毒を流す卵である。これらが大いに悪化して進む順序を調べてみるとじつに恐るべきものがある。馬鹿な奴は泥棒の手先となって火をつける。多少目先の利く奴は掏摸《すり》となり、他人の大勢集まる所へ行って懐中物を掏《す》り取る。なおそれがだんだん増長して窃盗となり強盗となる。かような恐るべき社会に害毒を流す不良少年を嫩葉のうちに摘み取って、良民に養成するのが感化部の目的であるが、養育院においては現在その設備がないのである。これが従来私の最も遺憾に思うておった点であって、ぜひともこの設備を整えて養育院本来の使命を全うしたいと心掛けている次第である。

　つまり養育院は博愛済衆の主義から出来たものではあるが、その本来の使命はただにそればかりではなく、社会の害悪を未発または未然に防止するもので、社会のうえからいうと他を愛するのみならず、自らを愛するためにぜひともやらねばならぬものである。すなわち感化事業は慈善事業の中でも最も重要なものと私は思うのである。慈善という事はあえて養育院に限ったわけではないが、養育院は慈善のために作ったのであって、しかも非常に重大な社会政策を意味しているものである。近ごろ、社会問題の研究がすこぶる盛んになってきたのは喜ばしい傾向であるが、それにつけてもこの慈善という事について、真っ先に社会上かつは経済上の問題として研究してもらいたいと思う。特に皆さんのような操觚者の方にはこの点について、一般世人の注意を喚起されるように切望する次第である。

株式取引所創立と私の態度

株式取引所条例の制定

株式取引所条例の制定せられたのは明治七年ごろであるが、私はその時分すでに民間に下《くだ》っておったので、法文の起草には直接携わらなかったけれども、在官時代には職務上関係を有しておったし、また取引所許可の可否については大いに議論を闘わしたものである。

年月は確かに記憶しておらないが、明治四、五年ごろと思う、新政府の内部において取引所を公然許可したものであるか、それとも禁止するのが適当であるかという議論が起こり、可否両論に分かれてなかなかその決するところを知らなかった。もちろんその当時には株式の取引はなかったので、実際問題として米相場について論じたのである。問題の中心とするところは実際米を買うのでもないのに買う契約をしたり、また売る米をもっておりもせぬくせに売る契約を結んだりするのは、延取引《のべとりひき》とはいうものの実際においては空米《くうまい》相場である。この空米相場を政府が果して許してよいものであるか、あるいは禁止しなければならぬものであるかというのが議論の分岐点であった。この問題は今日から見れば雑作《ぞうさ》もなく解決のつく問題であるが、当時にあっては一般に取引所本来の使命や経済界の実状等が熟知されておらなかったから、これに対して適当の解決を下す事はなかなか容易でなかった。

当時大蔵省におった玉乃《たまの》世履《せいり》氏は、かくのごとき空米相場は国民の賭博心《とばくしん》を助長し、不健全なる思想を蔓延《まんえん》せしめ、国家に害毒を流すに到る虞《おそれ》があるから、断然これを禁止してしまわねばならぬと強硬に主張された。私は多少でも西洋の空気を知っており、またこの問題についてはかねて研究もしておいたから、玉乃氏とは全然反対の意見を有し、これは先物約定取引《さきものやくじょうとりひき》であって、外国の実例に照らすも経済界必要の一機関となっているから、これを公許《こうきょ》するのが当然であると主張した。私は学問的に秩序立って取引所の必要な理由を述べる事は出来なかったけれども、大体の意見としては人には現物の取引をするほかに景気を売買したがる性分があるものであり、いかに賭博に類似しているからといっても、売買する空米相場まで厳禁してしまってはかえって人心に悪影響を及ぼし、その結果法網《ほうもう》を潜って盛んに賭博を行うようになる虞があるから、空米相場はこれを禁止せずに許可する方が適当であるという論旨《ろんし》であった。この意見の相違から玉乃氏と私とはいたって懇親《こんしん》な間柄であったにもかかわらず、絶えず取引所問題について議論を闘わし、互いに相譲らなかった。そうしてこの問題が解決しない前に私は民間に下ったのであるが、その後大隈重信侯《おおくましげのぶこう》の大蔵卿《おおくらきょう》時代に、政府の法律顧問であったフランス人ボアソナード氏の意見を参酌《さんしゃく》し、ついに私どもの主張した説が採用せられて株式取引所条例が公布せらるるに到ったのである。

　これについて一つの面白い挿話《エピソード》がある。株式取引所条例が制定せられてから間もなくの事であるが、退官後しばらく会わなかった玉乃氏が突然兜町《かぶとちょう》の私の宅に訪ねてこられた。そして私に向かって言うには、「じつは本日お伺いしたのは自分の不明を陳謝《ちんしゃ》するために参ったのである」という事だったので、「私には少しも心当たりはないが、いったいどういう事であるか委細承ろう」と申したところ、玉乃氏は「取引所の問題に関しお互いに盛んに議論を闘わしたが、今日に到っては渋沢《しぶさわ》君の意見が正しかった事を覚《さと》り、私も取引所を許可する方がよいという意見に変わったから、これまで盛んに貴君の意見に反対した不明を陳謝する次第である」という意味であった。

　それでいろいろ玉乃氏が自説を一変するに到った経路を聞いてみると、そのころフランスからボアソナード氏が法律顧問として招聘《しょうへい》せられ、同氏に説破《せっぱ》された結果、翻《ほん》然《ぜん》として覚るところあったためである事が判った。ボアソナード氏が玉乃氏に説明したところは、空米相場すなわち延取引の類は単純に考えると賭博に類似しているようであるが、実際はいかに現在米を買い集めて売る資力のない者がした売米《うりまい》の契約においても、はたまた現在は引き取るだけの資力を有せない者がした契約においても、何《い》日《つ》何時《なんどき》その契約者がこれを実行し得らるる実力ある者とならぬとも限らぬ、しかも現在は手許《てもと》に持っておらないとしても、とにかく世の中にある物を契約物件として取引するのであるから、決して禁止すべき性質のものではない。したがって賽《さい》コロを転がして勝負を決する賭博とは、全然その根本の性質を異にする立派な契約であって、空相場とはいうもののいわゆる延取引なのであるから、当然許可してしかるべきものであるというのであったそうだ。玉乃氏も初めのうちはこの意見に服する事が出来ず、なんでも二、三回議論を闘わしたとの事であるが、結局法律上の議論でボアソナード氏に説伏《せっぷく》せられ、その意見に服するに到ったのだそうである。取引所の必要を覚ってみると、今さらながら私の正しい議論に反対した不明が省《かえり》みられ、わざわざ私を訪問して従来の不明を陳謝せられた次第であった。世の中には是が非でも自分の意見を徹《とお》そうという人があり、また自分の過《あやま》ちを覚っても人に頭を下げるのは估券《こけん》を下げるように考えている人も少なくないが、玉乃氏のごときはこの点においてじつに感ずべき人といわなければならぬ。

　玉乃氏は元玉乃東平《とうへい》といった人で私よりも十歳ばかりの年長者であり、私が初めて明治政府へ仕官したころには私よりも官等が上であったが、私が意外に重用されたので退官するころはかえって私の方が官等が進んでおった。しかし二人の間の交際はすこぶる親密で莫逆《ばくぎゃく》の友として相許した仲である。その後司法官に転じて大審院長にまでなって歿《ぼっ》せられたが、資性謹直《しせいきんちょく》、頭脳すこぶる明晰《めいせき》であったから名判官《めいほうがん》の誉《ほまれ》高く、私とはその棺を蓋《おお》うまで依然として親交を続けたのであった。

取引所の変遷と私の立場

さて、取引所条例が公布されるに到ったけれども、仔細《しさい》にこれを研究してみると不備の点が少なくない。それで私は同志の人々ともいろいろ協議研究のうえ、取引所条例改正意見を政府に提出し、売買証拠金、仲買人身許《みもと》保証金の低減を初め、その他いろいろの改正増補の実施を計るよう政府当局に向かって注意を促し、実際の経済、取引における運用状態を具陳《ぐちん》してその諒解《りょうかい》採用を求めた。また一方においては益田《ますだ》、三《み》野村《のむら》、小松《こまつ》、小室《こむろ》、渋沢（喜作《きさく》）の諸氏と共に相謀《あいはか》って東京株式取引所の設立を企《くわだ》て、明治十年その許可を得て事業を開始したが、当時の資本金は二十万円であって、小松彰《あきら》氏が頭取となり、五名の肝煎《きもいり》を置いた。当初市場に上ったのは新旧公債および秩《ちつ》禄《ろく》公債であって、次いで金禄、起業公債および二、三の株式を加えたけれども、もとよりその売買高はきわめて微々《びび》たるものであった。

私は前にも述べたごとく、株式取引所の制度は重要な経済機関の一つとしてその必要を認めておったので、自ら率先してその設立に尽力したのであるが、私は主義として投機事業を好まず、絶対に投機並びにこれに類似するものにはいっさい手を染めぬ決心なので、設立後には全然関係を絶ち株主たる事さえもこれを避けたのである。その後株式取引所は大阪および横浜《よこはま》等にも設立せられ、それにその創立に尽力した関係から、一時東京の米穀取引所および大阪株式取引所の株主になった事もあるが、いずれも暫時《ざんじ》にして株主たる事を辞めたのである。

その後株式および米穀取引所は全国各地に設立せられ、漸次《ぜんじ》この事業は盛大に赴《おもむ》いたが、これに伴って弊害《へいがい》もまた少なくなかった。これがため政府もしばしば取引所条例に改正を加え、私も取引所には直接関係はなかったけれども、その円満なる発達を期せんがためにしばしば政府に建策するところがあった。ところが明治二十年ごろになって、俗にいうブールス条例が発布《はっぷ》され、これが当時の非常な問題となった。このブールス条例というのは、従来の取引所は株式組織であって仲買人《なかがいにん》という中間の一階級があり、したがって二重の手数と冗費《じょうひ》とを免れずはなはだ不利益であるから、これを外国に行わるるがごとく会員組織に改め、一国の公共的経済機関として真の機能を発揮せしめようというのである。私らもこの論には賛成であったけれども、賛否がなかなか盛んであって、ことに旧制度による取引所の反対がすこぶる猛烈《もうれつ》であったから、直ちにブールス条例を実行する事はすこぶる困難であった。

そこで欧米取引所の実際の状態を改めて観察研究し、その調査に基《もと》づいて善後《ぜんご》策《さく》を講ずる事となり、政府から役人を海外に派遣する事となったので、私もまた民間の同志と相談し、民間からも数名の有力者を海外に派遣し、欧米の実際取引を視察研究せしむる事とした。その結果おのおの調査の結果をもたらして帰朝したのであるが、外国と我が国とは多少その経済的事情を異にする点もあり、かつ旧取引所側の反対論がすこぶる盛んで、政府部内にもこれに耳を傾ける者があり、結局従来の制度と会員組織とを折衷《せっちゅう》したような改正案が編み出され、明治二十六年に議会を通過し公布を見、ブールス条例問題はそれで一段落を告げた。しかしその後取引所問題については幾多の変遷《へんせん》があり、時にはだいぶ喧《やかま》しい問題をも惹起《じゃっき》し、収賄事件《しゅうわいじけん》や瀆職問題《とくしょくもんだい》等を惹起した事もあるが、ともかくも年と共に発展を来してついに今日あるに到ったのである。

　かくのごとく私は取引所の必要を認め、その発達のためには及ばずながら微力を尽くしたのであるが、私自身はその事業には携わらなかったのみならず、投機《とうき》に類似した事にもいっさい手を出さなかった。それについてこういう一例がある。日露《にちろ》戦争後の明治三十九年の事であるが、我が国は鉄道国有を断行する事となり、その買収代金は鉄道債券をもって交付した。そうしてその債券は追って鉄道公債と取り替える事になっておったのであるが、その鉄道債券が公債にならない以前、すなわち三十九年の暮から四十年にかけて鉄道債券の市価は著しく下落《げらく》した。私は銀行業者として当時における金融状態をよく承知しておったから、一時鉄道債券の市価は下落しても、これを鉄道公債に引き替えらるると共に必ず騰貴《とうき》するであろう事を察知する事が出来た。

それで私は第一銀行や愛国婦人会、慈《じ》恵会《けいかい》等に勧めて、下落した最中に鉄道債券を買う事を慫慂《しょうよう》したのであるが、その後鉄道公債に引き替えらるるや、果して私の予想したとおり市価は著しく騰貴し、鉄道債券を買い込んでおいた人は、いずれも三、四割の利益を占めた。このように鉄道債券を買いさえすれば将来は必ず大いに儲《もう》かる事が分かっており、また実際において買った人はこれによって大いに儲けたのであるから、私自身も鉄道債券を買い込んでおけば大いに儲けることが出来たのであるけれども、私自身ではただ一枚の鉄道債券も買わなかった。申さば理論のうえからみても、実際の事情から考えても騰貴するに定ったもので、少しも危険な分子がなく、非常に確実で見込みのある事は分かりきっているのであるから、他人に勧めてこれを買わせながら自分がこれを買わないのは、みすみす大きな儲けを逃がしたようなものであるが、私の信条からすれば、いかに確実な債券であるにしても、将来騰貴するのを予想してこれを買い込み、その騰貴によって儲けたのでは結局投機によって金儲けをした事になり、絶対に投機には手を染めぬという私の信念を傷つけるに到るからである。

ことに私は他人の金銭を預かっている銀行事業に関係しすこぶる重大な責任を担っている身をもって、投機に関係するがごとき事あっては、自然世間の信任に背きまた自分の職責を完《まっと》うする事が出来ない。この信念とこの理由から、私は確実に利益ある事を知っておりながら、低落した鉄道債券を一枚も買わなかったのである。私は明治六年実業界に身を投じて以来、終始この主義をもって一貫してきたつもりである。この点は自ら顧《かえり》みていささか誇りとするに足ると思う。

我が国海運事業の今昔

明治初年の我が海運業

海運事業が国家の富強《ふきょう》にどういう関係を有するかという事は、今さら事新しく申すまでもなく分かりきった事である。そうして我が国の海運事業は、日清《にっしん》戦争後異状の発達を来して今や世界有数の海運国となり、我が国の汽船会社の旗の翻らざる海洋なしという盛況を呈している。翻って明治初年ごろの我が海運事業を見るに、すこぶる微々たるものであって全く隔世の感がある。

御承知のとおり旧幕時代には日本人の外国へ渡航する事を禁じてあったために、大《たい》船《せん》を建造する事を禁止され、したがって海運事業というものはわずかに沿海を航行して用を弁じた程度でほとんど云うに足らぬ有り様であった。いよいよ明治維新となり、諸制の刷新を図るに際して政府においても大いに見るところがあり、為替会社をして回漕《かいそう》事業《じぎょう》を起こさしむる事とし、通商司《つうしょうし》の保護の下に回漕会社を経営せしめて事業の振興を期したけれども、少しも成績挙がらず欠損を重ぬるのみであった。

ところがちょうど私が大蔵省出仕当時、明治四年に廃藩置県が断行され、諸藩の汽船も政府において引き上げる事となったので、これらの汽船と回漕会社の事業とを合併して、郵便蒸汽船会社を創立する事となり、当時駅逓頭《えきていのかみ》であった前島密《まえじまひそか》氏がその事務を管掌する事となった。名前は会社であるけれども実質においては官営事業であって、海運業を盛んにしようというのももちろん主なる目的ではあったが、そのほかに当時はまだ米納《べいのう》の制度であったから、その貢米《ぐまい》輸送《ゆそう》の便宜を計ろうとするのも目的の一つであって、しかも主として私がこの点に着目し郵便蒸汽船会社が出来上がるに到ったのである。この点において私は日本の海運事業とはだいぶ古くから縁故が深いわけである。郵便蒸汽船会社の出来た明治四年ごろには、アメリカやイギリスの船が盛んにやって来て、海運の事はほとんどこれらの外国船が占有している形で、日本人は極端にいえばお隣に行くにも外国の蒸気船のご厄介になるという始末であった。これではならぬというので会社を起こしたのであるが、なにぶんにも政府の直営会社であり、十分に保護が行き届いているわけではあるが、事業はなかなかうまくいかない。

その一方において確かに明治四、五年ごろと思うが、今の三菱の先代岩崎弥太郎《いわさきやたろう》氏が土佐《とさ》藩の汽船を手に入れて海運業を始めたが、此方《こちら》はだいぶ成績が良くて郵便蒸汽船会社よりもむしろ有力であった。明治七年の台湾の役には郵便蒸汽船会社と三菱会社とが軍事に従い、政府軍の輸送や糧食の運送に従事したのであるが、この時にもむしろ三菱会社の方がよほど行き届いたやり方で成績がはなはだ良かったから、政府においても大いに考えて欠損ばかりしている郵便蒸汽船会社の面倒を見るよりも、民間の三菱会社がかえって成績を挙げているから、これを保護して発達せしむる方が得策であるという議が纏まり、台湾の役の直後に郵便蒸汽船会社を解散し、その所有船を買い潰して三菱に下げ渡してしまった。それからまず日本の海運といえば三菱の独占という形であったが、明治十年の西南の役にはこの会社が軍兵糧食等の輸送を一手に引き受けたから、三菱の基礎も大いに定まりこれより驥《き》足《そく》を伸ばすに到った。

白熱的の両汽船会社の競争

明治七、八年ごろから十四、五年ごろまでは、日本の海運業はほとんど三菱の独占の姿であったので、あたかも旭日《あさひ》の昇るがごとき勢いで事業が発展し、その業績大いに見るべきものあったが、一面において独占事業に伴う弊害もないではなかった。大阪を中心にして小さな回漕業者がたくさんあったけれども、もとより三菱に比しては月とスッポンほどの相違である。それでこれに対抗するというわけではないが、日本の工業界もおいおい進歩し、したがって運輸の需要も大いに増加するに到ったので、他に今一つ有力な会社が出現しても十分経営が出来るだろうという見込みで、民間の有力者発起の下に明治十五年ごろ資本金六百万円の共同運輸会社というものが出来た。

この会社の設立について私もその発起人の一人として奔走したが、政府においてもこの事業に助力を吝《おし》まず進んで株式の一部を引き受け、また株主の募集についても多大の便宜を与えたのである。

かくて社長に海軍少将伊藤雋吉《いとうせんきち》氏を推薦し、伊藤社長は汽船購入のため英国に渡航し翌十六年より営業を開始したのであるが、図らずも両会社間に非常に激烈な競争を惹起《じゃくき》するに到った。最初の考えでは我が海運界の改良発達を期するには、三菱汽船会社の独占よりも他に有力な同業者があって互いに競争した方が、独占の弊害を矯《た》めると同時に進歩を促すゆえんであるという意見で、共同運輸会社を起こしたのであるが、さて実際問題となってみると、両会社共に十露盤《そろばん》を度外視して意地づくで競争する有り様となり、これが永続すれば結局は共倒れに終わらねばならぬ状態に陥ったのであった。こういう結果となっては政府がせっかく力瘤《ちからこぶ》を入れて新たに汽船会社を創立せしめた趣旨に反する事となり、政府においては三菱会社に対しても補助金を与えており、共同運輸会社に対しても保護を加えているが、これは畢竟日本の海運業を発達せしめようというのがその目的だからであるのに、両会社が激烈な競争をして双方共に潰れるような事があっては、政府補助の趣旨に反するばかりでなく、延いてはせっかく発達しかけた日本の海運業が全く挫折してしまうほかはないのである。

そこで私なども大いに心配し、政府においてもまたこの点を深く考え、明治十八年政府の強要によってついに共同運輸および三菱の両社が合併し、新たに会社を創立する運びとなった。かくて共同、三菱両社の協定により、共同運輸六百万円、三菱会社五百万円合計一千一百万円の資本金をもって新会社が設立せらるる事となったが、これがすなわち今日の日本郵船株式会社なのである。かくてこの両社の合併によって日本の海運界に一転期を劃したが、いっぽう大阪を中心とする多数の船主も競争激烈のため、互いに荷客《かかく》の争奪に腐心し、その積弊《せきへい》少なからざるものがあった。そこでこれでは結局数十名の船主は共倒れになるよりほかはないと云うので、大阪の有志者が相談して百方奔走し、日本郵船株式会社の生まれる前年、すなわち明治十七年の五、六月ごろにこれらの船主が共同して一汽船会社を創立する事となった。これが今日の大阪商船株式会社なのである。この両会社の出現によってやや日本海運業発達の土台が出来たと見るべきであろう。

外国航路開始の事情とターター問題

明治十七年に大阪商船が出来、翌十八年に郵船会社が生まれ、我が国における海運業の基礎はやや定まったけれども、その航路というものは日本の沿海に止《とど》まっている有り様で、明治初年から比べると大いに進んだとは云えるものの、いわば井の中の蛙《かわず》で外国航路などは一つもなかった。私は郵船会社の事業にも大阪商船の仕事にも直接関係しておらなかったが、海運業の発達については始終研究を怠らず、かつまた他の事業の関係から間接ではあるが海運界の事情を知る機会も多かったので、機会あるごとに私の海運界に対する意見を申し述べ、時には政府に対しても建言したが、日本郵船においては日清戦争の前年すなわち明治二十六年にボンベイ航路を開くに到った。これは我が国における遠洋航海の嚆矢であって、我が海運界の歴史を叙するに当たって逸すべからざる事柄であるが、この航路を開くについては偶然ながら私はよほど深い関係を有しているのである。

話はいささか前後する嫌いはあるが、明治二十二年ごろ、インドにおける紡績事業や棉花《めんか》の産出の模様等を調査するために、外務省から佐野《さの》常樹《つねき》という人が派遣せられた。これは表面上外務省からインド視察を命ぜられたのであるが、内実はそのころ日本の紡績事業が漸次発達し、従来は原料たる棉花を内地産および支那から輸入した物をもって間に合わせておったが、むしろインドから原料を買い入れた方が得策ではないかという意見が出て、これが調査のため紡績聯合会から外務省に願い出で佐野常樹氏の派遣となったものであって、旅費その他も紡績聯合会が負担し、随行というわけではないが紡績業者二名を同伴して彼の地の状況を視察調査せしめたのである。佐野氏の一行が帰朝して非常に有益な報告をもたらしたので、その後まもなくインドと棉花の直取引をする事となったが、インドにおける取引先は主としてターター商会であった。

ところが明治二十五年ごろターター商会の幹部の一人が日本に来朝し、商売上の打ち合わせやらさらに進んではインドから綿糸並びに棉花を日本へ輸送した帰り船に、何かしら日本の貨物《かぶつ》を積み込んでいきたいというような計画をもっていた。その人が私を訪問して私の意見を求めたので、私は彼の地の事情は詳しく知っておらぬから、適確な意見はもっておらぬけれども、日本の石炭は現在シンガポールまでぐらいは行っているから、一歩進めて棉花の戻り船を利用してこれをインドまで持っていかれてはいかがであるかと申し述べた。するとその男は運賃の点はよく判らぬけれども、私も石炭が最も見込みがあると思っているし、そのほかに煉瓦《れんが》と雑貨も多少望みがあると思うが、自分の店でもそういろいろな物に手を出すわけにもいかぬから、石炭の取引だけぜひやってみたいと考える。ついては日本の石炭業者に紹介してくれという話であったから、私はこの道の人々十一、二人を招いで小宴を催し、その席でターター商会の幹部を紹介したのである。

その結果として三井と相談が纏まり、三池《みいけ》の石炭を三百トンだけ試験的に引き受けていこうという相談が纏まったが、石炭の原価は一トン三円ばかりであったけれども、その運送を当時インド日本間の航路を独占しておったピーオー会社に交渉すると、一トン当たり四ドル五十セントとかいう運賃で、結局ボンベイまで持っていけば十露盤がとれない結果となるのでついに沙汰止《さたや》みとなってしまった。

その翌年ターター商会の代表者であるターター氏が来朝し、この時もまた私を訪問して意見の交換をした。その時ターター氏の言うには

日本郵船株式会社

「現在インドを中心とする汽船会社は英国人の経営するピーオー会社のほかに、オーストリアのロイド会社とイタリーの会社と三つあるが、ピーオー会社がほとんどその全権をもっている状態で、運賃のごときも協定してやっているから非常に高くつくのである。それでこれに対抗して新航路を開くのでなければとうてい運賃の低減は期せられないが、自分は独力でやるほどの資産を有しておらぬけれども、日本の有力者で共同して新航路を開く事になれば非常に好都合だと思う。ピーオー会社を向こうに廻して競争するとして、現在の運賃より二割以上を引き下げて立派に十露盤がとれる。」

　という話であった。私もこの企てにはすこぶる賛成であったが、私は汽船会社に直接関係しているわけでもないし、また個人で経営すべき性質のものでないと考えたから、私は郵船会社の当局者とも相談し、一方においては積荷の事に関して紡績聯合会の人々とも懇談し、ターター氏ともさらに協議を重ねた結果、非常に面倒な経緯《いきさつ》を経てようやく相談が纏まり、二十六年には日本ボンベイ間の新航路を開く事となり、ターター商会は汽船一隻を郵船会社に提供し、郵船会社はまたこの航路に一隻を当てて二十六年十一月七日広島丸が神戸を解纜《かいらん》して処女航海の途についたのである。ここまで漕ぎつけるには郵船会社でもだいぶ躊躇《ちゅうちょ》し、一面においては紡績聯合会とも積荷の契約がなかなか纏まらず、私はその間にあって出来るだけの奔走尽力を試みて、曲がりなりにも郵船と紡績聯合会側との協定が出来て、新航路開始の運びにまで漕ぎ着けたのである。

　ところで郵船が新たにインド航路を開くという情報がピーオー会社の方に分かったので、東洋方面をすべて支配しているピーオー会社ホンコン支店長が日本へやって来て、神戸および横浜の支店長と共に盛んにその妨害運動を試みたものである。ピーオー会社側の郵船会社に対する故障を簡単に申すと、「他人の畑へ鍬《くわ》を入れるような処置をとるのははなはだ面白くない。それにターター商会などはすこぶる信用がない者であんなものを相手にしておっては後日迷惑を蒙るに定《きま》っている。いわんやお互いに競争するという事になれば、損失を蒙る事は判りきっている。つまらぬ事に大金を捨てるのは馬鹿馬鹿しい話であるから、新航路の計画はお見合わせになったらよかろう」という話であった。しかし郵船会社ではこの航路は自発的に計画したものでなく、主として渋沢が仲に立ち紡績聯合会側との契約によって始める事となったのであるから、紡績聯合会が契約を解除しない限り、今さら見合わせる事などは出来ないという返答をした。そこでこの連中は渋沢を口説き落とせば聯合会の方はどうでもなると考えたものか、郵船重役の紹介で私に面会を申し込んできたのである。

ピーオー会社の連中は、郵船会社のインド航路開始の不得策なる事を説き、私から紡績聯合会の人に話をして、これを見合わせるようにさせた方が得策であると忠告した。その第一の理由は、「郵船会社が新たにインド航路を開く事となれば、ピーオー会社は勢いこれに対抗しなければならぬから、運賃競争が起こる。ところでインドから日本へ来るもので一番多い物は綿糸であるが、ピーオー会社が綿糸の運賃を非常に安くする事とすれば、結局は高い運賃を出す棉花の方が綿糸よりも高くつくような事になり、日本の紡績会社は結局十露盤がとれず、事業を継続する事が出来なくなるだろう」と云うのであった。私は大いに腹が立った、「この野郎！」と頭から怒鳴りつけてやりたいような気持ちがしたので、直ちに反駁《はんばく》してやった。

「紡績聯合会が郵船会社と契約して新航路を開くような段取りとなったのは、もちろん安い原料を仕入れて安い製品を国民に供給しようという目的であるが、新航路が出来たために綿糸が大いに安くなって、日本の紡績業者が行き立たなくなるなどという事はすこぶる不可解な話である。互いに商売上の道徳を守って経済の許す範囲で競争するならば、現在の運賃より三、四割も下げるという事は出来得るはずがない。したがって運賃関係によって原棉《げんめん》よりも綿糸の方が安くつくなどという事はありよう道理がない、もしまたピーオー会社が巨大な資本をもって無理な競争をして、綿糸の運賃だけを無賃同様に引き下げる事となったなら、なるほど日本の紡績会社は難儀する事となるかもしれぬけれども、紡績業者は指を屈するほどであって、日本総体の需要者は無数であるからこの大勢が利益を蒙る事となるではないか？　日本の紡績業者は国家的の考えが強いから、もし競争のために自身が損をするような事があっても、総体の日本人が幸福を得る事だったなら、むしろ喜んでその困難を忍ぶ決心をもっているはずである。

私もまたその固い信念をもっている。いかにピーオー会社の資力が大きくても、多大の欠損を忍んで五年も十年も継続する事は困難だろう。吾々日本人はそのために綿糸が安くなって余慶を蒙る事となればこの上もない結構なことである。いったい日本人を子供扱いにされるのははなはだよろしくない。英国は先進国であり日本はようやく近年開けかかったばかりで、ことに航海業に至っては師匠と弟子というような関係にある。その師匠が弟子の擡頭《たいとう》するのを憎むようなやり方をされるのははなはだその意を得ない。」

　という意味の事を大いに論じた。すると彼らは論鋒《ろんぽう》を変えて、英国と日本の両会社が競争するのはいたずらに支那人をして漁夫の利を占めさせるのみではなはだ愚かな事であるとか、ターターはすこぶる狡猾《こうかつ》な男で、自分の都合のよいように嘘ばかり言っているから信用が出来ないとか、いろいろ側面から私を口説き落としに掛かったが、私はそれに対していちいち強硬に反駁を加え、ついにこの会見は物別れとなってしまったのである。

　果たして郵船がインド航路を開始すると、ピーオー会社は激烈な競争を開始した。彼の連中は郵船会社が太刀打ちの出来ないような競争をしたら、すぐ押さえつける事が出来るだろうと高《たか》を括《くく》ったものらしく、従来ボンベイより神戸まで一トン十七ルーピーであった運賃を半価以下の八ルーピーに値下げし、さらに一ルーピー半まで引き下げた。郵船会社では当初ピーオー会社のトン当たり十七ルーピーに対し、精細な十露盤をとった結果十三ルーピーの運賃としたのであるが、その後十二ルーピーに引き下げた。しかし一方は一ルーピー半まで引き下げたのであるから、運賃の点ではほとんど競争が出来ない始末であった。幸い日本の荷物はたいてい郵船会社と約束してあるので、差し当たってはたいした打撃もなかったが、紡績聯合会との契約は満一ヶ年であったから、その後引き続いて契約をしなければこの航路は結局廃止の運命に陥るより仕方がない。私は最初の関係者である責任上からかつ国家的見地よりどうしてもこの航路を永続せしむるようにしなければならぬと考えて、益田孝、中上川《なかみがわ》彦次郎《ひこじろう》その他の有志と協議し、極力紡績聯合会の幹部を説いてさらに聯合会対郵船の積荷契約期間を延長し、一面においては政府にも保護を建議した。

そうしてさらにこの航路の存廃は一郵船会社の問題でなくして、日本海運の盛衰に関する重要問題であるという意味で国民に訴えたのである。当時この競争はターター問題としてすこぶる世間に喧《やかま》しく論ぜられたものであったが、日本側はこのような次第でなかなかへこたれず、またピーオー会社の方でも最初は一撃の下に潰す事が出来るだろうと思ったらしいが、郵船会社側が泰然《たいぜん》としているので永く競争する事が出来ず、ついに先方でも無益な競争の不得策であるのに気づき、漸次運賃の引き上げをなし、結局この問題は運賃協定によって解決を告げた。あの場合もしピーオー会社の圧迫に恐れて新航路を差し控えるとか、もしくは激烈な競争に敗れてインド航路を廃止したならば、恐らくや我が海運業の発達はもっともっと遅れていたろうと思う。

海運界に一新紀元を劃す

ちょうどターター問題で激甚な競争をしていたころ、私は日本郵船会社の重役に推されて、海運事業に直接に関係する事となったのであるが、日清戦争のころには日本の汽船の総トン数はわずか十八万トン内外であった。ところが戦争のために大いに刺《し》戟《げき》されて海運業が急速な勢いをもって発達し来り、二十八年の末ごろには二十万トンを超えるに到った。もちろん世界の海運国の一つに数えらるるに到った今日の現状から見ればはなはだ微々たるものであるが、当時の日本としてはじつに異常な発達であったのである。しかも日清戦争は海運事業の国家の盛衰に至大の関係ある事を痛感せしむるに到り、戦後東京商業会議所会頭として海員の養成、造船の保護、航海業の奨励等について政府に建議したが、当時私の熱心に主張するところはまず第一に造船業の奨励と海員の養成で、これと同時に将来においてはぜひとも天津《テンシン》の航路、上海《シャンハイ》の航路、ウラジオストックの航路、シナ海の航路、米国航路、欧洲航路、オーストラリア航路の定期航路を開かなければならぬというにあった。それで機会あるごとに公開の席上で講演もし、意見を求めらるれば言を尽くしてこれを述べたのであるが、当時の実状よりすればこの七航路を拓《ひら》くという事は、理想というよりもむしろ空想に近いものとして一笑に付する者もないではなかった。もっとも造船業が幼稚ですべて汽船は外国の造船所に註文《ちゅうもん》しなければならなかった時代の事であるから、多数国民中には私が夢物語でもしているように思っていた者のあったのもあながち無理とは言えぬ。

　しかしながら政府当局においてもこの点に関しては大いに力を注ぎ、明治二十九年伊藤（博文）内閣時代に、航海奨励法を発布して巨額の国庫金を支出し、海運業の発達を促進する事に方針を樹立した。これはじつに大英断であって、これによって我が海運界に一新紀元を劃するに到ったのである。この意味において伊藤博文公は我が海運業の大恩人と言うべきであろう。後年かの日露戦争に際して、幸いに軍隊および兵糧弾薬その他の軍需品輸送に事欠かず、ついに戦勝の栄を贏《か》ち得たのは、航海奨励法の発布によって我が海運業が非常な勢いで発達したお蔭であると云うも過言ではあるまい。

最近日本郵船と合併したが、一時は郵船、大阪商船と鼎立《ていりつ》して我が海運界一方の雄《ゆう》であった東洋汽船会社は、明治二十九年に航海奨励法の発布と同時に創立されたものであって、貨物回漕を営業とせる浅野《あさの》総一郎《そういちろう》氏経営の浅野回漕店の事業を継承し、海外航路の開拓に力を尽くしたのである。一方日本郵船会社においても明治三十年に新たに優秀なる汽船十数艘《そう》を造り、欧、米、濠《ごう》の三大航路を開くに到り、欧洲航路は同年三月、米国航路は同八月、濠洲《ごうしゅう》航路は同十月より開航の運びとなったが、ここに到って昔日《せきじつ》一片《いっぺん》の理想視され、空想視された私の主張が漸次具体化さるるに到ったわけである。

日露戦争に際して我が国の汽船は大部分軍用に供せられ、海外航路は一時振るわなかったけれども、しかれども国家に貢献するところすこぶる大なるものがあった事は、今さら事新しく申すまでもあるまい。そうして戦後航運旧に復するや、郵船、商船、東洋汽船は共に遠洋航路に力を注いで海運の拡張、発展に努め、また一面においては造船事業のごときも大いに進歩し、かつ遠洋航路の船長のごとき高級船員はほとんど外国人に占められておったが、日本海員がこれに代わるようになったので名実共に世界の大海運国の仲間入りをするに到った。ことに先年の世界大戦乱に当たりては我が海運界は大々的の飛躍をなし、今や英米と共に世界における三大海運国をもって称せらるるに到り、大西洋《たいせいよう》を除くほかは世界到る処に航路を有せざるはない現状を呈しているのは、邦家《ほうか》のため真に慶賀に堪えぬ次第である。

人肥会社と理化学研究所

人造肥料製造の動機

私の生家は元来が農業を営んでおったから、したがって私も青少年時代には百姓仕事もやったものである。その後一身上にいろいろの変遷があって、実業界に身を投ずるようになったけれども、我が国は元来農業を主としている国であり、農業の盛衰は延いて一国の盛衰にも重大な関係をもっているので、実業界に身を投じてから農業方面に対しては相当の注意を怠らなかった。

ところで明治二十年ごろの事であるが、ある日帝国大学を卒業して農商務技師をしておった高峰譲吉《たかみねじょうきち》が私を訪問して、しきりに人造肥料の効能を説いた。その説は非常に長いものであったが、その要領を申すと

「従来日本に行われている人糞《じんぷん》とか堆肥《たいひ》とかいうような肥料はいわば漢方薬の草根木皮のごときものであって、たとえ効果があるにしても滓《かす》が多いからどうしても利き目が薄い。であるから漢方薬をらんびきにかけたところの西洋薬を用いるように、肥料

の方でも本当の必要な精分だけをらんびきにして調合した人造肥料を用いるようにしなければならぬ。ことに日本のごとく国土が狭く、集約農法によらなければならぬ国では、今後はぜひとも人造肥料の使用を奨励して生産率を高めるの必要がある。」というのであった。この人造肥料の発明はその二、三十年前の事であって、我が国にはまだ一向に知られておらなかったが、私はその説を聞いていかにももっとも至極の説であると思った。私はそのころ米国のごとき広い面積を有する国では、大農法によって大雑把な経営をするのが適当であるかもしれぬが、日本のような限りある国土では、わずかな面積でもこれを忽《ゆるが》せにすることなく、いわゆる集約農法によって収穫の増加を計らなければならぬと考えておった際であったから、高峰氏の説はちょうど私の考えておった事に対して一点の光明を与えたわけである。

　ことに高峰氏から先進諸外国では近年盛んに人造肥料を使用して、優秀なる成績を挙げている事を聞いたので、いよいよ人造肥料の必要を痛感し、あるいは時期尚早であるかもしれぬが、人造肥料会社を起こして斯業の発達を図るのは、国家のためにじつに有益なる事業であるのみでなく、営利事業としてもまた将来有望であろうと信ずるに到った。それで高峰氏と二人で一通りの計画を立て、平素親しく交わっている益田孝氏や大倉《おおくら》喜《き》八郎《はちろう》氏、浅野総一郎氏、安田《やすだ》善次郎《ぜんじろう》氏その他の人々にこの企てを相談してみた。すると諸君の云われるには、「農業の事に関しては一向知識がないが、話を聞いてみるといかにも必要な事業でありかつ有望な企てのように思われるから、日本としては突飛なようであるけれども率先して肥料の製造を始めるのも面白いだろう。ことに渋沢は元百姓であり、高峰は科学者であるから、この二人が大丈夫であると思う事なら、事業もきっとうまくいくだろう。」というようなわけでいずれも賛成され、明治二十年二月東京人造肥料会社を設立する事となったのである。

創業苦の悩みと高峰氏の渡米

最初の試みである東京人造肥料会社も小規模ながら設立の運びとなった。高峰譲吉氏は、農商務省技師を辞して会社の技術長となる事に決し、私が委員長に推されて計画を進める事となり、府下大島《おおじま》町通称深川《ふかがわ》の釜屋堀《かまやぼり》に工場敷地を買収してここに工場を建築する事となった。あたかもその年の三月に益田孝氏が欧米を視察する事となっておったので、高峰氏も同行する事となり、肥料製造機械および製造に必要なる材料の買い込みなどをなし、かつ欧米諸国における肥料工場の状態なども視察して帰朝したが、翌二十一年の春に諸機械が到着してその据え附けに着手し、その年の秋ごろから営業を開始したのであった。

ところでこの会社にとって第一の痛傷《いたで》は、明治二十一年の暮工場から火を発してその一部を烏有《うゆう》に帰した事である。しかし直ちに復旧工事を施して事業の遂行に努めたが、最も困難を感じたのは人造肥料の販売先であった。何しろ農村の大部分は人糞とか堆肥とかいうような俗にいう駄肥《だひ》を用いておったし、鰊粕《にしんかす》とか油粕《あぶらかす》とかいうような金を出して買わなければならぬ金肥はごく一小部分に限られておったのである。人糞や堆肥ならば別に現金を出して買わなくとも、単に労力によって得られるのであるから、金肥を使うという事は農村にとっては経済的によほど考えねばならぬ事であった。したがって高く売れるような農作物を産出する地方でなければ、油粕とか鰊粕とかのような金肥は使わなかったのである。そういう時代に科学肥料を売り出そうというのであったから、まずもって肥料の効能から宣伝して掛からなければならぬ。しかも農民がその得策な事を悟ったにしても、従来駄肥で間に合っておった土地に金肥を使用させる事は、ほとんど不可能に近いほど困難な仕事であった。

それで人造肥料を売り出すには経営上から云っても普及を図る上から云っても、まず従来金肥を使う事に馴《な》れた地方から売り捌《さば》くようにしなければならぬと考えて、第一着手として藍《あい》の産地である私の郷里と房州《ぼうしゆう》方面へ送り、また越後《えちご》方面へも送って試験的にその使用を勧めてみたが、その成績ははなはだ不良であった。すなわち房州の方からは少しも効能がないと云ってくるし、越後の方からは従来使用しておった鰊肥料は耕地に挿し込んでおけるから雨が降っても流失する心配はないが、今度の人造肥料は強い雨が降ると流れてしまうから、同じく金肥でも少しも効能がないと云ってくる有り様で、その他四方八方から非難攻撃の声が起こり、設立当初においては散々な不結果に終わってしまった。

この失敗は後から高峰氏の説明を聞いてみるとむしろ当然の事であった。私は肥料に対する知識がないものだから、どんな作物に対しても過燐酸《かりんさん》肥料を施しさえすれば効果があるものと思い込み、私の郷里だとか房州だとかの藍の産地へも、過燐酸肥料を送ったのであったが、少しも効果がないという苦情がドンドン来るので、これを高峰氏に話したところ高峰氏の言うには、

「人造肥料にもいろいろ種類があって、作物の種類に応じて肥料の種類を変えていかなければならぬものである。藍に施す肥料は燐酸肥料では駄目であって、窒素肥料でなければ効能《ききめ》がない。もし初めから藍の肥料にするのだという事を私が知っていれば、過燐酸肥料とは製造法を異にする窒素肥料を製造して送るのであったのに、あらかじめお話がなかったものだから少しもその事を知らずにおったしだいで、今さら言っても追いつかぬ事ではあるが、事業の最初につまらぬ事から失敗したのは遺憾千万である。」

と残念がっておった。このような有り様で開業第一年はマンマと大失敗に終わってしまったのである。

これではならぬというので、いろいろに研究もし、製造方法にも改良を加えると共

に生産費の低下を図り、大いに陣容の建て直しをして事業の発展を期したけれども、なかなか思わしい成績が挙がらなかった。一般の需要だけは一年ごとに増加していくけれども、収支相償うまでに到らない。そうこうしているうちに、会社にとっては死活問題にも値する重大な問題が起こってきた。それは肥料会社が杖《つえ》とも柱とも頼んでいる高峰氏が米国へ行かなければならぬこととなったからである。何しろ創立以来三、四年になるけれども事業は少しも順調に向かう模様も見えず相変わらず、苦心惨憺《くしんさんたん》している有り様で、何事も今後にあるという意気込みで経営に没頭している矢先、人肥製造の建言者でありしかも創立以来全責任を負ってその製造を監督指導しておった高峰技術長に逃げられてしまっては、会社の前途は全く暗黒になってしまうわけであって、素人の私にはほとんど考えに余る始末であった。さればといって国家のために必要であると信じてせっかく興したこの会社を潰す事は、自分一個としてはともかく、今後農村振興上に少なからぬ悪影響を及ぼ

大日本人造肥料株式会社 小松川工場

す結果になりはしまいかと、杞憂かは知らぬがこの点を大いに心配した。今この会社が倒れてしまうと、今後しばらくの間はとうてい肥料会社は起こるまい。さすれば今まで吾々も苦心し、政府当局もまた大いに奨励して、ようやく人造肥料を使うようになった土地に対して供給の道が止まってしまうし、そればかりでなく一般農民に人造肥料等は駄目な物だというような観念を植え付ける虞《おそれ》がある。私はそれを恐れたのである。

こういうような理由《わけ》で私は高峰氏に向かってはずいぶん無遠慮に私の意見を陳べ、果ては責任論まで持ち出して、極力その渡米を引き止めようとしたが、高峰氏は米国との約束があるから、どうしても渡米しなければならぬと云って留任を承知しなかった。高峰氏が最初人造肥料会社の技術長を引き受けた際には、二、三年もしたら一通りの形がつくものと思って承諾したのであって、今日事業を半途《はんと》でまだ基礎も確立せぬのを棄《す》てていくのは不徳義のようではあるが、すでに氏は米国に渡航する事を約束してあったから、今さらこれを破棄する事は出来ないという事であった。その言うところを聞いてみれば、それも一理はある。

私にしてみれば多少の不平も不満もあったので、せっかく着手した事業を半途に棄てて渡米しなければならぬくらいならば、なぜ初めにこんな事業を起こすように私に勧めたかなどと高峰氏の態度を難詰した事もあった。しかし一歩退いて考えてみれば、高峰氏一身のためばかりでなく、国家という見地から見てもこの際、高峰氏を快く渡米せしめて、専心研究の出来るよう取り計らうようにするのが真にとるべき道であると考えて、私も非常な決心をもって同氏の希望を容れ、その代わり高峰氏が去ってしまえば技師がいなくなり早速仕事に差し支えるから、適当の技師を推薦するように相談したところ、西ケ《にしが》原《はら》の試験所に勤めている森《もり》氏がよかろうという事だったので、森氏と会見した結果、同氏を高峰氏の後任とし、ともかくも事業を継続して経営する事になった。それにしても最も力にしていた高峰氏に渡米されるという事は、人造肥料会社にとっては尠《すくな》からぬ痛傷《いたで》であった事は申すまでもない。

難関を突破してついに成功

高峰氏の渡米によって一時は力を落としたけれども、幸いに製造の方は継続する事が出来た。しかし会社の事業は依然として不振で欠損に次ぐに欠損をもってし、その経営の苦心はじつに容易ならぬものがあった。しかも弱り目に祟《たた》り目といおうか、二十五年五月に再び工場が火災に罹《かか》り、ほとんど全部を烏《う》有《ゆう》に帰してしまったのである。事業の不振なところへ持って来て工場が焼けてしまったのであるから会社はまさに瀕《ひん》死《し》の状態に陥ったのである。事業がこういう状態なので、初め私と共同して人造肥料の事業を始めた友達達も、ついに会社を廃《や》めてしまおうと言い出した。損ばかりしていつ目鼻がつくか分からないような仕事に、何年も係わり合っている事はとうていそれらの人々には堪え得られなかったのである。事業家もしくは資本家の立場になって考えてみると、それももっとも千万な事であって無理からぬわけである。

しかしながら私はこの事業を始めるには、決して利益のみを目的として始めたのではない。その主眼は国家のためになる事業であり、農村振興上必要なものであると考え、しかも将来は必ず有望な事業となると信じて計画した仕事であるから、いかなる災厄に遭うても必ずこの事業を成就させなければならぬとかねてから決心していたのであるから、共同者が皆廃めてしまおうという意見ならこれもやむをえないから、私一人でもこの会社を引き受けて借金してでも必ず成し遂げるつもりであると自分の意見を率直に陳《の》べた。共同者の諸君も渋沢がそれほどの決心ならば、いっさいお任せするから一つ建て直してやってみらるるがよかろうという事になったので、結局この会社は私が一人で引き受ける事となった。

世間ではあるいは渋沢が肥料のボロ会社を脊負《せお》い込んで困りきっていると冷笑しておった者もあるかもしれぬが、私は投げ出す気さえあれば何もこの貧乏会社を引き受ける必要はない。しかし私の目的は別にあるのであるから、かかる経営困難に陥った会社を自ら進んで引き受けたのである。それでいろいろ研究調査のうえ建て直しの計画を立て、翌明治二十六年七月の総会において資本金を半減して十二万五千円とし、創業以来の損失償却残金および工場焼失損金等を補塡《ほてん》し、さらに定款《ていかん》の改正をも行い、そうして経営方針は従来の消極的方法を捨てて積極的方針に出でたのである。すなわち人造肥料の製造には硫酸を多く使用するのであるが従来会社においては硫酸を他から購入して使用しておったので、原料が非常に高価につき、したがって生産費も高くつくような始末であったから、私が会社を引き受けるようになってからは、硫酸を自分の会社の工場で製造する計画を立てて、着々としてその計画をすすめたのであった。しかるにちょうど幸いなことには、明治二十七、八年ごろから人造肥料の需要が激増し、会社もまた決算ごとに相当の利益を挙ぐる事が出来るようになったので、明治二十八年に資本金を以前のごとく二十五万円に増資し、さらに翌明治二十九年には資本金を倍加して五十万円とし、諸機械および工場の増築をなして業務の拡張を図ったが、硫酸を自分の工場で製造して他より購入せぬ事として以来、会社の利益を少なからず増進するに到り、幸いその後は会社の経営をして順調ならしむるに到った。

　この事業がいよいよ基礎確立し、事業が大いに隆盛に赴くや、各地に続々人造肥料会社の設立を見るに到ったが、これはいわば私の経営した肥料会社が中途で挫折せず、一時は瀕死の状態に陥りながらもその難局を切り抜けて、押しも押されもせぬ営利会社にまで育てたためであると言っても過言ではなかろう。また明治二十一年創業当時は人造肥料の需要というものはすこぶる力なきもので、わずかに五万貫に近い数量にすぎなかったが、二十五年ごろにはこれに十倍して約五十万貫の需要が起こり、明治三十年ごろには一躍して約三百万貫に上り、工場の増築設備が完成して能率を増進するに到った明治三十一年には、さらに需要を増加して約四百四十万貫に上っている。しかもなおとうてい需要には応じきれぬという有り様であったのである。

その後事業は経済界の動揺に伴うて一張一緩《いっちょういっかん》を免れなかったけれども、幸いに蹉跌《さてつ》を来す事なく年ごとに発展を加え、増資に次ぐに増資をもってし盛んに工場を増設し、また明治四十一年帝国肥料株式会社、北海道人造肥料株式会社を合併したのをはじめとして、摂津《せっつ》製油《せいゆう》株式会社、大阪硫曹《おおさかりゅうそう》株式会社等を合併して社名を大日本人造肥料株式会社と改称し、大正二年には資本金一千二百五十万円の大会社たるに到り、さらに近年肥料会社の大合同によって今日の盛大を来すに到ったのである。自分で申すのは自画自讃《じがじさん》の譏《そし》りを免れまいが、このようなわけで我が国における人造肥料の製造は、高峰譲吉博士の提唱によって私がこの事業を起こしたのであって、我が国の人造肥料製造事業が今日のごとき隆盛を見るに到ったのも、私が困難を忍び難局を突破して、会社を盛り立てた事がよほど刺戟になっていると考えられる。ともかく人造肥料が盛んに行われるようになったのは大いに喜ばしい事と思う。

高峰譲吉氏は肥料会社を辞して渡米してから、四、五年の間はずいぶん彼の地で苦しんだそうである。しかも渡米の目的であったアルコホルの研究については、予期のような成績が挙がらずして本人もずいぶん苦心したらしいが、その研究に従事しているうちに偶然にも彼の有名なジアスターゼと血止薬のアドレナリンを発見し、その他にも何か新薬を発見したので、米国デトロイトの製剤家バーク・デビス氏がこれを聞き込んで製剤して売り出したところが、売れ行きがすこぶる良好でいずれも世界的の新薬になったため、高峰氏は一躍して世界的に有名な人となり、また一面においては大いに産をも造る事が出来たのである。高峰博士の今日あるは全くその多年苦心研究の結果であって、博士になったのもこれがためであり、世界的の成功者と目せらるるに到ったのもこれがためにほかならぬ。肥料会社以来縁故が深いので、私が渡米した際にはいつでも面会し、また高峰博士が帰朝した際には常に私を訪問されて旧交を温めるを常としていた。人物は至って温厚な人で、元来は学者であるけれども一面においてはまた事業を処理していく才能をももっており、世間で俗にいう学者肌とはいささか違った趣のある人物で、人に接して肌触りがよく、また極端に走って他人と争うような事は決してない人である。

日本に最初の肥料会社を起こしたのは、前に述べたごとく高峰博士の意見に基づいたものであるが、理化学研究所の設立もまたその動機は高峰氏の意見に基づくものである。確か大正四、五年ごろと記憶するが、高峰博士が帰朝して私を訪問された際にいろいろ回旧談や意見の交換をしたが、その際、高峰博士は理化学研究所の設立は目下の日本にとって最も急務とするところであるというような話をされた。博士の言うところによれば、今日までの世界は機械工業の時代であったが、今後の世界は機械工業より理化学工業の時代に移るべく、現にその兆候が欧米の工業界に顕然《けんぜん》と現われてきている。ドイツのごときはつとにこの点に留意し、一大科学研究所を設立して系統的の研究に没頭し、米国においてはロック・フェラー研究所やカーネギー研究所があり、英国においてもまた大規模な理化学研究所を設立した。この世界の大勢に順応して理化学工業によって国産を起こそうとするには、どうしてもこれが基礎となるべき純粋の理化学研究所を設立しなければならぬと云うのであった。ことに日本人は模倣性には富んでいるが、独創力に乏しいという弊がある。これにはいろいろの理由もあるが、研究者が後顧の憂いなくその志す研究に没頭する事が出来ないという事も、重要なる原因の一つであるし、かつ模倣性に富んだ国民の傾向を一転して独創力を涵養《かんよう》するには、純粋の理化学研究を奨励するよりほかに道がないゆえ、ぜひとも日本に理化学研究所を起こすようにしたいものであるとの希望を述べられた。

　私は理化学方面については何らの知識をもたぬものであり、もとよりこれに対する確固《かくこ》たる意見ももっておらぬが、理化学研究の必要である事だけは常に信じており、また門外漢ながらもその必要を説いておった者である。ことに我が国には系統的の研究機関がない、もちろん各大学や陸海軍の工廠《こうしょう》等には相当設備の充実した研究機関があるけれども、それらはいずれも孤立の形で聯絡に乏しく、これがため無駄な費用と時間と労力とを費やす事が少なくないし、ことに民間の発明家に対してこれぞという研究機関が一つもない。これは誠に遺憾千万であると感じておったところへ、高峰博士から理化学研究所設立の必要であることを述べられたのであるから、ちょうど私の理論と一致したわけで衷心より賛意を禁じ得なかったのである。

　それでなお進んで高峰博士ともいろいろ協議したうえ一つの成案を得て、これを当時の東京商業会議所会頭中野武営氏とも相談した結果世間に発表する事とし、一夕実業界の名望家《めいぼうか》百二、三十名を築地《つきじ》精養軒《せいようけん》に招待して理化学研究所設立の趣旨を公表し、まず高峰博士より理化学研究所設立の急務であるゆえんを述べ、さらに私はその設立に関する具体的方法を説明して来会者一同に諮ったところが、幸いにも来会者一同の賛成を得かつ私は一同から創立委員指名の事を託せられた。これで理化学研究所設立の緒《いとぐち》だけは見出したので、その後私は熟慮の末適任者を創立委員に推薦し、私が主となって各富豪その他に勧説《かんぜい》して寄付金募集に奔走した。かくて多数の賛同を得たので設立事務も大いに進捗《しんちょく》して、大正七年に到って財団法人理化学研究所の設立を見たのである。今日の理化学研究所は決して十分な物とは云い得ないが、しかれども創立以来いろいろなる研究をなし、世人に貢献するところも少なくない。私は今後一層その充実を希望してやまない次第である。

我が国鉄道と保険業の発祥

鉄道の濫觴と東京鉄道会社の計画

我が国における鉄道事業は、東京・横浜《よこはま》間の官設鉄道がその嚆矢《こうし》であった。この線路の開通したのは明治五年九月であるが、ちょうど私が大蔵省に奉職中であったので、当時の大蔵卿大隈重信《おおくましげのぶ》侯らと一緒に鉄道敷設について直接関係し、ことに反対が盛んであった際において、これに対する弁明や鉄道事業の有利である事を宣伝するために少なからず骨を折ったものである。ところが私が民間に下《くだ》ってから、図らずも我が国最初の私設鉄道に関係するようになった。明治の初年の事であるが、蜂須《はちす》賀《か》侯爵が英国に留学して、鉄道の便利でかつ必要である事を痛感して、遥かに書を寄せて華族諸氏に鉄道敷設の業を起こす事を勧めてきた。これが動機となって、池田《いけだ》、伊達《だて》、松平《まつだいら》その他の諸華族が鉄道会社を起こす計画を立て、明治八年に東京鉄道会社というものが組織せらるる事となった。最初の計画では、東京・青森間の鉄道を敷設する目的であったが、しかしこれには非常に多額の資本を要し、実行がすこぶる困難であるというので、一時この計画は停頓《ていとん》の形となったが、さらに東京・福岡間に鉄道を敷設する事に変更し、その後また区間を短少して東京・宇都宮《うつのみや》間という事になった。

　この鉄道会社の計画に当たって私は万事の相談を受け、専門技師をしてその間の調査等をさせたのであるが、井上馨《いのうえかおる》侯がこの計画についていろいろ配慮せられ、新たに鉄道を敷設する事はすこぶる結構であるけれども、利益を挙げるまでには相当の年限を要するであろうし、それよりは現在運転している東京・横浜間の官設鉄道を払い下げて経営し、漸次《ぜんじ》線路を延長するようにした方がよろしくはないかという忠告があったので、急に最初の計画を変更して、同八年の六月に官設鉄道の払い下げを受けて、これを経営しようという事に相談が纏《まと》まった。その際私は鉄道払い下げ、営業の事を万事委託されたので、鉄道払下組合というものを組織し、私はその総代としてその衝に当たったのであるが、この組合に加入した華族は二十一人であったと記憶する。いっさいの事を委託されたのであるから、私は前島密《まえじまひそか》氏その他の助力によって調査研究を進め、また将来の経営に関する具体的の方法を案出し、政府に対して官設鉄道払い下げの願書を提出したところが、幸いにその願いが聴き届けられ、翌九年七月三百十万円をもって払い下げらるる事となった。しかも政府においては華族の保護をなす意味で、七箇年賦《ねんぷ》で上納する事を聴き届け、完納すると同時に鉄道のいっさいを引き渡す代わりに、その間の上納金に対しては一箇年七分の利息を附するというような特典

東京海上保険株式会社

をも与えられた。

払い下げの事が都合よく進んだので、その年の暮に築地《つきじ》精養軒《せいようけん》において盛大な祝賀の会を催したが、明治九年に政府が華士族の金禄《きんろく》を公債として整理するため、金禄公債証書条例を制定し、その結果華族の金禄は公債に変じたため、華族の収入に影響を及ぼし、それが直接の原因となって、政府に上納する年賦金の支払いに困難を生じ、ついに払い下げ中止の議論を生ずるに到った。私をして言わしむれば、払い下げ代金は三百十万円で七箇年賦の上納であるから、いかに進歩しない当時の経済状態でもこれを継続する事が出来ないはずはないと考え、さらに「現在でも政府において利益を挙げているのだから、民業に移して一層経営を合理的にすれば、より以上の利益を挙げる事が出来、すこぶる有望な事業である」といって華族諸氏に説いたけれども、結局私の意見は用いられずして組合解散説が有力となった。それで私はさらに鉄道払い下げを継続する三つの方法を考案し、その中のいずれか一つを実行して最初の目的を貫徹するように熱心に勧めたけれども、ついに力及ばず明治十年の暮組合華族から京浜《けいひん》間の鉄道払い下げ契約を取り消した。かくてすでに納めてある四十余万円の年賦金の還付を出願し、翌年春に鉄道払下組合を解散してしまった。右のような次第で、せっかく産声を挙げた日本最初の私設鉄道計画も、煙のように消えてしまったのである。

　私の力が足らなかったためか、鉄道払下組合はついに解散するのやむなきに到ったが、その際政府から還付さるべき四十余万円の金は、西南《せいなん》戦争の後を受けて財政が困難であったのと、一面において還付金を利用して華族に有益な事業を興さしめたいという考えがあったために、組合華族に対しては財政困難であるから直ちに納入金を還付する事が出来ない旨を答え、併せてこの金を還付した際には共同して一つの事業を興すがよいと勧告した。そこで組合華族はどんな事業にこの金を使用したらよかろうかというので、またもや私に相談があったので、私は保険事業その他二、三の目論見《もくろみ》を立て、これに答えたところ、政府においても保険会社の必要を認めておった際だったので、組合華族の諸氏は海上保険会社を設立する事となり、そのいっさいの事務を私に委託せられた。保険の事については別に申し述べるが、いわば鉄道会社変じて保険会社となったわけで、しかもこの時生まれた東京海上保険会社は我が国保険会社の発端であった。

日本鉄道の創立とその後の発達

東京鉄道会社はとうとう中途で解散してしまったが、明治十四年に日本鉄道会社が生まれた。この鉄道会社は東京から青森に鉄道を敷設する目的で創立されたものであるが、私もまた発起人の一人として創立に従事し、創立後はその経営に関与し、明治三十九年に鉄道が国有となるまで関係しておった。政府において京浜間の鉄道を敷設する際には沿線の住民が反対し、一揆《いっき》騒動のような騒ぎまで演じたほどであるが、日本鉄道の事業創始時代にはよほど時代が進んできておったので、それほどの騒ぎを演ずるほどの事はなかったけれども、しかも沿線住民の反対は到る所に起こり、土地買収についてはすこぶる頭脳《あたま》を悩ましたものである。停車場の位置等についても会社の予定した土地に反対が起こったり、猛烈な反対のために予定線路を変更しなければならぬような困難にも遭遇し、会社当局の苦心は一通りでなかったが、幸いに事業は着々として進行し、貨客運輸事業のほかに車輛《しゃりょう》の製造工場を経営し、その後漸次事業を拡張して日本第一の鉄道会社となるに到った。

鉄道事業についてはこの会社を初めとし、その後北海道炭礦《たんこう》鉄道、九州《きゅうしゅう》鉄道、筑《ちく》豊《ほう》鉄道、日光《にっこう》鉄道等その他国内における二十余の鉄道会社の創立並びに経営に関係したが、日清《にっしん》戦後台湾が我が領土に帰するや、台湾鉄道会社を計画して新領土の開発に資せんとした。これは不幸にして財界不況のため成立するに到らず、結局官営で鉄道の敷設をなす事となり私どもの計画は失敗に帰した。しかしその後朝鮮における鉄道敷設を計画し、これについてはすでに述べたとおり政府の保護もあり、予期どおり事業を進行して朝鮮開発のうえに多少の貢献をしたつもりである。ことにこの鉄道が敷設せられたために、日露《にちろ》戦争の勃発《ぼっぱつ》に際しては、軍事上すこぶる重大な役目を演じた事は私の私《ひそか》に自ら慰めているところである。

　京浜間に初めて鉄道が敷設せられた当時には、政府部内にも反対があり、ことに民間の反対はすこぶる盛んで無智な地主や、鉄道の敷設によって直接の影響を受ける旧街道の旅籠屋《はたごや》や馬《ば》車曳《しゃひき》、人力車夫などの連中は、吾々《われわれ》の死活問題であるというので最も猛烈に反対運動をなし、果ては無《む》法千万《ほうせんばん》にも試験的に架けた京浜間の電線を切断するやら、電柱を倒すやら、おまけに工事を妨害するために監督の役人を襲うというような暴動騒ぎまで演じたほどであるが、それでもこれらの困難と闘いつつ鉄道工事は着々進められ、明治五年九月十二日に開通式が行われた。

　この開通式には畏《かしこ》くも明治大帝陛下が御《ご》臨幸《りんこう》遊ばされたが、当日の市中はあたかもお祭り騒ぎのような殷賑《いんしん》を呈した。何しろ鉄の重い道を重い火の車が恐ろしい速さで走るなどは人間業でないから、魔術を使うに相違あるまいという汽車に対する好奇心と、これまでは将軍様でさえ見ることが出来なかったのに引き換え、当日は畏《おそ》れ多くも一天万乗《いってんばんじょう》の陛下の御顔が拝めるというので、御道筋はいうに及ばず、駅の内外の雑《ざっ》沓《とう》はお話のほかで街中は絵《え》行灯《あんどん》とほおずき提灯《ちょうちん》の不夜城《ふやじょう》を現し、その中を山車《だし》や馬鹿《ばか》囃《ばやし》で賑《にぎ》わしく練り廻《まわ》り、見物の桟敷《さじき》が落ちて数多《あまた》の怪我人を出したほどである。それが今日では国有鉄道が七千数百マイル、地方鉄道が約三千マイル、このほか軌道が約千五百マイル合計一万二千余マイルに達し、全国津々浦々《つつうらうら》に至るまで鉄道の通じていない地方がないというまでに進んでいるのであるから、全く隔世《かくせい》の感がある。往年四方八方から非難攻撃された鉄道事業がこれほどの発達を遂げようとは、恐らく当時の人は誰しも想像だにしなかったところであろう。

我が国海上保険の第一声

華族の有志によって計画された東京鉄道会社が中途で解散する事となってから、一転して保険会社を興す事となった事は前に申し述べたごとくであるが、明治十一年七月に海上保険会社設立並びに鉄道払下代価上納金還付の事を出願し、一方三菱に交渉してこの計画に賛成を求め、その年の暮に資本金六十万円をもって東京海上保険会社が設立せられた。これが日本における保険事業の嚆矢である。もっともこの以前に第一国立銀行においては、海上請合《かいじょううけあい》という制度を設け、ちょうど保険のような仕事をやっておったのであるけれども、保険というものはどういう性質のものであるかほとんど世間に知られなかったので、その新規事業を興すについてはいささか冒険の気味がないでもなかった。しかし株金を一般から募集するというわけでなく、華族有志に対する償還金《しょうかんきん》が主であり、これに三菱その他少数の人が参加しただけであるから、株金募集に対して腐心《ふしん》するような事はなかった。当時公にされた創立趣意書は左のごとくである。

海上保険会社創立要旨

夫《そ》れ保険とは他人に属する危険を担保するの義にして、体面より之《これ》を見れば頗《すこぶ》る危道を趨《はし》るの業務たるが如しと雖《いえど》も、実際に就て之を察すれば決して然《しか》らざる所以《ゆえん》のものあり。凡《およ》そ類例によりて事物を推測せば中《あた》らずと云うとも甚《はなは》だ遠からず。而して其《その》類例愈々《いよいよ》多き時は其推測も亦《また》愈々精《くわ》しきを得べし。今夫れ一艘《そう》の船を以《もっ》て一回の航海に当り、之が危険の有無を測るは決して為《な》し難き事なりと雖も、若《も》し数十艘の船をして数百回の航海に就て其危険を推測せば何百分の幾何《いくばく》を按算《あんざん》し得べきなり。

故に此《こ》の保険の業は前の理由に拠《よ》りて其推測を明にし、正確の規画を設け適当の限度を定めて以て其保険料を収入するに於《おい》ては、縦令《たとえ》一時或《あるい》は危険に遭遇して非常に損耗《そんもう》を来たす事あるとも、持久の後は終《つい》に平準《へいじゅん》の計算に帰し、推測の按算に達するは亦疑を容《い》れざる所なり。

然り而して此の保険の業たる、以て経済の根理《こんり》に適し、以て商売の隆盛を賛するは固《もと》より喋々《ちょうちょう》を俟《ま》たずと雖も、試に今一例を挙んには今日東京にある三陸《さんりく》米の価《あた》値《い》を壱石に付五円七拾銭とし、三陸地方に於ては四円八拾銭とせば、其間九拾銭の差を有す。而して其運搬の要費と資本と利息とを七拾五銭とせば、差引拾五銭の利益を得べきものとす。然れども其航海中の危険あるを以て、苟《いやしく》も確実を貴ぶの商估《しょうこ》は多くは此《これ》等の販鬻《はんいく》に従事せざるべし。是《こ》れ東京三陸共に其商業を凝滞《ぎょうたい》せしむるものにして、而して各地の物価常に其平準を得ざるの原因は職として之に由《よ》れり。

一旦《いったん》此の保険の業を開設する者あるに於ては、其物貨の運搬に際して之が危険を顧慮《こりょ》するを要せざるを以て、各地の商況豁然《かつぜん》として其面目を改め、価値相比《ひと》しく有無相通じて更に其業務を増加し、運搬を頻繁ならしむるは、昭々乎《しょうしょうこ》として猶《な》お火を睹《み》るが如くなれば、今此の保険の業を以て経済の根理に適し、商売の隆盛を賛すると為すは敢《あえ》て誣言《ふげん》にあらざるなり。

論理実効夫れ斯《かく》の如くにして、而して此の保険の業の今日に至りて未《いま》だ其設立を得ざるは、是《これ》他なし其事務の常に法律に交渉し、其営業の規画も亦尋常商会の如く然るを得ざるを以て之に馴練《じゅんれん》する者少きと、且我邦《わがくに》の商估は各其資本に乏しきと及び汽船会社の設立整理せざりしとに因ってなり。今や郵船会社は既に三菱のあるありては規則は全く整頓《せいとん》し、其船舶は実に堅牢《けんろう》なり。而して汽船又は風帆船《ふうはんせん》の航路も大抵其定限を設けて、緊要の諸港に達するを得、且官亦此の保険の業の創設を企図《きと》し、以て其制規《せいき》を調理せらると云えり。是れ乃《すなわ》ち千歳《せんざい》の一時にして、実に保険業を建創《けんそう》するの運に際せり。幸に華族各位に於て曾《かつ》て鉄道組合の為めに募集したる資本を以て、此の海上保険会社設立の事を決せば、前に所謂《いわゆる》二三の難事は一朝併て之を除却し、以て真成《しんせい》の商業を振作《しんさ》して各地の有無を通暢《つうちょう》するを得べし。然らば則《すなわち》独り該業の率先者として其名誉と利益とを併有するのみならずして、大に全国の公益を裨補《ひほ》するを得べし、豈《あに》愉快ならずや。云々《うんぬん》

東京海上保険会社は、このように華族有志が株主となって創立せられたもので、十一年の暮に設立認可を得、資本金六十万円をもって開業した。なにぶん新しい仕事であるから、これを保護して発達を期するために、その後もし会社が資本に欠損を生じた場合は、政府は四十万円までその損失を負担するという大特典を与えられた。この事業は幸いに漸次発達し、明治二十二、三年ごろにはすこぶる隆盛となったが、その

後海外代理店において巨額の損失を生じたため、一時会社は悲境《ひきょう》に陥るに到った。それで明治二十九年以来極力整理建て直しに努めて営業方針を確立し、その後迂《う》余曲折《よきょくせつ》があったけれども、ともかく蹉《さ》跌《てつ》することなく、逐年《ちくねん》発達して今日の大海上保険会社たるに到った。東京海上に次いで二十六年に帝国、二十九年に日本、四十年に神戸《こうべ》海上というふうに、海上保険会社が続出し、多数の中には半途で挫《ざ》折《せつ》したものも尠《すくな》くないが、現在海上保険会社は三十六社を算し、毎年の保険料収入二千万円に達するに到っては、また盛んなりと謂《い》うべきである。

火災保険業の創始時代

我が国に生命保険の事業が営まれるようになったのは、東京海上保険が創立されてからまもなくの事であって、確か明治十四、五年ごろの事である。明治生命がすなわちそれで、私はこの事業には関係しなかったが、阿《あ》部《べ》泰蔵《たいぞう》氏がこれが経営の衝に当たった。火災保険会社の創立されたのはそれからよほど後のことで、明治二十四、五年ごろにこれもまた阿部氏によって創始されたのであるが、この火災保険については私もその相談に与《あずか》った。阿部氏は火災保険事業の必要を痛感して熱心にその計画を進めたのであるが、なにぶん日本は欧米のごとき耐火建築と異なって、たいていは木造であるから、その危険率はとうてい欧米の比でない。したがって保険料もよほど高くしなければならぬし、かつ危険率が多いだけに資本金も巨額を要する。そんなわけで営利事業としては経営の見込みが困難で、いわば非常な冒険と謂わなければならぬ。さればこの事業を計画しても資本家を得ることはすこぶる困難であることは明らかであった。

阿部氏はその至《し》難《なん》な事業である事を承知のうえで計画を進めたのであるが、最初から会社組織とする事はほとんど不可能であったので、火災保険会というものを興して会員を募《つの》り、会員中に火災に罹《かか》った人がある際には、会員が共同してこれを負担するという制度とした。私は至《し》極《ごく》結構な企てであると考えたので、早速その会員となったのであるが、その後の実際を見るに存外成績がよかったものであるから、ついにこれを株式組織に改むるの機運に到達した。これが明治火災保険会社の濫觴《らんしょう》であって、私も前の縁故によってまた株主となったのである。生命保険や火災保険も今日では大いに進歩して、欧米先進国に比しても遜色《そんしょく》なきまでに到ったが、それにつけても創業者の苦心を忘れてはならぬと思う。

我が国紡績業創設の回顧

手工業時代の我が綿糸紡績

綿業《めんぎょう》が今日いかに盛んになっているかということは、現況を心得ぬ私には述べることも出来ないが、私は日本において紡績織布《ぼうせきしょくふ》の事業がヨーロッパ式に成り立った昔をいささか心得ているのである。しかしこれはいわゆる綿業中の一部であるけれども、しかも重要な事柄であると考えるので、その日本に起こった有り様はかようであったという事を申し上げてご参考に供したいと思う。

よく昔の政治家は倹約の貴さを知らせる時には必ず綿服《めんぷく》ということを言うている。これはもう寛政《かんせい》のころに白河楽翁《しらかわらくおう》（松平定信《さだのぶ》）もそういう制度を布《し》かれており、天保《てんぽう》のころに水野《みずの》越前守《えちぜんのかみ》もそういう制度を布かれた。日本に木棉《もめん》の衣服が特に重要である事は争えぬ事実であるが、日本に木棉の衣服の伝わった次第はどうであったかというと、年を老《と》った方は多少記憶に残っているとおり、日本の従来の姿はずいぶんいかがわしい有り様で、あるいは技術工芸とは言いかねるような姿で木棉が衣服に供用されたのである。あるいは河内木棉《かわちもめん》とか、姫路晒《ひめじさらし》とか幾多商品として取り扱われたものもあるけれども、たいていの糸を紡《つむ》ぎ出すのは、いわゆる糸車でお婆さんとか、子供とかおおよその家の婦人は多くは糸車でピンピンと紡ぎ出してこれを織って反物《たんもの》にし、あるいは黒いものもしくは白いものなど好みに応じて拵《こしら》えて供用された。すなわち木棉の有り様はまず概してそういう姿であったが、これが昔の紡織《ぼうしょく》についての全体の状況である。そうして絹物を用いるのが贅沢《ぜいたく》だということから木棉物を用いようというので、日本のある倹約を唱えた政治家がこの木棉物の使用を奨励して、絹物の使用を排斥《はいせき》したということは前に陳《の》べたとおりである。

　大体においてこういう姿であったから、この木棉すなわち棉の反物を造るということは、ずいぶんと億劫《おっくう》のふうであって、しかも片手間に婆さん、娘さんが糸を紡ぎ出してやっているのであるから完全にいくはずはない。しかし木棉はいたって廉《やす》く売買され、またその木棉もごく簡易なる方法によって製作されたのである。遠州《えんしゅう》もしくは大阪最寄り、また関東では野州《やしゅう》の古河《こが》などという所が棉をいろいろ紡いだものであるが、いずれの地方でもあまり棉が多く出来たとは言われぬようである。ゆえに日本の木棉の範囲はじつに小さいものだった。しかし私が当時木棉の商売をしたわけでないから私の知り方は一斑《いっぱん》であって、まだそのほかに木棉物の範囲は広かったかもしれないが、まず自身が聞き取ったところは概略そんなものであったのである。

　貿易が開けて以来おいおいにポルトガルもしくはインドから木棉が輸入されたのであるが、前《ぜん》に申し上げたように日本では娘や年老《としより》のやった紡ぎ出し糸が割合に廉《やす》く買われたために、大いに進んでくるという傾向はその当時にはなかったようである。私の記憶によると明治十二、三年ごろは木棉物の輸入がにわかに長足《ちょうそく》の進歩をなしたようである。しかしこれもまた私が当業者でなかったから、多少調査の届かぬ事もあろうし、心覚えであるから、間違ったところもあるかもしれぬ。これより先ヨーロッパの木棉製造法を日本に移したいと考えて、ゴング式木棉製造法を工夫《くふう》した人は多少はあった。鹿児島藩主の島津斉彬《しまづなりあきら》という御維新の少し前に逝去《せいきょ》された殿様がだいぶこの事業に力を入れられ、鹿児島藩でヨーロッパ式紡績の方法を採用されたが、これはいずれの工場でどのくらいの仕組みであったか細かの事は知らないけれども、確かにこの事業に寄与されたのである。それから東京においては鹿島万兵衛《かしままんべえ》という人が玉川《たまがわ》の用水によって水車動力をもって小さい経営を始めた。私の存じているところではこれらがヨーロッパの仕組みの紡績に着手された濫觴《らんしょう》だと思う。それはむしろ明治十二年ごろより前であったと思われる。

　明治十二、三年ごろに木棉がなぜさように多く輸入されたかというと、それはただ単に木棉ばかりではなかったようで、あるいはメリンスも、羅紗《らしゃ》もすべてそういう織《おり》物《もの》が大いに輸入されたようであるがその輸入した原因は、明治十年の西南戦争がその当時の経済界にとって大なる変動を来し、あの欧州戦乱当時のごとくそう烈《はげ》しくはなかったが、いろいろなる方面において直接関係した事柄ゆえになかなか異常な状況を起こしたのである。船舶に対しもしくは普通の貨物《かぶつ》に対してすべて戦争の影響がはなはだしく及んで来、かつ政府は別にたくさんの準備をもっているというわけではなかったから、余儀なく不換紙幣すなわち太政官札《だじょうかんさつ》を造り出したもので、それをもってようやく西南戦争の一時の急を凌《しの》いだ。そこで通貨がズット膨張《ぼうちょう》した、そうして経済の法則上通貨が膨脹すれば、諸物価は高くなるのは当然である。とにかく明治十年ごろの歴史では、この物価の騰貴《とうき》がすべての方面に影響を及ぼしたが、木棉に最も強く影響したのである。木棉物と申してもそれは単に金巾《かなきん》ばかりでなかったろうと思う。したがって紡績糸も輸入されたろうし、更紗《さらさ》も輸入されたろうしその他種々《しゅじゅ》なる木棉物がだいぶ盛んに輸入せられたのである。

　私がそれに気のついたのは、ちょうどその当時第一銀行の頭取をしておったころであったから、荷為替《にがわせ》の事を私が取り扱っていたからである。後には貿易が多く神戸に移ったけれども、まだそのころは神戸よりは横浜の方で多く取り扱ったのであった。横浜に入った荷物が当時のいわゆる上方《かみがた》方面に行くのには、多く荷為替であったのである。そうしてこの取扱いはすべて第一銀行でやったのではなかったが、多く第一銀行が取り扱ったために、木棉の産額について実際懸念《けねん》せねばならぬ程度に見受けたのである。だんだんその事情を調べてみると日本の従来の姑息《こそく》な手段で拵える品物よりは、インドから来る品物は品がよくって価格が廉いから、これは勢いだんだん入ってくるに相違ない。ここにおいて私はもちろんその当時の経済の心得ある人々はこれは由々《ゆゆ》しき大事だ、どうにかせねばならぬという感じを惹《ひ》き起こしたのである。

やがて明治十四年に農商務省が出来、たぶんその年だったと思うが、品川弥《しながわや》二《じ》郎《ろう》氏が農商務次官になって、農商務省の事についてはだいぶ力を尽くされたが、この人がだんだん貨物が輸入されてくるについて憂慮《ゆうりょ》され、同時に松方《まつかた》公もそのころ大蔵卿をしておられて等しく木棉物輸入について憂慮されたのである。民間においては私などが木棉に対してなんとかせねばなるまいと憂慮した一人であるが、当時今の大倉喜《おおくらき》八《はち》郎《ろう》氏も同じ考えを持っていた。今日のごとく木棉について事情が明らかになっていなかったから、「なんでもヨーロッパではその動力の仕組みが違うそうだ、蒸気によってこれを働かせる方法があるそうだ、どうだ日本でもそういう仕組みをしようじゃないか」という考えをもったが、どうしたらよかろうかという事については、ただなんとかしなければならぬという漠然たる考えに止まっていたのである。確かそれは明治十三年から十四年にかけてのことであったと思う。

紡績事業発達の起点

前に申したとおり、日本の名宰相《めいさいしょう》達が皆倹約を論じて、木棉をもって衣服を作れと言ったのであるが、その木棉がかくのごとく海外から輸入されるという有り様では、どうもすこぶる危険な話である。どうかして日本で木棉の製造をなしうるようにしたいと考えた。けれどもその時は棉がどこで出来るのか、棉はどういう種類にいかにするかという研究はついておらず、まず木棉だけは目に着くがその原料については、何《なん》人《びと》もこれを知っている人はなかった。いわゆる鹿を追う猟師山を見ざる次第で誠に空《くう》漠《ばく》たる考えであったと申しても過言ではなかろうと思う。

ところでここに大阪の三軒家《さんげんや》に紡績会社を立てようということになったのであるが、そのころはなかなか資本を集めるのに骨が折れたのである。この取引関係の交際をしたのは、薩摩治兵衛《さつまじへえ》、杉村甚兵衛《すぎむらじんべえ》、堀越角次郎《ほりこしかくじろう》という方々で、柿沼谷蔵《かきぬまたにぞう》氏は商業会議所の関係で御目にかかった。その時私はどうしても木棉の事業を日本に起こしてみたい、これは会社にしなければならぬが、会社にする時貴方《あなた》がたは株主になってもらいたいという事を交渉したところが、柿沼氏や薩摩治兵衛氏が承諾して始めたのである。こればかりでなく一つの財源があった。それはまた変わった方面からであって、昔の御大名《おだいみょう》すなわち華族さんの資本が十数万円加わったのである。なぜ華族さんから資本が出るようになったかは、前に鉄道の発達を述べた際に申したごとく、東京鉄道会社が政府と契約して年賦金を納めて鉄道の払い下げを受けつつあった。そうして明治七年から九年ころまでずっと引き続いてその金を納めたが、九年であったか、十年であったか、岩倉《いわくら》公がしきりに十五銀行の創立を主張せられたについて、この鉄道問題が破れたのである。すなわち十五銀行の資本を華族が出さなければならぬというので、鉄道にも出し、十五銀行にも出すというのでは金がない。岩倉公の説は鉄道の説よりも勢力が強かったので、岩倉公の説が勝利を制していよいよ十五銀行を造ることとなって、東京・横浜の鉄道の方は破れたのである。ちょうど四年間七回払い込んで百四十幾万円かを政府に納めてその契約は破れたので、この払い込んだ金を政府から取り戻すということになった。

そこで私は「貴方がたは皇室の藩屏《はんぺい》というところから、大いに事業を企ててやろうというのであったが、せっかくの横浜の鉄道が破れた以上は、何か皇室の藩屏たる事業について、経済界を援《たす》けていく事があるではありませぬか」といって、明治十一年ごろ海上保険会社の設立をお勧めしたところが、華族達は同意されて右の資本の一部を此方《こちら》に入れられたので、その残った一部分を紡績に御入札を願ったのである。すなわち大阪の三軒家の紡績会社に華族の資本が入ったというのはこれがためである。柿沼さん達はこれに賛成されて紡績会社が成り立った。ちょうど資本金は二十八万円と記憶している。ようやくそれによって一つの事業を起こそうというのであるが、これ

大阪紡績株式会社

からどうしたらよいか途《みち》が付けばよいので、動力は何を採るかという事になった。そこで心配なのはこの事業を発起するのはよいが、会社を造っても紡績が出来ぬようでは満足な仕事は出来ぬのであるから、今申した薩摩治兵衛氏や柿沼さんにいろいろ錘数《つむすう》などを伺ったのであるが、一万錘《つむ》なければ計算が採れぬというのであった。しかるに前に申した鹿島氏の経営については、先にロンドンに派遣された山辺丈夫《たけお》氏の友達に津田《つだ》という英語のよく出来る人があったが、この人は海上保険会社の外国係の方に働いておった一人である。この津田という人は、これまで会社の事には経験がなく、普通の学問でやって来ているけれどもなかなか気性のしっかりした人である。これに勧めて紡績をやらせたらどうであろうかと山辺丈夫氏が薦《すす》められた。私は未だ会わない人ではあるけれども、学友の推薦《すいせん》によって同意して、少しは乱暴であったが電報によって当人の意嚮《いこう》を聞いてみたところが、異存はないということであったから、イギリスにいて英人の当業者を雇い入れて学ぶ研究費として千五百円を出すことにした。その当時千五百円といえば大したもので、清水《きよみず》の舞《ぶ》台《たい》から飛び降りたように思われたのであるが、束脩《そくしゅう》を百五十ポンド出して勉強して会社の方に帰ってきた。ここにおいていよいよ本当に大阪の紡績会社が成立したわけである。

それから開業したのが十五、六年ごろであった。これが日本にこれまでなかった会社組織の紡績事業が成り立った最初である。しかしその前に政府で紡績事業を奨励するというので、二千錘ずつ政府の費用で機《き》業《ぎょう》家《か》にやらせた事がある。今は故人となった四日《よっか》市《いち》の伊《い》藤《とう》伝《でん》七《しち》という人が川島《かわしま》におって、この人が堺《さかい》で一箇所、川島で三箇所会社を造ったが、これはあまり小さいものであったから、大きな事業にはならなかったようである。現に他の場所は私が関係しないが、合計二千錘上げた伊藤伝七氏はその後それらを皆合併して三重紡績会社というものにしたのである。その時に私が世話をして一万四、五千錘の会社に引き直し、それがだんだん進んでその後に大阪紡績と三重紡績とは合併して東洋紡績となり、今日は五十万錘、織機《しょくき》台数も三万台であるが、日本の紡績事業の最初の起こりはだいたい以上のような有り様であった。

煉瓦およびセメント事業の変遷

我が国最初の機械煉瓦の創始

泰西文明《たいせいぶんめい》の輸入に伴い、セメントおよび煉瓦《れんが》の需要《じゅよう》が増加するのは当然の帰趨《きすう》であるが、明治初年以来実業界の種蒔《ま》きをもって任じていた私は、セメントおよび煉瓦の製造事業にもまた密接な関係を有している。ちょうど明治十八年ごろと記憶するが、政府において論議の結果、我が国を文明諸国と対峙《たいじ》せしめるには諸官衙《しょかんが》［役所］、議事堂等の建築を完備しなければならぬという事になり、しかもその建築はすべて洋式の構造にするのが適当であるという事になったが、洋風建築をするには大いに研究しなければならぬというので、十九年に臨時建築局というものが設置された。そして井上馨侯が総裁となり、ドイツの建築大家ビョックマン氏が顧問《こもん》に任命された。ビョックマン氏は

「洋風建築をするには煉瓦の事業を発達せしめなければならぬが、東京附近の産出に係る煉瓦は品質が粗悪で、而も製法が不完全であるからとうてい永久的建築に耐えぬ

事を発見した。それで私の意見として、建築材料の主要物である煉瓦の完備を期する為めには、広く良土を求め、西洋式の一大機械的工場を新設しなければならぬ。」という意見を建策《けんさく》した。しかしかかる事業は官営事業とすべき事業でないから、井上総裁はこの建策を採用して、民業として成功せしむる方策を採り、民間事業家に対して大いに勧誘するところあった。そうしてその奨励条件としては、製品は年七朱の利益を加算した値段をもって建築局で買い上げ、また機械煉瓦は本邦未曾有《みぞう》の事業であるから、相当の外国技師を政府が傭《やと》い入れて、会社に貸し与えるという事であった。

私の性分《しょうぶん》としてはかかる国家的意義を有する事業を無視して、傍観《ぼうかん》するわけにはいかない。そこで益田孝《ますだたかし》氏やその他と相談したうえ、明治二十年の十月に資本金二十万円をもって日本煉瓦製造会社を創立し、日本最初の機械煉瓦製造事業を営む事となったのである。ところで臨時建築局においては、ビヨックマン氏に先立ってベルリンに駐在していた品川公使を介して、ナスチェンス・チーゼという煉瓦技師を傭っておったので、煉瓦会社が創立される事となるや、ビヨックマン氏と共に共力してもっぱら工場の位置選定に努力し、各地を踏査して土質を研究した結果、埼玉県大里《おおさと》郡地方に土質の純良でしかも豊富なる土地を発見したので、これを最適地と認めて同地に工場を設ける事となった。かくて翌明治二十一年の春に建築工事を起こし、同二十二年九月に到って全部の竣工《しゅんこう》を見たが、設計はすべてビヨックマン氏が最善と信ずる方法によってしたものである。ドイツの最新式の煉瓦型機三台を据え付けて、八十馬力《ばりき》の動力によって一日六万個の生《き》煉瓦《れんが》を造り出し、同じくコール式乾燥室三棟（三千坪）を新築して、ここにおいて水分の乾燥に換気作用を行う仕組みで、またホフマン式焼窯三個は石炭を燃料として一日五万個の煉瓦を焼き上げる事が出来るような仕組みであった。すなわち我が国従来の製造方法と大いに異なる点は、手工《しゅこう》に代うるに機械力をもってし、日光の乾燥に代うるに室内乾燥をもってし、薪《まき》に代うるに石炭をもってする等の諸点であって、ことにコール式乾燥法によって、日光の力を藉《か》らずに室内乾燥を行う一事は、斯業上《しぎょうじょう》の一大進歩として最も深く望みを嘱《しょく》せるところであった。

事業の頓挫と会社の窮乏

さて工場の諸設備の完成と共に、第一着手として煉瓦の試製《しせい》をする事となった。専門のドイツ人技師によって設計され、本場のドイツ人煉瓦技師によって製造されるのであるから、其の結果については十分の信頼していたのであるが、それでも従来手工によって製造していたところへ、初めて機械応用の最新式製法を採用したのであるから、品物が出来上るまではやはり多少心配であった。ところがこの杞憂《きゆう》が不幸にも事実となり、型抜き機械と焼窯は成績良好であったけれども、乾燥室に欠点があったと見えて、この点はすこぶる不結果であった。五、六十日も生煉瓦を棚の上に乾《ほ》しておいても、白い黴《かび》を生ずるばかりで水分は少しも除去されない。責任者であるドイツ人のナスチェンス・チーゼ技師もこの結果を見て大いに面目《めんぼく》を失し、非常に熱心になってその原因を研究したが、ついに明確な理由を発見する事が出来ない。ご本人が困った結果かどうかは知らぬが、これはドイツと日本の気象上の差異を気づかず、ドイツ式そのままを採用したためであると弁解しておったが、しかもそういう理由を言いながら、日本の気候に適切な方法を案じ出す事も出来ず、文句を言いながら同じ失敗を繰り返して数箇月を経過し、そのうちに約束の期限が経過してしまったので、一つも立派な製品を出かさぬうちにドイツに帰ってしまった。

かように最初目論んだような製品は出来ず、しかも会社の資本金は工場建設や煉瓦の試験のためにほとんど全部を費やしたばかりでなく、数万円の負債を生じ、せっかく進まぬ連中を説伏《せっぷく》して事業の進行を図った会社も、その前途はほとんど予測する事の出来ぬような悲運に遭遇した。

会社の立場は全く窮地《きゅうち》に陥《おちい》ったのであるが、幸いに一道《どう》の光明《こうみょう》を認めたというのは、乾燥室の結果が不良で会社の最初の予期とは非常に反しておったけれども、その不完全な製品でさえも他の従来一式の煉瓦に比すれば数等勝っておったので、市場においては存外評判が良く、他の工場の製品を圧倒して販路が非常な広袤《こうぼう》にわたった事である。もっとも会社創立の重なるお得意先であった建築局が方針一変したために約束を

日本煉瓦製造株式会社 工場

破棄したので、この方面に対しては会社創立当時のような需要を見る事は出来なかったけれども、すでに着手中であった司法省、海軍省、裁判所等の改築並びに新築工事は予定どおりに進行したので、不完全ではあるが在来の煉瓦よりは品質が良いというのと、会社創立当時の縁故とによって、これに要する煉瓦は会社一手で引き受ける事となった事である。何しろ乾燥室は不結果であるから、生産高も十分の能力を発揮する事が出来ないし、一面において責任をもって煉瓦の供給をなさねばならないから、会社当事者の苦心というものは全く想像以上であったのである。

　会社においてはまず第一に乾燥室の改良について研究すると同時に、在来どおりの日光乾燥法を拡張して責任を果たす事に努めたのであるが、その当時実務に当たった人々の苦心は全くお話にならぬくらいである。しかも最初予期したとおりの製品が出来ないので、会社は資金に欠乏し、それ以上建築局の約束を果たすような生産額を持続する事が出来ないようになってしまったので、どこからか資本を求めなければならぬ立場になった。折悪しき事には、ちょうどそのころは不景気時代である明治二十三年ごろの事であったので、その資金の求めようがない。

しかしそのままにしておけば会社の破滅を免れぬので、絶頂の不景気時代にもかかわらず、株主総会を招集して二万円の増資を行う事とした。今でこそわずか二万円ぐらいは物の数ともしないけれども、我が国空前の不景気を現出した当時にあっては容易ならぬ難問題であったのである。しかし幸いにも無事に株主総会を通過して会社もやっと一息吐いたが、不幸の時はやむをえないもので、今度はいよいよ安心してやっていけると思っていた矢先へ、この年の九月に大洪水があって、利根川《とねがわ》と小山川《こやまがわ》の氾《はん》濫《らん》のために工場は全部浸水して、数十日間は全く事業を中止するのやむなきに立ち到ったのである。単に休業の損害ばかりでなく工場の被害がすこぶる多くて莫大《ばくだい》な復旧費を要し、しかのみならず建築用煉瓦の納入期日は眼前に迫る、工場には生煉瓦が堆《たい》積《せき》して置き場所もないという始末、いくら日光乾燥をやっても追い付くはずがない。一難去ってまた一難来るという事があるが、この時にはさすがに負けずぎらいの私も、ああ天道《てんどう》果して是か非かと歎《なげ》いたものである。弱音を吐くようであるが、金ばかりで出来る仕事ではなく、煉瓦を納めなければ建築の方も差し支えるのであるから、責任者の立場にある私としては全くこの時ほど困った事はない。しかしこの場合弱音を吐いておっては会社が潰《つぶ》れるばかりであるから、私は内心大いに悲観したけれども、私がそんな顔色を見せては出来る事も出来なくなってしまうから、少しもこれを顔に現さずに、資金の方は私が引き受けるから差し当たり日光乾燥の方に主力を注ぎ、約束の納期を間違わぬようにしなければならぬと激励し、一方においては乾燥室の復《ふっ》旧《きゅう》と改善に力を注ぎ、二十四年の春を迎えてともかく予定の製品を出かし得るだけの設備を整えるに到った。しかし水害の損害やこれが復旧並びに設備改良のために少なからぬ費用を要したので、せっかく増資した運転資金も、工場の復旧したころにはすでに費《つか》い果たして、再び資本金欠乏の窮境に陥ったのである。

苦境を脱して目的を到達す

煉瓦製造事業は製品だけはようやく相当の物が出来るようになって、この点だけはやや安心されたけれども、前に申し述べたように運転資本が欠乏を告げて、会社は非常な窮境に陥らざるを得なかったので、どうしてもこれを切り抜けなければならぬと、その維持について非常に苦心した。ところが幸いな事には、ちょうどそのころすなわち明治二十四年の春から起工した碓氷峠《うすいとうげ》の鉄道工事に多量の煉瓦を必要とし、これを入札で購買する事となったが、地の利を得た関係上、その大部分を会社で引き受ける事となった。競争入札ではあるけれども、よほどの利益を挙げる事が出来るような値段で落札したので、会社はこれによってようやく頽勢《たいせい》を挽回《ばんかい》する見込みがついたわけである。

しかもこの需要に応ずるためにはさらに設備を拡張しなければならぬが、先年増資したところへまた増資するという事は、不景気の絶頂時代においてほとんど不可能の事であった。さりながら注文を引き受けた以上は、その現状のままではとうてい責任を果たす事が出来ないので、二万円の増資を株主総会に諮《はか》ったが、創立以来損ばかりしていて注《つ》ぎ込む一方であるから、株主連中も見す見す損をする会社にこれ以上資本を投ずる事は出来ないというような訳合《わけあ》いで、総会の承認を得る事がすこぶる難しかった。さればとて不景気時代に損ばかりして信用のない会社の社債に応ずる人もありそうにない。周囲の事情から申せばこれは当然の事であるが、私としては会社の事情が事情であるし、事業そのものは国家的意義を有するものであるから、どうしてもこれを盛り立てなければならぬと決心し、蜂須賀侯に衷情《ちゅうじょう》を訴え其の内諾《ないだく》を得て、二万円社債募集の件を株主総会に付議したのである。株主総会では異議なく通過したけれども、株主で社債に応ずる者は一人もなかった。しかし予《あらかじ》めこの情勢は察知しておったのであるから、蜂須賀家が一万円、私が一万円を引き受ける事とし、ようやくその難局を切り抜ける事が出来たのである。

こういうような次第で設備の拡張を行い、明治二十四年の春から約束どおり煉瓦を納入し、二十五年の秋に碓氷用の煉瓦は完納するを得たが、この一年余の期間において相当の収益を挙げる事が出来たので、会社は幾分愁眉《しゅうび》を開いたのである。だが何しろ欠損続きの会社であるから、利益を挙げたといっても従来の損失を補填《ほてん》した程度で、利益配当をするというような程度までには行かなかった。ところが鉄道工事の納品を果たしてからは販路を新たに開拓しなければならぬので、またもや経営難に陥らねばならなかった。煉瓦の需要の最も多いのは東京であるが、東京には在来の日本式煉瓦工場があって、これと競争するは運賃の関係で非常に不利である。そこへ持って来て生産能力が大きいものであるから、せっかく造った製品は山のように積み上げられて一向捌《は》け口《ぐち》がなく、製法の改良や経費の節減について出来うる限りの方法を採ったけれども、毎期損失を免れずしてついには経営維持が絶望の破目《はめ》に陥った。株主からは苦情が出るし、会社としては差し当たって挽回の策も発見されず、ほとんど策の施すべき道がなかった。いろいろ善後《ぜんご》策《さく》を考究した結果、運輸機関の不完全なのが最も重大な原因であるのを発見し、会社を活《い》かすにはこの欠点を補うよりほかに策のない事を知るに到った。それで二十七年の三月に深谷《ふかや》、上敷免《じょうしきめん》間の鉄道敷《ふ》設案《せつあん》およびその建設資金三万六千円を株主から募集する議案を株主総会に提出したが、総会においては反対が多くて容易に決しなかった。しかし私が赤誠《せきせい》を披瀝《ひれき》し、今後の経営方針等について詳細に説明した結果、辛うじて社債募集の事は総会を通過したけれども、さて応募者を募ってみると創立以来欠損ばかりで一銭の配当もした事がないので、今度もまた誰もこれに応ずる者がなかった。しかし三井の代表者である益田孝氏や、蜂須賀家の代表者である藤本文策《ふじもとぶんさく》氏等が私を信用し、私の計画を援助される事となったので、社債の大部分は三井、蜂須賀および私とが引き受け、直ちに政府の認可を得て深谷、上敷免間二マイル四分の三の鉄道工事に着手し、二十八年六月竣工するに到ったのである。

　あたかもこのころ日清戦争《にっしんせんそう》が終結を告げ、戦勝の結果事業界はにわかに殷盛《いんせい》を呈し、鉄道の建設、工業の勃興《ぼっこう》に伴う工場の新設、諸建築の新計画等が続出し、煉瓦の需要も急激に増加し、しかも永久的建築に堪えうる煉瓦はこの会社で製造したもののみである。生産能力からいっても他には大口の需要に応ずる設備がなかったので、煉瓦製造業はほとんど未曾有の盛況を呈し、会社もまた従来の窮境を脱して多額の収益を挙ぐるに到り、三十年ごろには一割の配当をする事が出来るようになった。こうなってくると増資に反対した株主連中や、はなはだしきは所有の株券を投げ出そうとまでした株主連中が、手の平を覆《か》えすように設備の拡張や増資を慫慂《しょうよう》する始末で、明治三十年に増資計画を株主総会に諮った際のごときは、立ちどころにこれを可決してその払込みのごときもほとんど労せずしてこれを完了し、その後多少の盛衰《せいすい》あるは免れなかったが、三十二年には負債の全部を償却して会社の基礎がようやく確立し、その後順調の発達を遂げて今日に到った。私は創立以来同社の取締役会長として微力を尽くし、幸いに基礎の確立を見たので三十二年に辞職したが、日本における西洋式の機械煉瓦が今日のように発達したのを見れば、私の種蒔き仕事が徒爾《とじ》でなかった事はじつに嬉《うれ》しい。

セメント事業の沿革

機械煉瓦はかような難局を経てようやく発達したのであるが、セメント事業の方は最初政府直営でその製造を試みられたものである。元来我が国におけるセメント製造事業は、工部省《こうぶしょう》がその模範を示すために、明治四年に深川《ふかがわ》の仙台堀《せんだいぼり》に工場を設けて事業を開始したのが濫觴《らんしょう》であるが、工部省直営時代において製品は相当のものが出来るようにはなったものの、経営がよろしきを得なかったためか、事業成績はあまり香《かん》ばしくなかった。すなわち生産高は漸次《ぜんじ》増加したけれども、収支相償《あいつぐな》うに到らなかったのである。その中に政府においては官営事業はなるべくこれを廃止して民業に移す方針を採り、このセメント事業も将来必ず事業を継続して成功する見込みのある者に払い下げる事となった。

ところが大川平三郎《おおかわへいざぶろう》君が製紙研究を終えアメリカから帰朝してまもなく、同君を通じて浅野《あさの》総一郎《そういちろう》君からセメント事業を引き受けて経営したいという相談を受けたのである。私はかねて浅野君の人為《ひととなり》も知っている事ではあり、事業も経営そのよろしきを得さえすれば前途すこぶる有望な仕事であるし、かつ国家的見地からして逐年需要の増加するセメントの大部分を海外より輸入するは、すこぶる不利益であると考えておった際であるから、私は及ばずながら浅野君の相談相手となり、私の代理というわけではないが、大川平三郎君がその経営に参加して、その払い下げを受ける事となったのである。

このセメント工場払い下げについては、政府においても民業保護の趣旨で年賦償還の便宜を与えたので、浅野君はその後熱心に製法の改良と生産費の低下を図り、漸次完全な製品を造り出す事が出来るようになって、その声価《せいか》を高め得意先も増加するに到ったため、工部省直営時代と違い相当の収益を挙げうるようになった。そうこうしているうちに需要が増加し、とうてい従来の設備ではこれに応ずる事が出来ぬほどの盛況を呈するようになったので、工場の拡張を図り、また分工場を新設して大いに社業の発達を期した。企業の組織も事業の発展に伴い合資会社組織に変更して、さらに資本の増加と規模の拡張をなし、その後これを株式組織に改めて社業の一大躍進を計画し、ついに今日のごとき日本一流の大セメント会社たるに到ったのである。私は直接経営の衝に当たったわけではないが、こういうような次第でセメント事業とも因縁浅からぬものがあるのである。

還暦を迎えて

すでにしばしば繰り返したように、私が官途を辞して実業界に入ったのは御一新［明治維新］の初めであった。実業界に入ったといっても、財産を蓄積することが目的でなく、新しく事業を起こすということが私の主意であったのである。そうして当時を顧《かえり》みると、我が国の政治とか、教育とか、軍事とかは日に月に海外の新知識を輸入して進歩していくにもかかわらず、独り商工業のみは始終政治の奴隷《どれい》となっている傾きがあったので、私はこの点を非常に遺憾《いかん》に思って、どうかして我が商工業の位置を高めたいとの祈念《きねん》を持っていたのである。それゆえに私は爾来《じらい》政治という事の観念を全然打ち捨てて、政府関係の事にはなるべく近寄らず、自立で成功したい意念を持っていたのであるから、そのなした事業の迹《あと》もじつに微々《びび》たるものであった。しかるに私の念慮《ねんりょ》は今申すとおり、我が国の商工業が共に倶《とも》に進歩発達して、商工業者の位置が世の中に重んぜられ、その力の強盛《きょうせい》になるという事に繫《かか》っていたのであるから、この点についてだけは、微力浅学《びりょくせんがく》といえども私は十分なる心をもって尽力したつもりである。

三十年の間孜々《しし》として経営したが、すでに去年と暮れ今年と明けて夢中《むちゅう》に六十年の歳月を経過してしまった。古人のいわゆる「事多歳月促」という感慨《かんがい》は、常に身辺を離れなかったのである。すでにこの老境に達しては、私もこの後の自己の一身の帰趨《きすう》について考慮しなければならぬ。日本古来の風習から考うれば、もはや還暦《かんれき》に達したる老人は世の煩《はん》を避け、悠々《ゆうゆう》として風月を賞してもって閑日月《かんじつげつ》を楽しむべきところであるから、これもまた一つの思案だと思ったのである。それに功労は薄くとも三十年の間実業に従事して、昔に較べてみると我が実業界も大いに進んだと言いうる以上、この辺で自分は社会から身を退《ひ》いたがよいことはないかとの念慮も生じたのである。

されども退いて熟々《つらつら》我が国当時の情勢を顧みた時、未だもって心を安んじて退隠《たいいん》を許すべき時ではないという観念を惹《ひ》き起こさざるを得なかった。すなわち三十年の昔に較べると商売の程度も進んでくるし、商売人の力も充実してきた、また私自身も大なる過失なしに経過してきた、そうして生活上においても一身を維持するだけの事は出来たであろうが、しかし我が国当時の商工業は未だややもすれば政治のために蹂躙《じゅうりん》せらるる形跡があり、そうして商売上の道徳は日を逐《お》うて衰頽《すいたい》せんとする有り様であった。しかのみならず我が隣邦《りんぽう》の形勢は日にますます急にして、延《ひ》いて商工業に及ぼす影響は測り知るべからざるものがあった。かかる多事《たじ》多端《たたん》なる時に当たっていたず

渋沢家（最後列中央に栄一、向かって右に妻・兼子）

らに一身の逸楽《いつらく》を希《こいねが》い、国家の責務を逃るる事は出来ないと信じて、私はなお進んでいわゆる斃《たお》れて後已《や》むまで商売に従事しなければならないという決心を定めたわけである。

ただ私はすでに六十有余の老人であったから、老朽《ろうきゅう》とか老衰《ろうすい》とかの誹《そし》りは逃れまい、人間が年を取れば筋骨がそれだけ衰えてくるから、必ずその挙動座作《きょどうざさ》にいくぶん鈍い所が生ずるに相違ないと思った。けれども人間たる動物が智慧《ちえ》というものを度外視してこの世の中を経過する事が出来るならば、筋骨座作の悪くなっただけそれただけ弱いという事にはなる、これは野蛮世界《やばんせかい》の人間において見るところである。穂積《ほづみ》［陳重］博士の隠居論という書物の中に、文明が進んでくるほど隠居というものが減じてくる、真の文明の域に至ればついに隠居というものはなくなってくるというような意味の事が述べてあるが、この事はすなわち智慧というものが進むから、だんだん年を取ったものの効能が余計になると解釈してよかろうと私は思う。

　果して然らば私一身についても、貴い智慧というものの働きが年を取るに従って進んでくるものならば、年齢《とし》の長ずるほど経験の増すということは争うべからざる事実であろうと考えたのである。かつ学問というものについて考えてみるのに、学問の寿命というものがいつまでで尽きるか、幾歳までが学問の時代であるかという事は確定し得られないようである。学校が済んでしまったからと言って、それで学問が終わったというわけではあるまい。私は学問というものはその人の生命と共にいつまでも存続すべきものであるという解釈を下している。例えば孔子《こうし》は「十有五《じゅうゆうご》にして学に志し、三十にして立ち、四十にして惑わず、五十にして天命を知り、六十にして耳順《したが》う、七十にして心の欲する所に従いて矩《のり》を踰《こ》えず」と教えておられる。学に志すのは十五であっても、七十までの間に文字の上には学ぶということはないが、しかし平生学んでいるという意味はこの中に含蓄《がんちく》されてある。畢竟《ひっきょう》するに老衰とか老耄《ろうもう》とかいうのも、新知識の欠乏を意味するにほかならないと考えた。それゆえに私も老衰とか老耄とかの誹名《ひめい》を被らぬように、常に学び常に新知識の注入に意を用い、さらに斃れて後已むの決心をもって進んだならば、国家のために微力を尽くすことは困難な業ではあるまいと還暦を迎えて考えたのであった。

排日問題と国民外交

日米親善の歴史と排日の原因

移民問題は明治三十九年から四十年にかけて起こったのを最初とするのである。もっともその以前において日米の国交については、いろいろなことがあるにはあったけれども、日露戦争において日本がロシアに勝ってからのことである。米国にいる日本人は別にこの戦争には関係はないが、日本が勝ったといって肩で風を切るようにして歩いた。その当時大統領であったルーズヴェルト氏が、日露両国の間に立って調停をしたが、在米日本人の間にはこの行動に対して多少不満の感情をもつ者もあった。このような事から彼《か》の学童問題が起こったのであろうと思う。日本の移民は普通の移民とは少しく異なっておって、出稼《でかせ》ぎと考えている。それで金が貯まると国へ帰ってしまうから、その国を愛する国民ではあるが、米国を愛する国民ではないと思っているために、こんな国民はなくもがなと思われるのも無理はないのである。

米国には農業労働者としてヨーロッパ、アフリカ、インドから多数入っている。そこへ東洋人が入って競争するのは、ちょうどある商品がある処へ、同じ商品が入ってきて競争するようなものであるから、日本の労働者は他の多数の労働者から嫌われるのである。この感情はカリフォルニア州の近傍が特にはなはだしい。ゆえに政治省、領事省および国民同志の諒解《りょうかい》を得てそれが緩和《かんわ》を計ろうとした。当時の外務大臣は小《こ》村《むら》さん、総理大臣は桂《かつら》さんであったと思う。この二人は別懇《べっこん》であったからよくそれについて話したことがある。

それから商業会議所に力を入れてもらうために、六大都市の商業会議所の聯合《れんごう》の下に内務大臣と相談して、カリフォルニア州および太平洋沿岸の八大商業会議所に手紙を出して、いっぺん日本に遊びにくるようにといってやった。これは明治四十一年で国民外交の端緒を作ったようなものである。私は明治十一年から同三十九年まで東京商業会議所の会頭であったが、いつまでも会頭になっているのもどうかと思ってこれを中野《なかの》武営氏に譲った。しかし長い間会頭をやっておったから、重大問題に対しては私は後見するようになっていたので、商業会議所聯合会にはこれが会長のような事をもせねばならなかった。ゆえに米国八大商業会議所議員を案内する仲間になって下廻りをした。しかし聯合会を代表する位置に立っていたので自《おのずか》ら私の名が知られ、関係も深くなってくるというようなわけで、今日、日本へ来る米国人にして私を訪ねてくるというのは、こうした関係から米国に知り合いが多くなったからであると思う。

明治四十二年に反対に米国から招かれて団体旅行をしたことがあるが、これは渡米実業団と称し主として商業会議所議員であるがその他を集めて五十三名くらいになった。この渡米はちょうど前後四ヶ月で米国にある事三ヶ月、一ヶ月は旅行に取られた。この一行は米国から非常に歓迎されると同時に日本を諒解するところもあり、日本もまた米国を理解することが出来たので、その目的を部分的に貫徹することが出来、また阻《そ》隔《かく》する部分ある事をも知り得た。習慣が異《ちが》うというのがいろいろの障碍《しょうがい》をなして、向こうで嫌うことをこっちで平気でやる、例えば尻《しり》を捲《ま》くる、立ち小便をする、また日本人は一人であるとそれほどでもないが、大勢になるとわがままになる、いわゆる公徳心に欠けてくる、婦人に対する態度もそれであり、また仕事をすると子供が泣いても捨てておく、これは勉強であっても米国人から見ると野蛮《やばん》だとされる。こんなことが数重なっているところへもってきて政治家が煽動《せんどう》するからたまらぬ、政治家は多数労働者に排日問題を利用して栄達しようとする。困ったものと思うけれども、憎いと思っている者が多数であるとかようなことになるのである。

ことにある事柄になると極《きま》りがつかないものがある、いわゆる二重国籍というのがこれである。米国ではその国に生まれたものは米国人という属地《ぞくち》法《ほう》であるが、日本は親に属する属人法である。それに日本人は兵役に就く、人が育つと鉄砲を持つようになる、このぐらい憎い奴はないと思っている。先年一部は解決がついたが、これはなかなか容易ならぬ問題である。

教育においても言葉がちがうから困る、親は英語を使うことが出来ぬから日本語で間に合わしているが、子供は英語であるから結局両国語を教えなければならぬ。英語にするとよいけれどもどうもそうはいかぬらしい、ために幼稚園、小学校などでは日本風に教育をするが、それでは米国では困るという。もしも日本が米国のいうとおりにでもなると、直ちに売国奴《ばいこくど》だといい、米国では日本は米国を占領するものだという。大正十年［一九二一］ターロックというところで人や荷物を自動車に積んで日本人を逐《お》い出したことがあるが、米国にもかような気早な者もいる。

明治四十二年に多数で行って各地を周《まわ》ったので人気を和らげたけれども、多数の労働者仲間の排日が止んだのではない。それに政治家は人気を取るために日本人を排斥《はいせき》することが多い。大正二年カリフォルニア州方面で土地法を制定し、移民に対して土地を制限しようとして、地方制度として制度省から日本をいじめることとなった。この時は困った、じつに困ったのである。私は病気であったので、中野氏が骨を折ってくれた、そして添田《そえだ》博士、神谷《かみや》忠雄《ただお》氏をたのんで商業会議所から派遣《はけん》し、土地法を緩《かん》和《わ》しようとした。多少は修正せられたけれども、ついに土地法は施行せらるるようになった。

日米関係委員会の意義

最近までは移民問題については一時的であって、根本的解決ではなかった。紳士協約のごときものでなく、もっと堅い条約を持っておらねばならぬ。しかし此方で思うとおりには先方でならぬし、先方で思うとおりには此方でなれぬゆえ、何か常設的機関を設けて日本人の事態を知り、また向こうにも知らせようではないかということを、添田氏にも話しまた時の外務大臣にも相談した。

大正四年にはサンフランシスコにパナマ運河開通記念博覧会が設けられた。この博覧会には日本も参加することになっていたが、これは人気をなおす好機である、ことにカリフォルニア州に近いサンフランシスコであるから効果もあると思い、またこういう問題は国際的にすべきものであると思ったので、当時の農商務大臣である大浦《おおうら》さんに奨《すす》めたことがある。ところが大正三年に世界大戦が始まって、英仏の国々はこの博覧会へ出品したものが至って少ないにかかわらず、日本はこっちから援助も出来、出品もしたので、モアー氏を首脳《しゅのう》とする有力者の団体から、おもだった人士が来るがよいということであったから私や中野氏が行って、この時は効果が多かった。この時私はこれまでの日米関係を説いて、常設的機関を設け、双方相聯絡《れんらく》し通信し合い、協議し合って、国民にも政府にも諒解せしむるために、先方に二十二人の委員を置くところの日米関係委員会を設けることを相談した。この時私の知っている人では、日米

関係委員であり、商業会議所議長であるアレキサンダー氏である。この委員会の意見は一致したけれども、

「これのみではならぬ、すなわち移民に対して米人はいかに、日本人はいかにというように、その公正するところを一致しておこうではないか、まず日本側から輿《よ》論《ろん》のあるところを聞きたい。」

というのであった。そこで私は

「日本の輿論としてここにお答えすることは出来ない。日本人多数の意見を一致させる事はむつかしい。議会の意見でさえも輿論ということが出来ない、ただここに輿論は真直《しんちょく》なこと、正しきことでなければならぬ、正義は最後の勝利であるから、この真直なこと、正しきことには、多数はついに同意するものである、これが輿論となりうるものであることは私はここに明言することが出来る。」

といった。

「世界の平和等から説けば、紳士協約の目的に副《そ》うことが出来る。この意味からすれば、土地を多くもっていて人口の稀《き》薄《はく》なる米国に、土地が狭く人口の多い日本が移民を送るのを嫌うわけがないと申したい。しかし広い範囲から政治省の秩序《ちつじょ》、安寧《あんねい》を図るうえから、無制限に移民を入れるものでない。紳士協約はこの意味において出来たものであり、日本がこれを固く守ることは国民の義務であると信じている。しかるに

これを思わず、自然の道理がこうであると云々《うんぬん》して、国々の支配する条約を破ってはならぬ、この見地から広い国に直に門戸開放、人類の平等を絶叫すべきでない、すなわち紳士協約は政府も国民もこれを尊重して違背《いはい》あるべきでない。ゆえに地位をもって世に立つ人々は、これは自然の道理であるからとて、ただただ服従的に従うばかりでなく、遵奉《じゅんぽう》すべきである。ここに組み立てた委員会においても紳士協約を守っていくべく、その度合いにおいて、忠恕《ちゅうじょ》、博愛《はくあい》、平等を根幹《こんかん》とすべきである。ただここに注意を要するは、東西両文明のはじめを異《こと》にしているから、これがためにいろいろなる誤解を来しやすい、すなわち東洋では儒道《じゅどう》、神道によって教育されているに反し、西洋ではキリスト教に教育されているように教育が違うから、東西両洋の文明の接触する両部が誤解、異議を生ずるゆえに、ここに誤解を解き、情意を疏通《そつう》さしたいのである。ことにこういえば国々の政治家を誹《そし》るようであるが、政治の手段に利用したり、操觚者《そうこしゃ》は誇大に吹聴《ふいちょう》したりするので、人を過《あやま》ったり、激越《げきえつ》せしめたりするから、ついに誤解を生ずるに到るものである。ゆえに政治家、操觚者はここに深《しん》甚《じん》なる注意を払い、国民を冷静にして誤らしめざるように努力すべきである。この事にしてよろしきを得れば、両国間の面倒が起こらないばかりでなく、国交のうえにも親善を来すべきである。これが委員会の趣意である。」といった。そうしてこれに対して皆喜んでいたのである。最近一人の友人が来ての話によると、アレキサンダーはこの排日問題について非常に心配していると称していた。同氏は温和で人情が厚い人で考えも優れているから期待するところが尠《すくな》くない。じつに日米問題は一時的解決ではいけないから、両国政府においては委員を作って協議し、地方的感情も聞き、調査もして、そこに根本的解決案を作るがよいと思うたのである。

排日法案の通過と経済的影響

私は多年国民外交の必要を提唱して来たのである。日米問題に関しては単に移民問題に限らず、日米間のあらゆる問題について、私は一国民として多年微力を尽くしている次第であって、排日案の提出せられぬ以前から、前申すとおり私は及ばずながら出来るだけの事は骨折《ほねお》ってきたのであるが、その甲斐《かい》もなくついに排日移民法案の通過を見るに到ったのは、誠に残念な事である。私が日米協会および日米関係委員会の創立に尽力したのも、畢竟《ひっきょう》彼我の親交を増進せんがためにほかならなかった。大正十三年の排日案問題のごときも、さきに政府当局と打ち合わせのうえ、大正十二年の震災当時、米国および米国民から多大の援助と同情とを受けたのであるから、そのお礼かたがた、民間から金子《かねこ》堅太郎《けんたろう》氏かあるいは他の適当な人物を特派してはどうかと建言し、場合によっては私が老軀《ろうく》を提げて渡米してもよいと考えておったのである。そしてその際米国の有力者と接触して、移民問題についても、人道上または国際情義のうえから大いに融和《ゆうわ》を図るようにしたならば、幾分効果があるだろうと思ったのであるが、民間有方者の渡米説が米国新聞に発表さるるや、埴原《はにはら》（正直《まさなお》）駐米大使から外務省に電報があって民間有力者の渡米はかえって問題の解決上不利益であるから、見合わせるようにした方が得策であろうとの通牒《つうちょう》に接したので、結局この計画は沙汰止《さたや》みとなった次第である。

かかる事情であったから、私どもは埴原大使の努力によって相当の効果を収め得らるる事と思っておったのであるが、そののち頻々《ひんぴん》として伝えらるる電報はことごとく悲観材料のみであって、ついに上下両院の通過をさえ見るに到ったのである。この排日案の通過は日本にとっては面目丸潰《めんもくまるつぶ》れであって、じつに遺憾千万《いかんせんばん》であると痛嘆に堪えない。私の考えでは問題がドン詰まりに到らぬ前に、日米両国政府が任命する特別委員会を設けて、お互いに十分の研究をなし、無理のない解決策を見出《みいだ》すようにしたいと希《こいねが》っていた。そのためには大正十年に渡米した際に、米国の民間有力者とよく相談のうえ、政府の任命する日米委員会を設ける事が最も適切であるというに意見一致し、私はこの協定に基づいて日本に帰ってから、日本政府に対してその諒解を求むることに努め、一方米国政府に向かっては、米国の日米関係委員より国務卿ヒューズ氏に運動したのであるが、ついにその実現を見るに到らざるに先立って、排日移民法案通過というがごとき事態を見るに到ったのである。すでに排日法案が上下両院を通過して確定議となった以上、急速にこれを改正するという事は困難であろうが、今後日米問題の根本的解決策を講ずるためには、どうしても前に述べたごとき日米委員会の設置が必要であると信ずるをもって、この運動を徹底せしむるためには、私はいつでもアメリカに出かける決心である。

さてこの排日法案を経済的に考えてみるに、これがため直接直ちに我が輸出入貿易に影響するような事は万々ないはずである。また米国民としても、日本の品物に対しボイコットをするというような無法な挙に出《い》ずる愚もあるべきではないが、今後何かにつけて圧迫し、掣肘《せいちゅう》せらるるようなことがあると思う。元来、アメリカという国は正義人道をモットーとしているが、その国民性はいつでも極端に走りたがる傾向がある。それに非常に自尊心の強い国民で、米国および米国人をあらゆる意味において世界一と自信しているのであるから、この国民性をよく諒解しないと、ややもすれば誤解を招く基となる。されば日本人はいたずらに感情に駆《か》られて盲動《もうどう》するような言動を慎み、米国民の正義人道の良心に訴えて円満なる解決を見るように努力する必要がある。暴《ぼう》に酬《むく》ゆるに暴をもってするがごとき態度に出ずるにおいては、一層両国民の感情が阻隔し、将来における解決をかえって困難ならしむるに到るであろう。

それに米国は極端なる保護政策的の国である。一例を挙げれば欧州戦後自国の船舶の過剰に苦しむや、外国船と極端なる差別待遇をなしてこれを保護するといったようなやり方である。さればこの機会において、日米の経済関係に支障を来さしむるような思い切った事をしないとも限らない。これは私の杞憂《きゆう》に過ぎぬかもしれぬが、米国の過去における保護政策の実例から推測すれば、まんざら根拠のない心配ではないと思う。ことに日本は米国から輸入を仰がなければならぬ品物がたくさんあるけれども、米国としては日本からでなければ需《もと》められぬというような必要品は生糸《きいと》ぐらいのものであって、その他はほとんど取り立てていうような品物はないのであるから、排日法実施が直ちに経済界に大なる影響を惹起《じやつき》しないとしても、日本としては経済的見地からしても、大いに考慮しなければならぬと信ずるものである。

なおこの排日移民法案の通過が、果たして全米国民の真意であるかどうか、これははなはだ疑問である。私は現に日本に対して非常に好意を有している多数の知己を有しているし、これらの人々以外にも米国の建国精神たる正義人道の立場より、正論を主張している国民が多数いるのであるから、結局一部の政治家に利用せられたものではないかと思う。米国における輿論の代表とも見るべき新聞の論説を見るに、ハースト系以外の新聞はいずれも正論を主張して、上院の態度に反対を表示している一事に徴しても、国民全体の意志による排日でない事を推察することが出来る。されば吾々日本国民たるものは、一面においては経済的見地より深甚なる考慮を要すると共に、他の一面においてはあくまでも米国人の正義心に訴えて、差別待遇の徹底を期するようにしなければならぬと信ずる。

真の親善は国民外交に俟つ

私の信ずるところによれば、真の日米親交を期するには、国民と国民との隔意《かくい》なき握手によって初めて成り立つと思う。いかに政府と政府とが美麗なる外交的辞令によって相結ぼうとしても、彼我両国民が互いに理解し合わなければ、とうてい国交の円満を期することは出来ない。この意味において私は多年国民外交の必要を説き、自から微力を顧みずに、日米両国民の親善について尽瘁《じんすい》してきたのであるが、今日はこの国民外交が特に必要な秋《とき》である。

言葉を換えて言えば、外交的国民総動員を要する重要なる時機である。ただし外交的の国民総動員といっても、決して国民が挙《こぞ》って米国の非違《ひい》を糺弾《きゅうだん》し、戦争もまたあえて辞せずというような硬論《こうろん》を主張せよという意味ではない。私は平和主義者であって、したがって武力によってまでこの問題を解決しなければならぬとは思わない、切に排日問題が円満なる解決を告ぐる事を希望している。この円満なる解決の時期を促進する意味において、外交的国民総動員の必要を提唱しているのである。この問題を円満に解決するには、どうしても国民と国民との真の諒解、真の融合、真の握手が必要である。この意味において国民は外交的に眼醒《めざ》め、いわゆる国民外交の実を挙げて、日米両国の国交を円満に復せしめたいと思うのである。また政府としても外交においても、国民の輿論が背景とならなければ、力強い外交が行われないのは事実であるから吾々日本国民は不幸にして誤られたる一部米人の誤解を解くために、米国人の正義人道心に訴えて、その反省を促すことも必要であるのである。

元来この排日問題は一部米国人の誤解もあるが、ここにも述べたように、なかには排日問題を政府に利用している人、すなわち公正の見地からでなく、選挙その他において自分の立場を有利ならしむるために、ことさらにこれを提唱している人もある。日本および日本人を誤解している人々に対しては、よく日本および日本人を理解せしむるように勖《つと》めたならば、恐らく釈然として親日的態度に一変するのであろう。あるいは親日とまではいかなくても、少なくも悪感《あっかん》を懐《いだ》くような事はなくするであろう。かくのごとく米国民の大部分が真に日本および日本人を理解するようになれば、いかに一部の野心家が排日を振りかざしても、米国の輿論はこれを許すまじく、結局移民問題も円満なる解決を見ることが出来るだろうと思う。なおこの排日移民法案の通過は、大統領選挙とよほど密接な関係を有していたもようであるから、早急に解決をなすことはあるいは困難であったかもしれぬが、当時の駐日米国大使ウッズ氏はよく日本および日本人を理解しており、この問題に対しても非常なる同情をもって米本国の誤解を解くに尽力され、私どもの希望している日米委員会設置についても衷心《ちゅうしん》より賛成されて大いに骨折っておられた。こういうように国民外交と外交官の尽力、斡旋《あっせん》とで、あるいは多年切望しておる日米委員会の設置が、実現し得られるかもしれぬと私は一縷《いちる》の希望を懐いている。その暁《あかつき》においては、お互いに隔意なき意見の交換と正しい理解に基づいて、無理のない解決が出来はしまいかと思われる。

　正義はいつの場合でも最後の勝利者である。米国の上下両院が感情に駆られてか、選挙に利用しようとしてか、ともかく不条理なる排日移民法案を可決したのは遺憾千万であるが、全米国民の輿論でない事だけは明らかであるから、全然失望するには当たらぬ。現に新聞の論調を見ても知らるるとおり米国には正義人道の公平なる見地より、日本の立場に同情している人々も尠くないから、やがてはこれらの正しい輿論が具体化する時機があろう。私はその日の一日も速やかならんことを切望して止まぬものである。

　それにつけても目下《もっか》の内外多端《ないがいたたん》の重大時局に際会して、国民は挙《こぞ》って国力の充実を期する事に精進しなければならぬと思う。国力が充実しておらなければ、ややもすれば外に侮りを受ける。しかるに国内の状態を見るに、政治家はいたずらに内争を事として、ほかを顧みるの暇なき有り様である。また実業界にしても、蝸牛角上《かぎゅうかくじょう》の争いを事として眼を大局に注ぐことを怠《おこた》っている憾《うら》みがある。汽船会社にしても、銀行にしても、紡績業にしても、はた電力会社や砂糖会社にしても、事業合同の余地はすこぶる多いのである。そうして一個人ないし一会社の利害より打算せず、また私情に囚《とら》わるることなく、国家社会という高所大局より誠意をもってこれに当たる時は、多少の困難な事情があるとしても、事業合同は十分に行いうる可能性があるだろうと信ずる。言うまでもなく今日は一郡一村が単位でなく、国家が単位であり、かつ世界は共通であるべきはずである。この意味において私は今日の重大時局に際し、国民に対して世界人としての国民性を涵養《かんよう》せんことを切望すると同時に、禍《わざわい》を転じて福となすの誠意努力を望むものである。

米寿を迎えた喜び

八十八の寿と若くして逝った東寧

今年［昭和三年／一九二八］の二月十三日は私の八十八年目の誕生日に当たっている。私がこの世の中に生まれてから満八十七年になるわけで、相当永いということが出来よう。その経過した期間中にはいろいろのことがあった。自分としては若いころ多少とも未来について想像したこともあったけれども、かように米寿《べいじゅ》をまで迎えようなどとは夢にも思わなかったのである。八十歳に達した時にも「残軀長浴皇恩渥、迎得昇平八十春」という詩を作ったが、その後《のち》数年を経てみると、さらにその感が深く、ひたすら優渥《ゆうあく》なる皇恩を思い、同時に社会から受けた恩の少なからぬことを感ずるのである。私の祖父は七十九歳で亡くなり、大人《ちち》は六十四歳で逝《ゆ》かれた。共にはなはだしい若死《わかじに》ではないけれども、八十歳には達しなかった。ただ父方の祖母が八十四歳で亡くなられ、一番長命であった。かように挙げてくると近親の間では私ほどの長命を保った者は未だないのである。

晩年

さて私の一身にはたびたび話したようにいろいろの変化があった。二十歳前後からいくらか人たるの務めを尽くし、効果を収めたいと考えたが、時勢が険悪であったため、行く途も自然危険たるを免《まぬか》れなかった。それだけに八十七年の過去を静かに顧《かえり》みると、よくもこれまで年を重ねることが出来たと、自ら驚きかつ喜ぶ次第である。

十七、八歳くらいのころから、一つの考えをもっておった。それは当時存在したはなはだしい階級的差別がよろしくない、これはぜひ廃せねばならぬ、それには封建制度を打破し、日本の国風を改革しなければならない、これが国民の一員としてなさねばならぬ義務であるというのであった。これは私が日本外史などに刺戟《しげき》せられたためであろうと思うが、そのためにそうした考えを持つことがよくないと親から叱られたり、訓戒をせられたりして一度は思い切った。

その後四、五年の間家業を手伝いながら勉強しているうち、対外関係が急迫し、ついに晏如《あんじょ》たるを得ず、封建制度の改革もさることながら、今外国の侵略を受けることは、国民として坐視《ざし》するに忍びないとし、ここに外敵を打ち払おうといううぬぼれ心を起こし、暴挙の計画をするに到ったが、事を挙ぐるに及ばずして止んだ。しかしその事からついに家を出るようになったのである。これは私の二十四歳のことで、この際の事情はしばしば述べたとおりで、もし一歩を誤ればいかになったか解らぬところであったが、危機《きき》一髪《いっぱつ》に都合よく転回して生命を全うしたのである。別に臆病《おくびょう》な真似をしたのでもなく、また智恵があったからでもないのに、この結果を見たのは天命のしからしめるところであろう。自分としてはむしろ不思議であったと申さねばならぬ。

しかるにこの暴挙を中止せしめた尾高東寧《おだかとうねい》は三十歳を出たのみで逝《い》ったのである。東寧は思慮《しりょ》もあり撃剣も立派な腕を持っておったが、廻《めぐ》り合わせが悪かったため、なんらの効果もなく単なる下働きに終わり、国家社会の表面に現れないで終わった。それにつけても思い出さるるは、坂下門《さかしたもん》における安藤対馬守《あんどうつしまのかみ》襲撃《しゅうげき》のことである。この挙は東寧も加わるはずになっていたが、私達は彼に犬死《いぬじに》をさせたくなかったから我々で切りに止めた。そしてその一味から東寧を脱せしめるのにも、後ろ暗く逃げるようなことにしたくない、といって過激であってはならぬというので、尾高藍香《おだからんこう》が大橋訥庵《おおはしとつあん》に会って、吾々の仲間が不同意だからと主張して、結局東寧はその一味を脱した。もし東寧がこの挙に加わっていたならば、当時日本に一、二といわれた腕であったから、恐らく安藤対馬守を仆《たお》したであろうし、またその一命もなかったであろう。なすある身をかようなことで殺すに忍びなかったから、やかましくいうて止めさせたのである。しかるに数年にして病気となり、私が欧州から帰朝した時ついに三十一歳をもって情けない境遇で世を去るに到った。病気であったから致し方がなかったとはいえ、私としては特に親しくした従兄《いとこ》の間柄であり、その兄藍香は師と仰ぐ人であり、彼の妹は私の妻であったから、にわかにその人を失った時の感慨《かんがい》はいうに辞なき次第であった。この若くして逝いた東寧のことなどを思えば私が今八十八歳まで生存したことはほとんど奇《き》蹟《せき》に近い感がある。

働く舞台を商業に求む

京都で一橋慶喜《ひとつばしよしのぶ》公に奉公《ほうこう》した時分には、単純なる攘夷《じょうい》では適当でないという考えをもっていた。ことに軍隊のことや医術のことは、欧米の方法を速やかに取り入れねばならないと思った。当時日本でも将来は欧州式に変化するであろう、精神は依然東洋式でなければならぬが、こうした科学に関することは古風では駄目であって、欧州の学問を学ぶべきであると考えた。かような考えから私は歩兵組立を建言し、それに力を入れて西洋式の兵器を用いる訓練をすることを主張した。もちろん軍隊のことを詳しく研究したわけでなく、大体論から従来の甲冑《かっちゅう》ではとうてい今後の戦争は出来ないと考えたからであるが、この考えは間違いでなく今日では我が古来の甲冑は博物館に遺物として飾られるようになっているではないか。さてその後民部《みんぶ》公子《こうし》に随行してフランスに赴くこととなり、よい機会であるからヨーロッパの学問をしようと考えていたところ、故国日本では意外の大変革が突発したため、志を果たさずして帰朝したが、その後自分の将来について考慮した結果、何か政治以外のことで国家社会に尽くしたいと決心したのである。しかしそう決心するまでにはいろいろ懊悩《おうのう》した。あるいは屈《くっ》原《げん》の「吾寧悃悃款款、朴以忠乎、将送往労来斯無窮乎、寧誅鋤草茆以力耕乎、将游大人以成名乎」を思い、また陶淵明《とうえんめい》の「帰去来兮、田園将蕪胡不帰」とも考えたけれども、屈原を気取るべきではなく、また陶淵明を学ぶべきでない、むしろ働くべきであると考えた。

しからば働く舞台はいずれに求めようか、政治に関係せずとすれば、政治以外の社会の状態や、習慣を改善し向上進歩せしめることに努力することにしよう。これによって国家に対して尽くし、人たるの務めを果たそうと考えた。この考えから当時の実情を見て、商人があまりに奴隷視《どれいし》されているから革《あらた》めねばならぬ、また日本の商工業を盛大ならしむるには、合本法でやるように改革する必要があると考えたのである。これはあながち私の発明ではなく、先輩の意見や書物からの暗示もあったが、特に人から教えられたというのではない。

しかるに私の力説した合本法が爾来《じらい》都合よく発展して、商工業はほとんど全部株式組織となり、今日の隆盛を見るに到ったのは真に喜ばしい次第である。合本法は私の直接関係のある事柄であるが、その他の事でも物質文明はしきりにヨーロッパ式が取り入れられたのである。その行走りから精神方面まで西洋風に押されて、日本固有の道徳が次第に衰微《すいび》するかに見えるに到ったが、私はこれははなはだ憂うべきであると思い、東洋道徳の維持発達に心を致しているが、其方《そちら》は効果が思うようでないのは遺《い》憾《かん》の極みである。

私が経済界の発展に尽くして多少の効果のあったのは、私がかつて官途《かんと》にあったという事をも考えに入れなければならぬが、最大の原因は世の中が一般に進んで時代が変わったからである。官尊民卑《かんそんみんぴ》の思想について考えても、全然なくなったとはいい得ぬまでも、大体において野にあり実業に従事する人々が馬鹿にされないようになり、昔の商人がいたずらに当路《とうろ》の人に阿附追従《あふついじゅう》していたのとは、雲泥《うんでい》の相違であるといってもあえて過言でないほどになった。かくなったことは自分がなさしめたとはもちろん思っておらぬけれども、私はそうしたいとの希望をもって働いてきたのであるから、この変化を見て多少とも自ら慰めるところがないではない。

世の変遷と経済道徳の合一

かように自分の過去の事歴を数えてくると、八十七年間の歳月は決して短くないと申して差し支えないようである。しかも世に立って働いたのが、七十余年間であることを考えると、いよいよその感がある。七十余年働いたというと異様に聞こえるかもしれぬが、私は十三、四歳の時から単独で藍《あい》の買い出しに行ったので、その時分からいっぱし働いたつもりでおり、二十歳ごろにはすでに一人前であったという自信があったので、かく申すのである。その間効果は少なかったけれども、始終働いてきたのである。そうして私が働いたために寄与《きよ》したところありとすれば、時勢の変遷が私の働きを助けてくれたためである。

この間の日本国運の興隆は喋々《ちょうちょう》申すまでもないところであって新しいことがたくさん興っており、なかには悪いこともあるが、概して往時に比してよくなっていると申してよいと思う。それは都会における事象について言いうるのみならず、田舎《いなか》においても同様である。私は東京に住んでいるけれども、故郷忘《ぼう》じがたく、出来るだけ郷里の改善に尽くそうと考えている。しかし微力のため十分に資金を支出することは出来ないが、鎮守《ちんじゅ》の社や学校についても真面目《まじめ》に事を運び、民心をして軽薄《けいはく》ならしめないようにと力添えをしてきたのである。いたって小さな地域ではあるが、確かに血洗《ちあらい》島《じま》はよくなったと思う。血洗島は明治以後他の七ケ村と合併されて八基村となったが、現在は甥《おい》の治太郎《じたろう》が村長を勤め、一村協和しているということである。

一般的に申して、その国なり地方なりの風俗人情を察するには、公共物を見るが一番よいとしてある。多数の人々が力を合わせて公共的の経営を都合よく運んでいる処は、人情は淳朴《じゅんぼく》であり、かつ隆運であるが、公共事業が不整頓《ふせいとん》である国なり地方なりは、淳風良俗《じゅんぷうりょうぞく》なくかつ衰運にあるというて差し支えない。しかるに八基村ではこの公共的の事業に一致協力し、相当の成績を挙げているのは喜ばしい次第である。

これは私の知っている八基村を一例として挙げたが、かように都会も地方も満足は出来ないまでも、大体においてよい方へ向かっているので、悪を全滅することは不可能であるとしても、漸次《ぜんじ》改善されていると申して差し支えないのである。ただ遺憾なのは精神方面の改善進歩の見るべきものがないことである。この方面については微力いかんともなすを得ないが、これは日本のみでなく世界的に面白からぬ状態にあると言えよう。これがため私の常に力説している経済道徳合一の必要があるのである。物質の進歩に精神が伴うて初めて完全なる文明が生まれるのである。換言すれば物慾《ぶつよく》万能の思想に精神的の分子を加え、物質と精神とを調和せしめていかなければならぬ。

私が論語を尊奉《そんぽう》するからとて単に孔夫子の教えのみを主張しようというのではなく、キリスト教の神も仏教の仏も心に属するものとして尊重し、決して孔孟《こうもう》の教えのみが道徳であるとは主張しない。ただ今日のごとく自分さえよければ他人はどうでもよいというふうで、物質のみを主とすることのないようにありたい、さりとて唯心的《ゆいしんてき》になり経済観念を忘れるようでは困る。どうしても両々相俟《あいま》って進むことが必要である。

一言に尽くせば、道理正しい経済を進めることが必要である。この見地から私は常に道徳経済の合一を高唱し、かつその実行を希望している。ただ自分でもそれが理想どおりには行われぬのであるから、世間の人々がことごとくそれを実行するのは容易なことではあるまいと思っているが、誰もこの私の説を悪いという者がないだけ、その必要をいずれも認めているのであって、よい事には相違ないのである。したがって世界の人類がその域に達することを、常に希《こいねが》って止まぬのである。思うに、かく道徳と伴うて智慧が進めば、漸次国家なり社会なりの都合を第一に考えるようになり、いたずらに一個人が自己のみを主張することがなくなるであろう。今日は自我の時代であるが、今一歩を進め道徳が伴うならば、自然他人を陥《おとしい》れても己だけ利益を得ようとすることがなくなり、人類は一致して目覚めるようになるであろう。

維新以来経済方面の改良進歩は、相当に著しいものがあると思うが、精神方面は見るべきものがないのである。これは政治界が悪いからというような局部的のことでなく、人類全体が精神方面における自覚が足りないためであるから、単に一方面のみの改善を計るよりは広く世界の人々をして、私の首唱する経済道徳合一主義によらしめたいのである。ゆえに繰り返して申すとおり、経済上の進展に対する喜びを感ずると共に、精神方面に少なからぬ憂いの存するものがある。かく喜びかつは憂えているが、ここに八十八歳を迎えたについては、普通ならば長寿を保ったとして喜ぶべきであるかもしれぬが、私としてはただ永く生存したからといって喜んでばかりいることが出来ず、喜びを感ずると同時に大いなる憂いを懐いているのである。

古《こ》詩《し》に「人生不満百、常懐千歳憂」というのがあるが、これを陶淵明は「世短意常多」と約し、蘇東坡《そとうば》は「意長日月促」といっている。私もあえて摸倣《もほう》するわけではないが、やはり同様の感触を禁ずることが出来ず、古人《こじん》我《われ》を欺《あざむ》かずとしみじみ思うのである。

以上は八十八歳を迎えて過去を顧みた私の感想の一端であるが、世に立つ初めの思案がいささかでも世の中のためになろうとし、最初は乱暴な行方であったが次いで穏《おん》健《けん》となり、方法の変化はあったが期するところは終始一貫、世の中のために出来るだけ力を尽くしたつもりである。しかるに過ぎ来りし方を回想してみると、果たして何をなしたのか解らぬくらいで、誠にお恥ずかしいと共に「人生不満百、常懐千歳憂」の意味が今さらながら判ったように思う。

百歳不老の説と暗合した私の生命観

八十八歳の長寿を保ったという事は、前にも申したように、近親にはないほどで確かに幸いである。しからばかくのごとき長寿はどうして得られたか。皇室の御恩か、社会の賜か、はたまた父母のお蔭《かげ》であろうか、なんにしてもありがたい次第である。が一面からは「生命《いのち》長ければ恥多し」との諺《ことわざ》もあるから、早く死んだ方がよかったかもしれぬ。しかしまた一面にはまた「命と細引は長いほどよい」ということもあり、かつ人はいずれも長寿を望んでいるから、まずは結構な方であろう。長寿を保つというても、なんのなす事もなくいたずらに生命をむさぼることはよくない、もちろん生命のある限り国家社会のために尽くさなければならぬ。かく働くことが出来れば長寿ほどよいわけである。

　しからばいかにして長寿を保つかについては、一般に摂制《せっせい》が第一であると云われているが、私は若い時から不摂制の方で、よく医者から「貴方《あなた》のようにあまり身体《からだ》を粗末にしては長生は出来ない」と注意された。私がきまって診察を受けた医者は数人あるが、一番古いのはフランスに行っていた時代から知っていた有名な蘭医伊東玄朴《いとうげんぼく》、後に伊東方成《ほうせい》となった人で懇親《こんしん》の間であったが、後に宮内省《くないしょう》御用掛になり、再び渡欧するようになった。その時「自ら診ておあげすることが出来ないから……」というので織田研斎のちに猿渡盛雅といった人を推薦《すいせん》してくれたが、この人もその養子の猿渡常安も、常安の婿堀井宗一も、不摂制な私を残して死んだ。また高木兼寛には明治十六年ごろから診察を受けたが、特に喧《やかま》しく「価値のある物は品物でも大切にする。貴方の身体は大いに価値があり、世の中の人も大切がっているのに、かく残酷に取り扱ってはならぬ」といってくれていたが、その人も今は亡い。

かくのごとく摂制を講釈した医者は皆逝って、摂制を注意せられた私が生き残るという皮肉な結果になり、摂制必ずしも長寿の要件ではないと申したいのである。しかし六十歳以後摂制の必要なことだけは動かしがたいことのようである。

近ごろ私はラプソーン・スミスという英国の医者が著した『百歳不老』という書物を読んだが、これにも結局六十以上になると摂制に注意する要《よう》があると書いてあって、私の考えと一致している。この書物を初めて読んだのは四、五年前であるが、私は早くすでに六十一歳になった折に、これからは今までのようにやるわけにはいかぬ。しかし無理のない程度で働くことは必要であると気づいて、その心持ちで加減していたところ、スミスの説が偶然同じであったので、非常に愉快に感じたのである。スミスは『百歳不老』の劈頭概説《へきとうがいせつ》において、次のように書いている。

先年或る著者は、人は六十歳を限度としてクロロフォルムで麻酔せしめて、青年の為めに進路を開くべし、と論じて問題を惹起《じゃくき》したが、これ実に大なる謬見《びゅうけん》と云わざるを得ない。また六十の耄碌《もうろく》と称して、永年勤続したる使用人を単に六十歳に達したと云う理由のみのもとに、忽《たちま》ち馘首《かくしゅ》して無為の生活を強いる習慣がある。

これも六十歳以後に於いては、何等《なんら》有益なる活動を為すべき能力がないと云う前提のもとに行わるる陋習《ろうしゅう》であって、謬《あやま》れるも甚だしきものである。世に六十歳はおろか八十歳、九十歳に至るまでも幸福なる有益なる生活を営んだ者は、その数が決して少なくない。九十二歳で矍鑠《かくしゃく》として診療に従うた医師もあり、九十歳で単路三百哩《マイル》の大旅行を試みた婦人もある。ティティアンは百歳で未だ画《え》筆《ふで》を捨てず、グラッドストーンは八十二歳で英国の首相たり、ストラスコーナ卿は九十四歳で英国加奈陀《カナダ》間の重要なる交渉の任に当たった。斯かる例は一々枚挙に遑《いとま》なき程である。斯くの如き実例が存する以上、何人と雖も六十歳以後を有益に暮し得ざる訳がない。六十歳に達したりとて総ての俗事を抛擲《ほうてき》して、無為と哀愁の裡《うち》に余生を送るが如きは、著者の断じて与せざる処である。

そうして進んで六十歳から九十歳までの、有益にして幸福なる生活法につきいろいろ説いているが、要するに六十歳以後は摂制に注意し、心の平静を保ち、かつ適当な労働に従事することが必要であって、早くも自ら老いたと思うことがよろしくない。自ら老いたと思ってはたちまちにして老い込むようになるから、六十歳以上になったからというて、老いたと考えず、また身の扱い方も老人らしくせず、六十歳前と同様にしていくべきである。さらに要約すると「労働と摂制と満足、これが健康、幸福、長寿の主因である」といってある。

ところが私は六十歳を過ぎた時、いよいよ自分も老年期に入ったとは考えたけれども、我老いたりとの感はなく、無理は慎《つつし》まねばならぬが、生活態度は変えず依然として活動を続けようと考え、爾来多少摂制を重んじ、物事に満足して心の平和を保つに努め、出来るだけ懊悩苦《おうのうく》悶《もん》せずにきたのである。かく天命に安んじ、努めて平静を維持するならば、九十歳ごろまでは必ず活動出来ると思うのである。一体無病でも人は百四十歳かに達すると、もはや生存出来ないものであるというが、九十歳あるいは百歳ごろまでは十分働けるものと確信している。そして私は前に申したとおり、スミスの書物を読むずっと以前から、かように考えかつ実行してきたので、スミスに会って自慢《じまん》したいくらいに思っているのである。

　かくのごとく九十歳までは、十分身体《しんたい》、脳力共に用いられるものであって、スミスの挙げたある人のいうがごとく、六十歳に達した人をクロロフォルムで麻酔せしめて殺すなら、むしろ生まれないに如《し》くはない。生まれた以上、完全に働きうる限り働かせた方が国家社会のためで、少なくとも九十歳ぐらいまではおじいさん扱いにしないことが必要であって、八十八歳になったのが珍しいようであってはならないと思う。そういっている間にも人智《じんち》が進歩発達すれば、必ず九十歳ごろまでは誰も寿命を保ち得られるに到るであろうと私は信じているのである。

解説　人間・渋沢栄一を探るために

井上　潤

渋沢栄一については、本人の生前から幾多の伝記・評伝が刊行されてきた。本書は、渋沢栄一の真の姿に迫るべく自叙伝にこだわり、『雨夜譚《あまよがたり》』と『青淵回顧録《せいえんかいころく》』を収録している。なぜこの二冊なのかは後に触れるとして、まずは、それぞれの成り立ちについてみてみよう。

『雨夜譚』

『雨夜譚』の成立については、『青淵先生六十年史―一名近世実業発達史』に次のような解説が記されている。

此書ハ先生子弟ノ請ニヨリ、明治二十年、深川福住町ノ邸ニ於テ、幼時ヨリ明治六年退官マデノ経歴ヲ談話セラレタルヲ筆記シタルモノナリ。

この『青淵先生六十年史』（二巻・明治三三年）は、一八九七（明治三〇）年から一九〇〇（明治三三）年にかけて、渋沢栄一の還暦を祝しての記念事業の一環で竜門社（現・公益財団法人渋沢栄一記念財団）が編纂《へんさん》刊行したものである。

この筆記は一冊の書籍として刊行されたのではなく、単に筆記本としてまとめられていたと想像されるが、一八九四（明治二七）年に至って渋沢栄一はこれに序を付けて、その一節に次のように書いている。

……そのなし得たる跡につきても、めでたきふしこそなけれ、心に恥じ身に疾しき事とては秋毫の末もあらず。

今はた三十年あまりの、いろいろの事どもを想いめぐらせば、ゆめうつつのわきだになけれど、身に実歴せしものは、まのあたりのごとくおもわれて、忘れんとするも忘れがてなれば、さいつころより、うからやからの請いのまにまに、すぎこしむかしがたりを雨夜の徒然にうちいでしを、傍にて筆記せしものありてその水茎の跡いつしか数かさなれるをみれば、われながら千秋を経し観あり、ついにこれを雨夜譚と名づけて、ひとつの冊子とはなしぬ。

更に「ゆづりおくこのまごゝろのひとつをばなからむのちのかたみともみよ」とする和歌を添えている。渋沢栄一は、この『雨夜譚』の中で、単に自身の経歴を述べるだけでなく、その「まごころ」をも伝えようとしたとする指摘である。

『青淵先生六十年史』が刊行された際に、この『雨夜譚』は初期の経歴を伝える重要な資料として原文のまま引用されている。つまり、『青淵先生六十年史』によって初めて活字化されたのである。ただし、時代ごとに添う形で引用されていたので、全文を読み通す訳にはいかず、以後『雨夜譚』は書物として発行されたことはなかった。一九一三（大正二）年、択善社から発行された『青淵先生世路日記雨夜物語』は『雨夜譚』に依ってはいるが、『雨夜譚』そのものではない。

先述の通り、渋沢栄一の伝記は『青淵先生六十年史』以後も多数刊行されているが、初期の経歴については総《すべ》てが『雨夜譚』に依拠している。渋沢栄一自身の口述であり、詳細にわたっていることに加えて、他の人物が残した自叙伝と比べると、記憶が正確でもあるところから基本資料として最適のものと言える。残念なのは、幼少期から一八七三（明治六）年までで止《とど》まっていることである。

では、後半生に及ぶものについては着手しなかったのかというと、形を変えて、一九二六（大正一五）年一〇月以降、一九三〇（昭和五）年七月に至る間に三一回の会を重ね、一〇〇に近い質問項目について栄一の回答・談話を記録した「雨夜譚会談話筆記」としてまとめられていく。雨夜譚会という名称は、『雨夜譚』からくるものであった。ただし、『雨夜譚』は「あまよがたり」と読ませているが、「雨夜譚会」は、「うやたんかい」と呼ばれていた。

雨夜譚会の第一回が一九二六年一〇月一五日に渋沢の飛鳥山邸で開かれた際に、会の委員長で栄一の孫・渋沢敬三《けいぞう》はその趣旨について次のように述べている。

> 前の御伝記編纂のやり方はどうも感心出来ませんでした。殊にそれに依って出来るものは事実の羅列に止る観があって面白くないと、穂積の伯父様などは極力不賛成の意を表せられ、同族会でも問題になりました。其内、幸か不幸か大震災で自然消滅になりました。一体、おぢい様の伝記に付て、私一個の意見としては、同族なり又事務所なりで書き上げると、兎角我田引水的になり勝ちであり、又よしや左様でなくとも、我田引水的であると見られるから面白くない。竜門社で書くのでさえ同様の理由で感心しない。故に若し伝記が書かれるなら、それは後世になって我々と関係ない全然外部の人の手によって出来上る方がよいと思って居ります。
>
> 然し我々としては、伝記として書き上げないからと言うて全然関わらぬと云うのは又よろしくない。資料は是非我々の手で出来るだけ蒐集して置かねばならぬ。

如何なる微細な事でも、又一見つまらぬ様な事でもありのままに出来得る限り集めて置かねばならぬ。そして、後に伝記を書く方があればその方々に使用させねばならぬと斯様考えて居ります。此事は穂積の伯父様にも御生前に御話しましたところ、非常に賛成せられました。それで此方針で進もうと云うことで雨夜譚会と名付けて私が委員長になり、愈々其の実行に取りかかり、今日から御迷惑を願う次第で御座います。

明治二〇年、渋沢栄一がその経歴を語った時は四〇歳代後半であったが、この大正一五年は八〇歳の半ばを超え、既に実業界は引退していた。その数十年の間に、渋沢栄一の幾多の業績の堆積が背後に広がっていた。その閲歴は、同時に日本の経済史の発展と共にあった所のものである。渋沢敬三は続いてこう述べる。

事実の経過等に付ては相当調べてありますけれども、おぢい様の御感じ、御気持ちとか、御考え方とかが、判然と出て居りません。此点が伝記として最も必要と思います。

従って、前回の雨夜譚が栄一の幼時からの経歴を述べたのとは異なって、今回は研究的に質問事項を作成して、栄一の談話を聴いておこうとするものであった。

第一回の冒頭で渋沢敬三が「前の御伝記編纂」と言ったのは、一九一七（大正六）年に『徳川慶喜公伝』の完成に続いて渋沢同族会編纂所に依って行われた栄一伝の編纂をいう。一九二三（大正十二）年までに『青淵先生伝初稿』（第一章－第二五章）及び『渋沢栄一伝稿本』（第一章－第五章）が書き上げられた。これは公刊されていない。

続いて、『渋沢栄一伝記資料』六八巻の編纂が栄一没後に着手されたが、その方針は右に敬三が「如何なる微細な事でも、又一見つまらぬ様な事でもありのままに出来る限り集めて置」くという思想を受け継いだといっていいであろう。ただ、渋沢敬三が述べているような「感じ」とか「気持ち」とか「考え方」等は、殊に九〇歳を超えた渋沢栄一のそれは本書に依って窺知《きち》し得るのである。


『青淵回顧録』


一九二七（昭和二）年八月に小貫修一郎・高橋重治が、渋沢栄一の談話を筆記編集し、青淵回顧録刊行会より刊行された名称の通り回顧録である（菊版・二冊、上巻・下巻計一七〇四頁）。『雨夜譚』と違い、渋沢栄一の晩年の経歴にまで及んでいる。

経緯・内容・意義を理解していただくために、以下に序文を掲げてみる。

「序

昭和日本の盛観を看よ、そこには百花繚乱たる文化が淵叢し、普く国民は聖代の恵沢を謳歌して已まず。国際日本の壮観を見よ、隆々たる国威は四海に耀煥し、世界平和の維持は繫りて其の双肩にあらんとす。顧ふに幕府秉政の末期、鎖国の長夢は『黒船来』の警報に破られしを転機とし、皇政維新の鴻業は倏忽にして成就せらる。内憂外患交々踵接すと雖も之に善処して謬らず、飛躍的発展を重ぬる僅々半世紀にして盛名を中外に発揚し得たるは、正に世界史上稀に覯る偉観に非ずして何ぞ。是れ建国以来培はれたる国民的気魄の所産にして、三千載の年処を閲して洗練せられたる精神を経とし、時勢を識悟し将来を予見するに慧敏なる俊傑を緯として織成されたる錦繡にも比せん乎。而も済々たる多士中、嶄然頭角を見はし異彩を放てる俊傑に我が青淵渋沢栄一子爵を見る。

英傑は時代を作ると謂ひ、時代は俊豪を生むと称す。果して何れを正しきとなすか遽かに剴決すべからずと雖も、時代が人物を産むと同時に人物亦時代を造り、相関して時代史を為すは史を究むる者の等しく疑はざる処である。昭和二年を以て米寿を迎へられたる渋沢子爵こそは、実に日本の跳躍的発展時代に生れたる俊豪たると共に、聖代文運の興隆に畢生の心血を注がれたる俊傑でなければならぬ。子爵は壮年にして政治の枢機に参し、意決する処ありて実業界に身を投ずるや其の発達に粉骨砕身し、実業界を退隠しては社会公共事業に、将た国民外交に、国民精神の振作々興に任じて、一日も国家社会の安寧と幸福と繁栄とを忘るゝことなし。就中我が実業界の為めに致されたる努力精進は、遂に我が実業界の今日あるを得せしめたるものにして、万人の仰いで其の元勲となす宜なる哉である。明治六年五月、『予れ従来商業に於て経験に乏しと雖も、胸中一部の論語あるあり、論語を以て商業を経営し、邦家の隆盛に資せむ』と断言して下野せられたる子爵こそは、経済と道徳の合一を信条とし、自ら忠実に実践躬行して渝るところなし、国家の元勲に人ありと雖も子爵の一異彩を放つと云ふ所以である。

孔子曰く、『十有五而志于学、三十而立、四十而不惑、五十而知天命、六十而耳順、七十而従心所欲不踰矩』と。子爵が恒に心の欲する所に従ひて矩を踰えざる至聖至神の境地に在られるを思ふ時、予は子爵によりて碩学孔子以上の何ものかを把握するを得べきを確信して疑はず。『青淵回顧録』は此の偉大にして至聖なる元勲の口述になる回顧談を収め、附するに論叢、諸名士の子爵観を以てす。此の眇たる小冊子の能く世の期待に背き、子爵の真面目を害ふの憾なしとせずと雖も、其功を偲び、其徳を慕ひ、更に明治、大正、昭和三代史の半面を知らんとする者にとりて、些か裨補するに足るを信ず。

本書編著者小貫修一郎君は、子爵と縁故浅からざるものあり、昨夏適々本書刊行に就き予に諮る処あり、予は亦夙に子爵に私淑する事厚かりしが故に、其の極めて意義深きを思ひ、爰に子爵の米寿記念として、『経済と道徳の合一主義』を汎く世に伝へ以て社会教化の一端にも資せんと欲し、相携へて子爵の門を敲き、其の承認を得て青淵回顧録刊行会を組織し、爾来一ヶ年鋭意之が編纂に膺った。今や之れを剞劂に附し、広く江湖に頒つに方り、此の企画に対して熱誠なる後援鞭撻を賜はれる粕谷義三閣下並に特に題字を寄せられたる公爵徳川家達閣下、子爵清浦奎吾閣下、総理大臣田中義一閣下、龍門社理事長男爵阪谷芳郎閣下、文部大臣水野錬太郎閣下始め其他の諸賢に対し満腔の誠意を披瀝して其の厚情を謝す。

昭和二年八月　　　　高　橋　重　治」

さらに、一九三七（昭和一二）年一二月に、小貫修一郎・高橋重治が、昭和二年刊行の『青淵回顧録』を増補改訂の上『渋沢栄一自叙伝』と改題して偉人烈士伝編纂所より刊行している（菊版・一冊・本文一〇一九頁、年譜五九頁）。

ただ、改題された増補改訂版について、渋沢栄一所縁の財団・竜門社の機関誌『竜門雑誌』第五九二号（昭和一三年一月）にて「旧臘中、「偉人烈士伝編纂所」より発行せられた「渋沢栄一自叙伝」は、「渋沢栄一述」又は「講述者渋沢栄一」など〻僭称し、恰も先生自叙の稿本を校訂編纂したるもの〻如く装はれてありますけれども、右の編著に関しては竜門社としては勿論のこと、渋沢子爵家としても全然無関係なるものゝ由に付、会員諸君の御参考迄に一言申上げて置きます。」と注意喚起されている。

今回、底本を二冊にしたのは、前半生を『雨夜譚』にて時間に添って追い、後半生については『青淵回顧録』で補う形をとるためである。「雨夜譚会談話筆記」を対象としても良かったかもしれないが、談話を引き出す設問が特定の事項・事象についてだったので、人生、経歴を栄一の言葉で追う際には、より適していると思われた『青淵回顧録』の採用となった。

自伝・自叙伝・回顧録

渋沢栄一について、他者によってまとめられた伝記・評伝が多数ある旨は既述の通りであるが、今回、本書でまとめるのは、自叙伝・回顧録に属するものである。そこで、ふと立ち止まり、自伝、自叙伝、回顧録は全く同じなのか、異なる点があるのかについて少し考えをめぐらせてみたい。

すべて、人が自分自身の眼から見た自分の生涯、人生を記述したものをいう。他者による伝記は通常、非常に広範囲にわたる資料や視点を基にしているが、自伝等は、あくまでも筆者である本人の記憶、回顧、回想に基づいており、資料を利用するとしても記憶の補助としている。

また、自伝と回顧録とは少々異なるように思われる。自伝がその人物の「人生や生涯」に焦点を当てるのに対して、回顧録は、自身の記憶や見解および感情に重点を置き、時には日記や手紙、写真に基づいて、特定の事象や事件について述べるものとなっている。

さらに、自伝と自叙伝の違いについてみてみると、自伝は、自身の体験を時系列にしたもので、自叙伝は、自身の体験から面白い部分にフォーカスして、ストーリー性がでてくるようにまとめたものという感があるように思われる。ただ、共通しているのは、「伝」の文字が示すように、自分が人生で経験してきたこと、感じてきたことを人へ伝えたいという意図、人に読んでもらうことを強く意識して書かれるもののように思われる。

渋沢栄一の事績にみる歴史編纂・伝記の編纂刊行

渋沢栄一は、歴史編纂や伝記の編纂刊行の事業についても、いくつも協力・関与している。例えば、『明治維新史料』の編纂だとか、『明治商工史』といった文献の編纂刊行に協力しているのである。時代の重要事象を世に受け継がせていきたいという思いをもって、当時においては刊行物によって残された資料を公開するというような考え方を持つと同時に、記録をいくつかに分散させていろいろなところで参照できる環境づくり、そして、いざ元の資料がなくなった時も情報として受け継がれていくということに頭をめぐらせていたところが見受けられる。

その一例、『明治商工史』は、報知新聞一二〇〇〇号発刊記念として、渋沢を撰者に依嘱し、名士の論説・講話を集め、『明治商工史』と題して刊行したものである。

渋沢は、『明治商工史』を社会に紹介する責任ありとする思いを題言にて記している。それによると、「維新後における銀行・会社、其の他の経済機関の発達状況、商業・工業・鉱山業・通信業・陸上交通・海上交通業の発達の状況を沿革的に記述するほか、更にこれらの現在・将来に対する批評経綸を併せ有し、かつ何れも日々鞅掌する実務の上より実際的に立論判定せられたるを以て片言隻語皆な味うに足らざるは無し」とし、「維新以後における諸事業の沿革、現況将来に関し、歴史として、統計として、経綸として、かつ実際に活用に記述する点においては、自分の寡聞なる恐らくは未だ本書の右に出づる者あるを知らず、少なくとも後の商業・工業・通信・交通等の発達史を編纂する者の為めに貢献する処あること疑う余地なし」としている。さらに、「国運と共に史上に躍如たらんことを、大いに後生に期待する」ともしている。

伝記についても同様である。とりわけ渋沢が恩義を感じ、尊敬していた人物の一人、徳川慶喜の伝記編纂を考えた。慶喜が存命中には絶対刊行しないという約束がされたので、慶喜の没後少し経て刊行している。最初は福地源一郎に、自分が恩義を感じている慶喜の伝記をまとめるということと、慶喜が恭順の意を表して大政奉還に至った史実を後世に受け継ぎたいという気持ちを表して、福地もそれに協力しようということになった。それから家康以降の徳川の時代の中で慶喜の時代を残していこうと、当時深川にあった自分の屋敷を編纂所として資料蒐集にあたっている。外国の資料なども集めていたようである。ただ残念なことに福地が病気を患って亡くなってしまったことから、一度仕切り直し、新たな伝記編纂をすることになった。三上参次教授から紹介された東京大学歴史学の歴史家・萩野由之のもとで資料蒐集をもう一度やり直し、渋沢栄一著になる編纂が成し遂げられていった。

資料蒐集と同時にもう一つ、昔夢会という会を開いて、今でいうオーラルヒストリーにあたる聞き取り調査をして記憶を記録化しようとしている。『昔夢会筆記』は別の刊行物として現れているが、『徳川慶喜公伝』編纂事業の中で聞き取り調査事業も起きていたのである。

実は、渋沢邸内に書庫として設けられた青淵文庫には、次のような話が残されている。この書庫は、渋沢が一九二〇（大正九）年に傘寿を迎えた祝いと、男爵から子爵に昇格した祝いということで、竜門社の会員が寄付を募って、渋沢が論語を始め約二万冊位蒐集していたといわれている漢籍類を収めてもらおうと贈ったものであった。

渋沢は、書庫を貰《もら》えるのであれば、自らが蒐集してきた漢籍類を収めて、晩年は自らの勉学の場所としたいと思っていた。さらには、『徳川慶喜公伝』を編纂するにあたり、蒐集された資料をそこに収め、それを後世に受け継いで残していき、また閲覧に供するような形に整えておきたいということを考えたのであった。

ところが残念なことに、一九二二（大正一一）年に着工で翌年秋に完成予定だったのだが、完成間際のところで関東大震災が起こった。その際に、日本橋兜町《かぶとちょう》にあった事務所に残していた資料が事務所の崩壊とともに火災にあい、事務書類はじめ蒐集された『徳川慶喜公伝』の資料等は焼失してしまったのである。青淵文庫自体は、震災後、最新の耐震構造がはかられ、一九二五（大正一四）年竣工に至るわけであるが、授与式にて渋沢はそれを非常に悔んだ挨拶をしているのである。渋沢は、記録を後世に受け継いで、またそれを活用してもらえるような場を作ろうという意識を持っていた。

もう一つは『楽翁公伝』についてである。渋沢は社会福祉事業の一つとしての東京養育院、教育事業の一つとして東京会議所の会頭という立場から商法講習所の運営に関係している。それらの事業費用の元手となったのが、江戸時代、寛政の改革を実行した老中松平定信白河守の政策によって江戸の町費の七分を積み立てていたものを共有金という形で東京府に移管されたものであった。当時明治の初年で一四〇万円位だったと渋沢は記録しているが、その共有金を元手に東京養育院、商法講習所の事業を展開させ、またその他にも道路の整備や橋梁《きょうりょう》の架設、墓地の整備だとか様々な整備関係についても使用したのである。自らが少年の時に、いろんな書物を読みなさいと言われ、日本外史等を読んだ中で松平定信のことは知っていたと渋沢は語っているが、その人物像を記録し、後世に受け継ぎたいという気持ちで『楽翁公伝』というものをまとめている。これは、実は松平家が持っていて、それまで表に出てこなかった死蔵資料群の存在を知って公にしたいという気持ちからこの伝記編纂《へんさん》にも着手した、と渋沢は序文にも書いている。公のために記録を活字化して残すことによって、情報として分散化させて後世に受け継いでいくという考えを持っていたということであった。

諸伝記の訂正

また渋沢栄一が、自らのことが書かれた伝記の訂正作業に生前着手していた事実を紹介したい。

渋沢史料館に、その状況を示す資料が残されている。正確な題名は「御口授青淵先生諸伝記正誤控　並御談話控附日記」という長いものである。体裁はB5変型、竜門社の罫紙にタイプ印刷、目次一三ページ、本文二九三ページの稿本であり、クロス装幀されている。また本文二二七ページ、厚紙表紙の異本も存在するが、後記を欠き、内容もやや簡略であり、クロス本よりも先に作成されたらしい。筆記者は『渋沢栄一伝記資料』の編纂にも従事した佐治祐吉であった。

巻末の「後記」によれば、この作業は昭和五年十二月に始まり翌年七月に終了したが（栄一の死はその四か月後である）、そのきっかけは栄一が「報知新聞に連載せられし沢田（謙）氏筆『渋沢栄一翁一代記』」の朗読を聞いて「其荒唐なるに一驚し、……斯くては己が万年の後、誤り伝えられん種々の事情を憂え」たことによる。佐治氏は続けてしるす。

さりながら、予密かに思うに……先生は、既に命逼れるを覚らせられ、さればこそ、それに先んじて、此事を思い出でさせられしにはあらざるやと。こは一の憶測には過ぎずと雖も、予は先生が頻りに其進捗を急がせられたるを回顧して此感を生じ、又事毎に漏せられたる口吻よりも然かく推考し得、更に昭和六年正月元日、王子邸にて先生が年賀を受けさせられたるその寂しかりし雰囲気を只事ならずと回想するにより一層其感を深うするに到れり……

晩年に近づく頃には、心中に急ぐ事柄がさぞ多かったことだろう。しきりに時を惜しみ、もっと国家社会に役立つ仕事に時間を使いたい、という気持ちがはっきり顔に出るようになって、次第に諸伝記の浮薄な文章を非難し始め、とうとう「こんな仕事はもう嫌だ」と言い出したので、佐治氏もすっかり困惑したが、かくてはならじと、この仕事の意義を繰り返し説明して翻意させ、作業を続けた。しかし、栄一の気持ちに逆らわぬよう細心の注意を払ったようである。

例えば、大滝鞍馬著『子爵　渋沢栄一』中にある一橋家仕官時代に土方歳三以下の新撰組隊士を従えて国事犯の容疑で大沢源次郎逮捕に向かった折の記述について。

……『御用！』栄一は飛鳥の如く大沢の懐に飛び込んだかと思う瞬間、物の見事に敵の太刀を敲き落し、その手首を握って大きく揮った渋川流柔術の極意。大沢はもんどり打って、どうとばかり投げつけられた。

『お見事っ！』思わず感嘆の叫びをあげた土方は、大沢を押さえて早縄を打ってしまった……

こうした記述に対して次のように訂正を加えている。

私は案内を乞うて客間に通り土方は門口で待っていた。その客間へ大沢が出て来たので、そこで申し渡したが、ごく平穏に事は済んだ。後で土方が早縄を打ったのは事実である。

　このように、微に入り細にわたる事柄にチェックが入れられている。佐治氏の発案で始まった作業であり、本人は煩わしさも感じたりしているが、自身のことについて脚色され、偶像が描かれることを嫌ったこともあるが、後世に受け継がれるものであるならば、事実を正確に受け継がせるべきとする考えが貫かれたように思う。その意味では、二〇二一年のNHK大河ドラマの脚本に対しても渋沢自らが考証に着手したがったかもしれない。

自伝とドラマ

　さて、その渋沢栄一を主人公とする大河ドラマが二〇二一年に放映されるが、放映決定と同時に渋沢栄一に対する注目が一段と高まっている。大河ドラマといえば緻密《ちみつ》な考証を経て描かれる歴史像、人物像が世の多くの人々に対して強いインパクトを与えるものとなっている。ただ、あくまでもドラマ、フィクションであるという目で観なければならないだろう。

　長年にわたって渋沢栄一を伝えてきた立場からすると、実証分析を経てより正しく伝えようと試みても、人物像自体が伝わらないことも多い。むしろ、ドラマ、フィクションであるということを強みとし、多少デフォルメをきかせるための演出が施されて表現される方が、これまで伝えきれなかった部分にまで踏み込めて、渋沢栄一の人物像が伝わるのだと思う。その時に、並行して伝記・評伝等で描かれるものと対比すれば、より一層楽しみながら、渋沢栄一という人物像に迫れるのだろう。渋沢自身が語った自分史との対比は、特にお勧めしたいところである。

（渋沢史料館　館長）

渋《しぶ》沢《さわ》栄《えい》一《いち》自《じ》伝《でん》

雨《あま》夜《よ》譚《がたり》・青《せい》淵《えん》回《かい》顧《こ》録《ろく》（抄《しょう》）

渋《しぶ》沢《さわ》栄《えい》一《いち》

令和2年 9月25日　初版発行
令和6年 6月10日　10版発行

発行者●山下直久

発行●株式会社KADOKAWA
〒102-8177　東京都千代田区富士見2-13-3
電話　0570-002-301（ナビダイヤル）

角川文庫 22354

印刷所●株式会社KADOKAWA
製本所●株式会社KADOKAWA

表紙画●和田三造

Printed in Japan
ISBN 978-4-04-109941-4　C0123

角川文庫発刊に際して

角川源義

第二次世界大戦の敗北は、軍事力の敗北であった以上に、私たちの若い文化力の敗退であった。私たちの文化が戦争に対して如何に無力であり、単なるあだ花に過ぎなかったかを、私たちは身を以て体験し痛感した。西洋近代文化の摂取にとって、明治以後八十年の歳月は決して短かすぎたとは言えない。にもかかわらず、近代文化の伝統を確立し、自由な批判と柔軟な良識に富む文化層として自らを形成することに私たちは失敗して来た。そしてこれは、各層への文化の普及滲透を任務とする出版人の責任でもあった。

一九四五年以来、私たちは再び振出しに戻り、第一歩から踏み出すことを余儀なくされた。これは大きな不幸ではあるが、反面、これまでの混沌・未熟・歪曲の中にあった我が国の文化に秩序と確たる基礎を齎らすためには絶好の機会でもある。角川書店は、このような祖国の文化的危機にあたり、微力をも顧みず再建の礎石たるべき抱負と決意とをもって出発したが、ここに創立以来の念願を果すべく角川文庫を発刊する。これまで刊行されたあらゆる全集叢書文庫類の長所と短所とを検討し、古今東西の不朽の典籍を、良心的編集のもとに、廉価に、そして書架にふさわしい美本として、多くのひとびとに提供しようとする。しかし私たちは徒らに百科全書的な知識のジレッタントを作ることを目的とせず、あくまで祖国の文化に秩序と再建への道を示し、この文庫を角川書店の栄ある事業として、今後永久に継続発展せしめ、学芸と教養との殿堂として大成せんことを期したい。多くの読書子の愛情ある忠言と支持とによって、この希望と抱負とを完遂せしめられんことを願う。

一九四九年五月三日

角川ソフィア文庫ベストセラー

福翁百話
現代語訳

福沢諭吉
佐藤きむ＝訳

福沢が来客相手に語った談話を、自身で綴った代表作。自然科学、夫婦のあり方、政府と国民の関係、教育、環境衛生など、西洋に通じる新しい考えから快活に持論を展開。思想家福沢のすべてが大観できる。

童蒙おしえ草　ひびのおしえ
現代語訳

福澤諭吉
訳・解説／岩﨑　弘

命の大切さ、チャレンジ精神、品格や人への心遣い。人間として大切な基本の態度や考え方を諭し、少年少女たちの自立精神を育む名著を現代語訳。丁寧な解説とともに、人間教育の原点を照らす徳育本の決定版。

高杉晋作
情熱と挑戦の生涯

一坂太郎

往復書簡や日記・詩歌、そして地元の古老たちの話など、豊富な史料を検証。激動の時代の流れに葛藤しつつも、近代日本への変革に向けて突き進んだ、「青年・高杉晋作」の実像と内面に迫る本格評伝。

廃藩置県
近代国家誕生の舞台裏

勝田政治

王政復古で成立した維新政権は、当初から藩体制を廃絶しようとしていたのか。廃藩置県はスムーズに行われたのか。「県」制度を生み、日本の西洋化のスタートとなった明治の中央集権国家誕生の瞬間に迫る。

大政事家　大久保利通
近代日本の設計者

勝田政治

王政復古のクーデター、廃藩置県の断行、征韓論での西郷隆盛との確執……。「意志の政治家」と呼ばれた、明治政府最高の政治家が描いた国家構想とは何か。激動の明治維新期をたどりつつ、その真相を捉え直す。

角川ソフィア文庫ベストセラー

明治日本写生帖

フェリックス・レガメ
林 久美子＝訳
解説／稲賀繁美

開国直後の日本を訪れたフランス人画家レガメは、紙とペンを携え、憧れの異郷で目にするすべてを描きとめた。明治日本の人と風景を克明に描く図版245点、その画業を日仏交流史に位置付ける解説を収録。

欧米人の見た開国期日本
異文化としての庶民生活

石川榮吉

イザベラ・バード、モース、シーボルトほか、幕末・明治期に訪日した欧米人たちが好奇・蔑視・賛美などの視点で綴った滞在記を広く集め、当時の庶民たちの暮らしを活写。異文化理解の本質に迫る比較文明論。

キリスト教でたどるアメリカ史

森本あんり

合衆国の理念を形作ってきたキリスト教。アメリカ大陸の「発見」から現代の反知性主義に至るまで、宗教国家・アメリカの歩みを通覧する1冊。神学研究のトップランナーが記す、新しいアメリカ史。

古代研究Ⅰ
民俗学篇1

折口信夫

折口信夫の代表作、全論文を掲載する完全版！ 折口学の萌芽となった「髯籠《ひげこ》の話」ほか「妣が国へ・常世へ」「水の女」等二五篇を収録する第一弾。池田弥三郎の秀逸な解説に安藤礼二による新版解説を付す。

古代研究Ⅱ
民俗学篇2

折口信夫

折口民俗学を代表する「信太妻の話」「翁の発生」など11篇を収録。折口が何より重視したフィールドワークの成果、そして国文学と芸能研究融合の萌芽が随所に息づく。新かなで読みやすいシリーズ第二弾。

角川ソフィア文庫ベストセラー

古代研究Ⅲ
民俗学篇3
折口信夫

「鬼の話」「はちまきの話」「ごろつきの話」という折口学のアウトラインを概観できる三篇から始まる第三巻。柳田民俗学と一線を画す論も興味深い。天皇の即位儀礼に関する画期的論考「大嘗祭の本義」所収。

古代研究Ⅳ
民俗学篇4
折口信夫

霊魂、そして神について考察した「霊魂の話」や「河童の話」、折口古代学の核心に迫る「古代人の思考の基礎」など十三篇を収録。「折口学」の論理的根拠と手法について自ら分析・批判した追い書きも掲載。

古代研究Ⅴ
国文学篇1
折口信夫

決まった時期に来臨するまれびと（神）の言葉、「呪言」に国文学の発生をみた折口は、「民俗学的国文学研究」として国文学研究史上に新たな道を切り開いた。その核とも言える論文「国文学の発生」四篇を収録。

古代研究Ⅵ
国文学篇2
折口信夫

〈発生とその展開〉に関する、和歌史を主題とした具体論。「女房文学から隠者文学へ」「万葉びとの生活」など13篇を収録。貴重な全巻総索引付き最終巻。解説・折口信夫研究／長谷川政春、新版解説／安藤礼二

日米開戦　勝算なし
太平洋戦争　日本の敗因1
編／NHK取材班

軍事物資の大半を海外に頼る日本にとって、戦争遂行の生命線であったはずの「太平洋シーレーン」確保。根本から崩れ去っていった戦争計画と、「合理的全体計画」を持てない、日本の決定的弱点をさらす！